《幸福教育的样子》第三集

蓬勃生長 歡樂頌

杨九俊 著

江蘇鳳凰教育出版社
Phoenix Education Publishing, Ltd

图书在版编目(CIP)数据

蓬勃生长欢乐颂/杨九俊著.—南京：江苏凤凰教育出版社,2017.5(2017.7重印)
(幸福教育的样子;3)
ISBN 978-7-5499-6430-7

Ⅰ.①蓬… Ⅱ.①杨… Ⅲ.①教育理论—文集
Ⅳ.①G40-53

中国版本图书馆 CIP 数据核字(2017)第 102797 号

书　　名	蓬勃生长欢乐颂
作　　者	杨九俊
责任编辑	刘国颖　杨文颖
出版发行	江苏凤凰教育出版社(南京市湖南路 1 号 A 楼　邮编210009)
苏教网址	http：//www.1088.com.cn
照　　排	南京前锦排版服务有限公司
印　　刷	江苏中山印务有限公司(电话 0511-86917816　86917818)
厂　　址	丹阳市朝阳路 1－3 号
开　　本	787mm×1092mm　1/16
印　　张	17
版　　次	2017 年 6 月第 1 版 2017 年 7 月第 3 次印刷
书　　号	ISBN 978-7-5499-6430-7
定　　价	35.00 元
网店地址	http：//jsfhjycbs.tmall.com
公 众 号	苏教服务(微信号：jsfhjyfw)
邮购电话	025-85406265,025-85400774，短信02585420909
盗版举报	025-83658579

苏教版图书若有印装错误可向承印厂调换
提供盗版线索者给予重奖

目录

下篇　行板如歌

上篇 筑梦未来

最美教育的样态：蓬勃生长

积极心理学的创始人塞利格曼教授，曾用“蓬勃人生”一词表述具有持久幸福的含义。我非常乐意借用这个说法，用“蓬勃生长”来描述最美教育的样态。

蓬勃生长是完整性生长

生命体所有的方面都很健康，才可能蓬勃生长。否则，即使在生长，也是病态的，甚至会逐步殃及生命体本身。生命的完整性可以从双重生命的意义上去理解。学者们认为，人的特质，就在于人是有双重生命的。人不仅有自然生命，还有文化生命；不仅有物质生命，还有精神生命；不仅有个体生命，还有社会生命；不仅有自在生命，还有价值生命；不仅有本能生命，还有智慧生命。需要明确的是：第一，强调双重生命，并不贬抑自然的生命，自然的、物质的生命是完整生命的首要条件，所有精神的、文化的意蕴都要作用于它。科学研究发现，人的大脑功能首先是确保生存需要，其次是满足情感，再次才是进行认知。如果违反了这个基本规律，生命的本能的生机就会受到压抑，生命的痛苦感就会增加，生命的安全感就会受到威胁。令人遗憾的是，在不少学校，不少家庭里，这个顺序是颠倒的，于是我们在那里就很难寻觅到活泼泼的生命。第二，在教育情境中讨论生命生长，主要是指精神成长。康德认为，教育就是使人成为人。后者的“人”指的是具有完整生命的人。相对于前者，其区别主要在于精神发育、精神成长。许多思想家、教育家讲过类似的话。

比如，怀特海说过："教育的全部目的就是使人具有活跃的智慧。"雅斯贝尔斯说："教育活动关注的是，人的潜力如何最大限度地调动起来并加以实现，以及人的内部灵性与可能性如何充分生成。"蒙台梭利说"教育改革催生新人"。所谓"新人"，是由于其远见卓识能够指导和塑造人类的未来。可见，学校的重心是引导学生的精神成长。第三，即是精神哺育，也有其完整性的问题。有的专家批评"高中无教学"，只有讲题目、做题目、考题目，就是因为在有些学校知识教学被异化了：学科知识被异化为纸笔测试，可以反映成绩的知识点，知识点的教学被异化为讲题目、做题目。我曾经依据《圣经》故事提过一句口号："让学校到处流淌着奶和蜜。"知识教学展现的应当是一个真善美相互交融的完整世界，学生不仅要学到知识，还应当领悟到思想，体验到情感，这是"上帝的旨意"，也应当是教育的本质追求。第四，精神的哺育也是在优化身体的生长。中国古代的身体观中有"治血气"一说，人们所讲的"气"除了调节身体，还有道德与形而上的内涵。所谓"德润身""践形生色"是也。"腹有诗书气自华"也是讲的精神营养"美其身"（荀子）的功能。认识到这一点，其实也是对精神哺育提出了更高要求。

蓬勃生长是规律性生长

儿童的成长自有其规律，鲁迅先生说"不要逆天行事"，就是指教育孩子不要违反自然规律。蓬勃生长一定要遵循、契合儿童发展的基本规律，顺其自然地引导向上。第一，要高度重视童年的价值。人的一生都有童年的影子。周国平说："在一个看似懵懂的孩子身上，都有一个灵魂在朝着某种形态生成。"刘晓东说："如同树木一样，那最初的年月被记录在年轮最核心处。"因此，要在完整一生的意义上认识幸福童年的重要性。教育应当引导儿童在幸福生活中准备未来的幸福生活，而不是搞得那么面目狰狞，面目可憎。惠特曼在《有个天天向前走的孩子》中认为，教育应当融入孩子们拔节生长的过程："有个天天向前走的孩子，他只要天天观看某个东西，他就会变成那个东西，在当天或者当天的某个时候，那个对象就会成为他的部分，或者继续许多年或一个个世纪连绵不已。"第二，要努力延续童年精神。波特莱尔说："天才就是随手被抓回来的童年。"马克思说："一个成人不能再变成儿童，否则就变得稚气了。但是，儿童的天真不应使成人感到愉快吗？他自己不应该努力在一个更高的阶梯上把儿童的真实再现出来吗？"怎么能够在成年以后，还保持儿童那些可贵的特质呢？这就需要把“幼态持续”作为教育的任务之一。生物进化论认为，人在长期进化的过程中，形成的个体不成熟就离开母体的特点显然给婴儿带来危险，但非常有利于人们保持童年的特征，诸如欢笑、惊奇、信任、开放态度和好奇心等，这些童年期的主要行为特征保持到成熟期甚至老年期，就成为人们健康生存的重要表征。因此，应当如杜威所说，要认真关注儿童未成熟状态的优点，优化教育的设计和具体环节，让童心、童真、童思、童趣伴随终身。第三，要关注儿童成长的节律。节律是指季节时令或者某些物体运动的节奏和规律。与大自然一样，人的生命也有其节奏和变化，很多专家在这方面都做过深入的研究。怀特海指出学生的发展要经过“浪漫阶段——精确阶段——综合阶段”，皮亚杰也提出儿童发展的关键期理论，等等。在一定意义上，对儿童教育也是“好雨知时节”，在个体没有完全成熟时，应当在适当的时间进行适当的教育，以求得最佳的教育效果。恰逢其时，恰如其分，恰到好处，才可能期盼“晓看红湿处，花重锦官城”的胜景。

蓬勃生长是独特性生长

每个儿童都是一个独特的世界，恰如小原国芳所说：“‘人’亦即应能动手动脑求美行善且其自身井然有序的一个大宇宙……这些大宇宙在通过自身的发展完善而发挥各自的天性时，将呈现出一个其他任何东西都不能代替的，松竹相别、菊堇各异、独一无二的美妙世界。”最好的教育是最适切的教育，最好的生长是各美其美的生长。第一，认识“这一个”。卢梭说：“上帝创造了我，然后把模子打碎了。”现代教育的弊病则在打造模子，让教育过程变成生产流水线，造就千人一面的产品。教育的首要任务就在于认识儿童，理解儿童，真正走进儿童的世界。如是，才可能贴着孩子走，创造适切的教育。特别要注意的是，不能仅仅关注学生成绩，还要重视学生个体性格的差异性。仅就学习而言，个体性格会带来对某些学习方式的偏好，会形成不同的学习风格和学习方式选择的倾向性，在这个方面理解学生才能真正加强教学的针对性，改进学生的学习。我们要谨慎对待经典理论，诸如男女性别差异的理论，关键期、敏感期的理论，左右大脑功能定位的理论，多元智能理论，等等，这些理论有一定的道理，但不能用它们去“套”每个鲜活的个体。理论总是灰色的，生命之树常绿，要尊重每一个独特的生命。我们还要密切关注独特性形成中的发展性，比如用多元智能审视，儿童在不同领域的表现是有差异的，但有的儿童也许需要“等待”，有的儿童在某些优势领域对其他领域有正相关的影响作用。只有真正认识了“这一个”，教育才能真正开始。第二，要为学生个性发展提供丰沃的土壤。学校的校本课程，在国家的顶层设计中，就是为了更好地适应学校，适应学生，校本课程需要有选择性，使每个孩子的个性发展都能汲取特有课程的滋养。课堂教学活动的设计，要考虑在班级授课制的安排下，怎样照顾不同层次的学生，怎样照顾特殊学生，即使是走班选课也仍然存在同类问题。学校是育人的重要阵地，要为学生个性特长的培养和表现创造更多的机会。校本评价制度，要突出多样性、多元性，切忌用一把尺子丈量那么多鲜活的个体生命。“海阔凭鱼跃，天高任鸟飞”，学校的评价制度应该为生成这样的理想境界提供可能性。

蓬勃生长是气象万千的生长

林庚教授有一名篇《盛唐气象》，他认为“盛唐气象所指的是盛唐时期诗词中的蓬勃的气象，这种蓬勃不只由于它发展的盛况，更重要的乃是一种蓬勃的思想感情所形成的时代风格。”我非常喜欢把“盛唐气象”这一概念迁移到学校教育的情境中，我以为只要体现盛唐的精神实质，都可以喻为“盛唐气象”。我们办学校，办教育，我们引导孩子成长，就是向往、期盼、实现这种“盛唐气象”。参照林庚教授的阐说，“盛唐气象”的体现，第一，要有壮阔的境界。盛唐未必诗作最多，但肯定算是较多。从《全唐诗》收录看，盛唐时期诗人有 274 人，作品6 341首。没有一定的数量，大概也难以讨论气象。林庚先生在文章中列举的第一首代表作是唐初王绩的《野望》，其中有句“树树皆秋色，山山唯落晖。牧人驱犊返，猎马带禽归。”林庚先生认为，“这形象比一切唐初的诗篇更早地反映出了在新的统一的局面下和平生活的环境与人民各得其所的心情”，而其“树树”“山山”创造了阔大的境界，想必也是被林先生看重的原因。儿童的蓬勃生长，不是指一个孩子，而是指一个个孩子；不是指一所学校，而是指一所所学校，至少是一批学校。江苏省教育厅副厅长朱卫国近些年提出要建设高品质示范高中，我认为“蓬勃生长”当是高品质示范高中的重要表征。江苏需要一批批具有高品质示范性的学校，这样才能形成喜人的气象。第二，要有活力和朝气。如果单纯按数量说，中唐是超过盛唐的。但人们认定盛唐时代是唐诗的高峰，这是就质量而言的，盛唐气象在本质上体现了时代性格，这样的性格特征就是蓬勃的朝气，青春的活力。林庚先生讨论时引了朱彝尊的一段话：“唐诗色泽鲜妍，如旦晚脱笔砚者；今诗才脱笔砚，已是陈言。”新鲜的品格，浪漫的情怀，正是盛唐气象动人之处。办学校，教学生，亦当如此。学生要有朝气，而不是如人们感叹的一个个成为“小大人”“小老人”。学校要有活力，“我来到这个世界，为了看太阳”，要有理想的追求，蓬勃的朝气。老气横秋不是我们向往的“新人”，死气沉沉孕育不出“明天的太阳”。第三，要有浑厚的意蕴。林庚先生引《沧浪诗话》言：“盛唐诸公之诗，如颜鲁公之书，既笔力雄壮，又气象浑厚。”他是赞成“气象”的最高标准是浑厚。在与汉魏风格比较时，林先生说：“盛唐则由于致力捕逐而获得最直接鲜明的形象，它好像是已经展开来真金美玉的矿藏，美不胜收地放出异样的光彩，这就不能说是混沌，只能说是浑厚了。”“浑厚”用于对育人文化的要求，也是十分恰当的。首先，在形象上要鲜明饱满。无论是校本化的培养目标，还是学校文化的标志，都如同“真金美玉”，都“美不胜收地放出异样的光彩”，这是文化的品格。其次，文化需要累积。它是一个滴水穿石、积淀内化的过程。一所学校的文化，一个区域的教育文化，成了一座矿藏，甚至如林庚先生所希望的走向“具备万物，横绝太空”，非“浑厚”“雄浑”形容不得，这就有了文化的厚度，于是浑厚的境界就生成了。林庚先生在讨论“盛唐气象”时认为，我们今天谈论这些，“是含着微笑的”，是充满自豪的。我期望以后我们回望“最美教育”的讨论，回忆对儿童“蓬勃生长”的描述，也是可以“含着微笑的”。

注：本文发表于《江苏教育》2017 年第 3 期。

做追梦的人

“一位好校长，就是一所好学校。”何谓“好校长”？依我所见，“好校长”的第一要素就是怀揣教育理想，向往未来，筑梦未来，点亮未来，成为挺立时代潮头的追梦人。

理想是教育的本真意蕴。马克思说过：“人不是在某一种规定性上再生产自己，而是生产出他的全面性；不是力求停留在某种已经变成的东西上，而是处在变易的绝对运动之中。”这里的“再生产”，这里的“变易的绝对运动”，不仅是指个体生命的日渐丰盈，也包含个体参与社会文化的生成与发展。“教育使人成为人”（康德），“在古希腊，一种作为强烈和持久向往的目标的理想在精神上成功地塑造了人类。无论如何，教育活动和教育机构只有遵循着一个最高的目的才有存在的理由”。（[伊朗]S. 拉塞克，[罗马尼亚]G. 维迪努《从现在到 2000 年——教育内容发展的全球展望》，马胜利等译，教育科学出版社，1996 年版）教育理想正是包孕着人们所理解的“最高目的”，基于“已有”，向着“应有”；激活能动性，反映可能性；需要做理智的探索，又必然有感性的描述；在规律性上求真，在目的性上求善，在表现性上求美。教育理想总是带有个性色彩地描述我们培养怎样的新人，我们将把学校带到一个怎样更好的地方。在一定意义上，谈论教育，首先是谈论教育理想；做教育，首先要树立教育理想。

理想是激励前进的巨大动力。“希望是人类生存的基础，有了希望就会产生力量和勇气。”（张伟志《试论马克思主义哲学价值精神》，《东北师范大学学报・哲社版》,2011 年第 5 期)江苏省天一中学校长沈茂德多次和我谈起,他最喜欢的一句话,是作家刘墉说的:"你可以一辈子不登山,但你心中一定要有座山,它可以使你总有一个奋斗的方向,它使你任何一刻抬起头来,都能看到自己的希望。"因此,他的人生信念就是"守住心中那座山",他说自己心中的那座山就是"让每个孩子的个性和特长得到最大限度的发展,让每个学生在校园里享受成功的喜悦,走出学校成为社会的栋梁"。想到心中的那座山,他的心里就温柔起来,他的双眼就闪亮,他就会激情澎湃,他就可能创意迭出。于是,诸如以 13 个创新实验室为基地,以社团为组织形式,以探究体验为学习方式的"天一科学院"等等,就从美好的遐望变成生动的现实图景。去年国庆节前,我应邀到河南省焦作市实验小学参与活动,其间与王思明校长有过深入交流。焦作实小是 1985 年由煤矿学校划转地方的一所学校。彼时,基本建设延宕多年未动,教职员工人心涣散,竟然没有一个教职工把自己的子女放在本校读书。王思明校长走马上任后,把自己的理想描述为四个"五年",分别定为在市、省、全国、世界的不同视野,办堪称一流的教育。为了教育的理想,她努力创办理想的教育,立志育"优美"人,培养学生学习优秀、形象美好。学习优秀在学风优、学业优、学力优;形象美好在心灵美、体态美、习惯美。学校通过"优美"课程、"优美"课堂、"优美"活动、"优美"环境育人。"十年磨一剑",现在焦作实验小学已成为中原名校,王思明也成为颇具影响力的名校长。听王思明校长讲学校的故事,我深受感染的是她身上闪烁着的理想的光泽,焦作实小这十年的图强奋发,也充分彰显着理想的力量!

理想是人品情操的最好磨石。王沪宁在谈及复旦校园生活时,念兹在兹的是弥漫在校园里的理想主义氛围。他又说:"理想主义对于个人的人品和情操,我相信也是最好的磨石。"(转引自齐全胜《复旦逸事》,辽海出版社,1998 年版)有了理想,人就有了向上向前的人生基调,自然会给人年轻和光亮的感觉。德裔美籍人塞缪尔·厄尔曼曾有题为《年轻》的短文,发表时引起轰动。文中说:"在你我心灵的深处,同样有一个无线电台,只要它不停地从人群中,从无限的时间中接受美好、希望、欢欣、勇气和力量的信息,你就会永远年轻。""只要勇于有梦,敢于追梦,勤于圆梦,我们就永远年轻!"校长有了"年轻"的基本形象,他必然会感染、影响师生,"桃李不言,下自成蹊",自然有一番美妙的风景。理想的实现往往不可能一帆风顺,"天将降大任于斯人也",筑梦、圆梦有时需要百折不挠,需要历尽艰辛,这也是人类自我成长不可或缺的磨练过程。做校长,谁没有酸甜苦辣? 陶行知当年办学,自嘲为“抱着爱人在游泳”，这个“爱人”寄寓着他的理想情怀。马寅初、梁漱溟的人格被誉为“古色古香”，就在于他们面对重压，理想信念初衷不变。在当下应试教育的氛围中，坚守理想，反弹出信念的力量，在成就学生、成就学校的同时，自然也会成就自己的人格操守。借用有位作家所写：“识时务者为俊杰，不识时务者为圣贤。”如果随波逐流就是“识时务”，那当然是打上引号的“俊杰”；办教育、写人生，最重要的是怀揣理想，坚守初心，于是事业就有了些神圣的感觉，人格就有了诗意的光芒，而这正是中国教育所亟需的！

“我来到这个世界，为了看太阳！”让我们永远做一个追梦人，让我们共同唱响筑梦未来的精神大合唱。

注：本文发表于2017年1月11日《中国教育报》，在收入本书时略有充实。

彰显“一致性”

在《基业长青——企业永续经营的准则》这本书里，作者柯林斯·波拉斯介绍了多个伟大并长盛不衰公司的秘密，他们认为首先在于企业预想未来和核心意识形态的形成。对未来的预想，当然是理想、愿景，而核心意识形态则主要指核心价值观，这正是组织文化具有灵魂意义的“一致性”。

关注“一致性”。经常会碰到一些校长，“自己的故事”讲不清楚，因为他们的学校文化有多套话语体系，有多个貌似“核心价值观”的东西，有的来自儒学经典，有的来自唐诗宋词，有的浸染欧风美雨，有的则是当下主流意识形态话语的直接引用，有的具有地方特色，有的来自某位甚至某几位前任校长的治校理念，等等。把这些杂糅在一起，就变得什么都不是。所谓多政府就是无政府，多个核心价值观也就没有了核心价值观。在讨论语言的第一条操作原则时，波兰尼特别强调一致性。福柯在讨论文化问题时，则强调：“一致性”是“一个文化得以存在的条件和组织原则”。学校文化在内在逻辑上保持“一致性”，才可能把丰富、多元的文化肌体、文化现象整合在一起，实现“多”与“一”的统一。核心价值观反映了组织内群体对终极价值的追求，具有本质性、整体性、持久性的特点，恰如《基业长青》所言：“能长久享受成功的公司一定拥有能够不断地适应世界变化的核心价值观和经营实务。”因此，要写好学校文化建设这篇文章，一定要关注核心价值观这个主题思想。

提炼“一致性”。学校核心价值观的表达可能有多种形式，比如以教育哲学来表达，南师附小传承斯霞老师“童心母爱”的思想，“童心母爱”就是斯霞老师的教育哲学；有的以校训来宣示，如江苏省盐城市盐阜中学是所生源不太好的高中，校训是“成人之美”；有的是校本化的培养目标，如江苏省锡山高中的培养目标，是成全“生命旺盛、精神高贵、智慧卓越、情感丰满”这样的“人”；有的是教育主张，如江苏省淮安实验小学着意“做幸福的人”，等等。它们都表达了学校对教育本质的独特理解，都在一定意义上体现了校本特色。怎样提炼学校的核心价值观呢？第一，理想的追求。核心价值观回答的都是培养什么样的人和怎样培养人这些根本的问题，都表达着组织内群体对教育理想和理想教育的憧憬和想望。第二，现实的批判。学校核心价值观总是基于现实情境，具有批判锋芒的。因为现实教育唯分主义，功利化太强，所以我们要“成全人”，要“成人之美”；因为现实情境中不少人责任感缺失，不少组织和个人不想担当、不能担当，所以江苏省泰州中学力推责任教育，江苏省淮阴中学提出担当教育。第三，文化的传承。人类文明，我国传统文化，以及地域特色文化，学校办学的精神文化，通过核心价值观的传扬和实践，香火不绝，绵延永续。如江苏省苏州市景范中学，校址是北宋名相范仲淹所办义庄、义学，景范校园中一石一碑、一草一木都在讲述悠久往事，景范人很自然地以范公精神“先忧后乐”为校训。第四，性格的使然。美国学者弗瑞德·伯恩伯格和阿兰·奥斯坦在《教育管理学：理论与实践》一书中指出，“机构、角色和角色期望”构成了社会系统的规矩维度，“个体、个性和需要——偏好”构成了社会系统的个体维度。学校核心价值观在体现、表达教育理解的同时，也一定会打上组织个人和群体的性格烙印。曾有一位校长朋友和我谈及苏州市第十中学柳袁照校长的诗性教育主张，颇有钦慕之意，问我能不能仿效，在诗情、诗化、诗趣等等表达上做做文章。我和他调侃道：柳校长具有诗人气质，他的人就是一首诗，而你呢？认真、细致、拘谨、执着，有些说明文的味道，往“诗”的角度走，不像你，你也会很不自然。他大度地接受了我的意见，在严谨、规范的风格特征上去“寻找属于自己的句子”了。当然，这四个方面是相互蕴含的，我们应该用综合、整合的眼光来看。比如百年名校的文脉流淌，其中一定包孕后来者对未来的想象。在一定意义上，我们梳理、提炼学校的文化传统，是在向前贤致敬，是在与自我对话，更是在用历史照亮未来。正是向往未来，我们发现学校文化传统中某些思想意蕴是抵达教育本质的，是当今教育现实和社会现实中严重缺失的，更是在不断变化的情境中充满生机与活力的，以此作为学校的核心价值观，历史与当下、未来就建立了坚实的联系。同时还要注意的是，在学校核心价值观的表述上有多套话语体系的，要注意合理扬弃，要努力把相关联的东西打通、融合，把“一致性”的形状描摹出来。比如南京有所学校是邵逸夫先生捐助的，资助方给学校的文化定位是“明德教育”。校长告诉我，学校建在农村，周围都是农田，他更希望学校文化具有“农”味。我向这位校长建议，把农民淳朴厚道、踏实勤奋的品质和孩子们热爱农业、农村、农民的情感融进“德”的内涵，这样学校文化就不会扯“两张皮”了。再者，核心价值观的提炼，不是校长一个人或领导班子几个人的事情，而应当在组织成员的沟通、对话中形成，提炼核心价值观也是共同体形成共识，积极影响个体的化人过程。

践行“一致性”。一方面，在学校文化设计上，要有紧扣主题、突出主题的意识，要在整体上体现核心价值观。在学校的具体情境中，经常看到有些学校只是在文化符号的表达方面，见到某种思想的宣示；还有些学校核心价值观仅仅辐射到部分工作，大都在德育和校本课程开发时有所体现，其余工作则成了另起炉灶的事情。这样“一致性”并未内在生成，学校文化往往成了一碟拼盘。另一方面，学校的核心价值观主要不是“说”，而在“做”。埃德加·H. 沙因在《组织文化与领导》一书中指出：“只有那些经过检验并且持续有效地解决群体问题的信念和价值观才能转变成假设。”基本的假设在埃德加·H. 沙因看来往往就是自然而然的，“不可战胜和无需争论的”。江苏省吴江盛泽小学的薛法根校长说：“我们学校墙上有的，一定是我们在努力实践的。”这就是想好了才“说”，做起来才“说”。边做边“说”，理念与实践相互激荡，才能使核心价值观落地生根，使学校文化渐入佳境。好在这方面我们经常看到跋涉前进的美丽身影。无锡市师范附属小学钱阳辉校长，近几年把乐学教育的重点放在基于儿童文化的课程开发与实践上，使乐学更有厚度和新意。常州市局前街小学李伟平校长秉持生命关怀的教育哲学，建构完整的实践体系，使自己对生命教育的认识融化在学校组织、制度、课程、教学、活动、环境建设中。江苏省锡山高级中学高扬“人”的旗帜，在学校整体的制度设计、活动安排上，处处体现“成全人”的理念，我曾誉之为用核心价值照亮、照遍、照透整个校园。

注：本文发表于2017年1月25日《中国教育报》，在收入本书时略有充实。

筹谋规划绘蓝图

理想、愿景和核心价值观的形成，意味着学校意识形态系统已经成型，“为什么做”已经想得很清楚，接下去关键在“做什么”“怎样做”。这就需要研制学校文化建设方案（或称作“规划”“纲要”等等），绘就学校文化建设蓝图。

制订学校文化建设方案，需要体现普遍性与特殊性的统一。在讨论学校特色建设时，我的基本观点是我国的学校建设问题在于“共性不共，个性不个”。首先在于“共性不共”，不能够遵循教育的基本规律，常常还与教育的本质背道而驰。学校建设的同质化“同”的是功利化之质，而不是规律性之质。在一定意义上，只要遵循规律，不同的地域，不同的传承，不同的群体，不同的校长，不同的学校定位，就自然会呈现不同的风貌。在普遍、本质性意义上，学校文化建设要合“法”，遵守教育的法律法规，坚持依法治校；要合“理”，遵循教育的基本规律，按照教育规律办学；要合“时”，站立在时代前沿去审察、思考问题，关注时代进步的整体要求，领悟时代精神的本质意蕴。在文化方案的具体表达方面，则要体现组织文化结构的基本层次。关于组织文化结构，有不同的划分方法。我比较赞成埃德加·H. 沙因的观点。他把组织文化分成相互作用的三个层次：“物质层：可以观察到的组织结构和组织过程等；支持性的价值观：包括战略、目标、质量管理、指导哲学等等；基本的潜意识假定：潜意识的一些信仰、知觉、思想、感觉等。”依据沙因的观点，我们可以把学校文化结构划分为四个层次。（杨九俊《学校特色建设：寻找属于自己的句子》，《教育研究》，2013 年第 10 期）

校容校貌——生存空间、文化标识

组织运行——做什么、怎样做

核心价值观——为什么这样做

生活方式——自然会这样做

这四个层次是由内而外的，把前三个层次倒过来说，也就契合人们常说的精神文化、制度文化、物质文化。文化建设体现抵达教育本质的努力，使学校发展有了方向性保证；具有共性意味的结构划分，使学校文化方案能够得到学理的支持，能够在公共话语平台上与同行分享。另一方面，学校文化建设方案又要基于"认识你自己"，进而形成"自己的句子"。"认识你自己"，包括认识学校文化传统，认识个体与群体的性格特征，认识发展定位和社区环境等等。我以为校长还要倾听自己内心的声音，致力于做自己内心认可的事情。普遍性与特殊性有机结合，内在统一，这样的学校文化建设方案，就能站得住，用得上。

制订学校文化方案，需要体现一致性与丰富性的统一。"五色为文"，学校文化有多个部分、多个层次、多个维度、多种样态。要成为一个有机整体，首先在于"一致性"（核心价值观）的统领。在制订文化方案时，精神文化、制度文化、物质文化往往融合在学校的课程、教学、活动、德育、管理、队伍、环境等领域逐次展开。如果处理不好，一些具体的领域可能很精彩，但散落的珍珠并未串成美丽的项链；更何况没有价值观的照射，即便孕育成珠，也缺少应有的光泽。因此，一方面，制订学校文化方案，要在提炼核心价值观上下功夫，"寻找属于自己的句子"，且有群体广泛认同的基础；另一方面，在考量每一方面工作时，都要自觉体现"一致性"，看看怎样才能生动表达共同的教育哲学。"一致性"与"丰富性"相互激荡、动态生成，有时，会因为对"一致性"的坚持而拓开更广阔的天地，有时会因为色彩斑斓的"丰富性"而使"一致性"深化、升华。以南京市琅琊路小学为例，学校坚持小主人教育实验已近35个年头，形成"人在中央"的育人理念和完整的小主人实践体系，其主要内容为："快乐做主人"——"新人"目标在温暖的心房中央；全域性生活——小主人成长在整体情境中央；一体化发展——小主人培育在丰沃的课程土壤中央；"我的课堂我做主"——人在课堂中央；"教育即解放"——小主人在管理文化的中央。可以说，"人在中央"在琅小，是"光芒照四方"了。还是对"人在中央"的坚持，他们越做越丰富。前不久，我们在与戚韵东校长为首的团队讨论时，大家又在思考：生活的小主人、学习的小主人、社会的小主人，怎么就是“主人”呢？从学习的小主人说，大概最为重要的是要构建小主人学习能量系统，它能自己生产、自我激发学习能量，于是，关于课堂的“人在中央”就有了新的视角、新的目标、新的任务。如是努力，“小主人教育”的内涵就会逐步丰满而深刻起来。

制订学校文化方案，需要体现人、事、文的统一。学校文化方案主要不是一种文字表达，也不能见事不见人，而一定要紧扣培养什么样的人、怎样培养人这样的基本问题。我们强调核心价值观的统领就是基于这样的认识。怎样培养人呢？又是要通过具体的“事”实现的，所以对“事”的谋划也非常重要。一定要强调突出重点，特别是课程、教学，要置于重要的位置，因为课程、教学是学校文化的主体要素和显著标志。有的学校为此专门制订学校课程建设方案，是有一定的必要性的。二是要有创新意识，“新人”从哪里来？从我们想望中来，更从我们对做什么事、怎样做事的创新实践中来。方案作为一种文字成果，“文”也是不可忽略的。第一，文化方案的基本格式要能规范呈现，曾经看过一些方案，有些基本的内容都不在其内，显然说不过去。第二，要保持话语体系的相对统一，如课程与活动，要加强整体设计，克服“两张皮”的现象，一方面不要泛课程化，把什么都装进课程的框子。有的校长说“我们学校处处都是课程”，那是隐性课程的表达，它对应的是显性课程的话语，与我们执行国家课程方案所说的“课程”不在一个话语系列。另一方面，课程与活动要对接、融通，要让二者既保持相对独立，又成为有机整体。有的活动可以作为课程的部分，比如读书节，如果在“经典阅读”之类的校本课程中，设计了学生“交流与表现”的课程板块，则读书节进入了课程，但它仍然可以放在节庆活动系列。第三，要关注“文”的前后呼应。有的学校的方案，前面讲校情分析，经验、成果，机遇、挑战，很像一回事；后面讲目标任务、重点工作、策略创新，与前面未必有对应关系。方案的制订要提倡问题解决与创新，要回过来看，我们做这些、这样做，是不是真正回应了成绩和问题、机遇与挑战，真正回应了方案落地后问题确实能够解决，学校发展确实上了新高度。前后真正贯通了，人、事、文三个方面也就内在统一了。

注：本文发表于 2017 年 2 月 8 日《中国教育报》，在收入本书时略有充实。

激活执行力

企业界有"三分靠战略，七分靠执行"的说法。学校文化方案制订好了，关键就在激活执行力。

价值激活。核心价值观是组织文化的灵魂。《亲历壳牌——企业帝国的经营细节》这本书，揭示了壳牌公司的管理经验，最为核心的是《孙子兵法·谋政篇》里的一句话："上下同欲者，胜！"在学校文化的语境里，"同欲"，想的是"培养什么样的人，怎样培养人"这样的现代学校的根本使命，学校因此就更有可能走向成功和卓越。许多学校都注意在这方面下足功夫，他们通过民主对话提炼价值观，全方位宣传学校文化方案，师生、家长、社区共同参与文化建设，引导大家不断加深对核心价值观的领悟、体验。在一些优秀的学校，更是将价值观教育与师生日常的教与学紧紧糅合在一起，与对教育教学的某些本质追求糅合在一起，从而让师生在潜移默化中内心认同核心价值观。以江苏省锡山高级中学为例，他们以"成全人"为核心价值观，这个核心价值观怎么体现在学科教学中呢？学校组织老师们通过反复对话，提炼学科宣言，在学校核心价值观与学科本质之间建立了紧密联系。比如，语文组起初提出的学科宣言是"儒雅博学"，到后来提炼成"培养终身阅读者，培养负责任的表达者"。数学组起初提出的是"走进课堂，斗志昂扬；上起课来，神采飞扬；走出教室，得意洋洋"，到后来凝练成"探究数形的奥妙，培养严谨的态度，锤炼娴熟的技能，深化理性的思维"。可以说，这样的过程是对学科本质的认识过程，是学科教研组在对话中形成共识的过程，是学校核心价值观的内化过程，也是激活学校文化执行力的过程。

责任激活。柳传志说，企业的执行力就在于“用合适的人，做合适的事”，即在人与事之间找到最佳匹配。人与事对接了，责任就落实了。不管学校实行什么样的管理模式，这种责任到人的科学管理的路数，与效率、效益紧密挂钩，是值得采纳并付诸管理实践的。一般的做法，是在学校文化建设方案基础上提出建设项目，或在文化方案下面再制订子方案，如德育、课程、教学、教师队伍建设、校园环境、学校文化符号系统等等方面，都可以制订具体的工作方案，然后再明确具体项目。总之，要把建设目标分解成任务单元，把主要的可交付的成果分解成为较小的易于管理的任务单元，由上而下，由粗到细，一直分解到最小可控单元及工作包为止，分解到每个人为止。(余世维《赢在执行》，中国社会科学出版社，2005 年版)责任落实，目标考核紧紧跟上，这样就能促进具体任务的完成和工作目标的实现。同时还应看到，科学管理的责任制要与人文管理内在积极性的激发结合起来，应当倡导校长有善意的人性假设，相信教师都是积极向上的，有着向善向好的本能，有着“做正确的事情，正确地做事情”的愿望和能力。笔者多次参加南京市北京东路小学文化建设的讨论，对此感触尤深。在完成工作目标时，学校对人员的分工非常明确，在工作过程中不断强化项目负责人的责任意识。更为重要的是，这样的文化实践是以唤醒教师、解放教师为前提的。孙双金校长认为，校长首先要相信教师，相信每一个教师都是优秀的，校长的学校管理只是顺性而为，把教师内在的人性力量唤醒、激发、放大，让每个人都走在向前、向上的大道上，他们就会迸发出巨大的能量，就会自加压力、勇于担当。这种主体精神的激发与岗位责任的考核结合，就会变成强大的执行力和创造性。

技术激活。责任到人，积极性很高，并不等于就能做好，这里还需解决怎样做的问题。教育教学要从经验走向科学，许多技术的要领和规范就得掌握。比如镇江外国语学校“合作学习”的研究与实践，对“合作学习”的核心要素，如确立小组奋斗目标、树立学习责任感、形成合作与竞争技能、小组长组织建设、自我评价与反思等，包括对学生学习技术的指导，都有如琢如磨的研究，这样的“合作学习”就不走形、不变样。江苏省汾湖高新技术产业开发区实验小学在应用课堂观察的过程，注重教师学技术、用技术、创新技术，以技术为支撑，促进教师的课堂进步和科研能力提升，保证具体任务高质量完成。张菊荣校长曾撰文《课堂观察：从主题选择到报告发布》，逐一介绍主体选择、工序准备、信息采集与处理、报告撰写与发布的技术要求和老师们的实践创造。苏州市太湖度假村中心小学课程方案的研制过程，同时也是课程理论的普及过程，紧接其后学校各学科和校本课程纲要的制订，更是成为课程技术的全员培训过程。一丝不苟，动作到位，技术背后的人文意蕴才能显现，规范基础上的创造性才能实现。这些学校成为课改的先进者，技术的力量不可低估。

制度激活。“制度化是组织和程序获取价值观和稳定性的一种进程。”([美]塞缪尔·亨廷顿《变化社会中的政治秩序》，王冠华译，上海人民出版社，2008 年版)以制度创新激活执行力，第一，要把价值观的意蕴落实到制度上。常州市实验小学的教育哲学是“学会分享”，基于这样的理念，他们提出“给孩子们 100 分钟分享经历”的命题，并以“经历·分享课程”的方式让学生在“健康之路”“责任之旅”“礼仪之旅”“阅读之旅”“特长之旅”中充分享受快乐童年，取消“三好生”评比，增加基于五种旅程的“银杏娃”评选，让更多的孩子有了成功的体验和感受。如是，分享文化就如同校园里那棵有着 180 多年历史的银杏一样，枝繁叶茂，硕果累累。第二，要从个人英雄式领导走向分布式领导。分布式领导是现代领导的新方式，具体到学校情境中，分布式领导强调领导角色和智能动态地分布于学校成员当中，校长的角色要从传统的个人英雄式转变为支持式领导者，引领组织成员动态地分担领导职能，并提供必要的支撑和保障。(张晓峰《分布式领导：缘起、概念与实施》，《比较教育研究》，2011 年第 9 期)在课程改革的过程中我们看到不少学校的课程开发都是采用分布式领导，推行项目负责制，课程主体往往就是项目负责人，“我的地盘我做主”，一个个做得有声有色。第三，建立共享与创新的学习共同体。学校是一种知识单位，我们又处在知识变革的时代，制度建设很重要的一个作用是体现知识管理的思想。共享与创新是知识活动的本质特征，学校制度建设要从关注教师个体的表现转向关注教师成长共同体的建设，共同体参与式恰如戴维·伯姆在《论对话》中说的：“对话在意义交流中既参与其中又分享彼此。”通过这样的对话与合作，参与者帮助了别人，促进了自我反思，在分享中滋养着情智，生长着创造性，知识的活动过程就可能生动地促进学校的文化进步。

成就激活。这里的“成就”主要指两个方面，一是指项目直接的目标达成，二是指项目本身的“附加值”。项目可望顺利完成，项目完成的过程中团队得到很好的发展，自然都会进一步激活执行力。“过程与结果同样重要”，过程性评估或中期评估，有助于做必要的矫正与改进，整体提升项目终期完成的质量，因此项目评估的过程意识要加强。表现有助于促进成长，要尽可能给项目组提供参与交流、展示的机会，有时活动胜过评估，或者活动也是一种表现性评价，通过表现可以发现优势与问题，可以增强信心、激发斗志。他评与自评相结合，即使以他评为主，笔者也提倡基于自评，自我诊断、自我反思、自我总结。这本身也包含着执行力的提升。同时，要十分重视执行力实现过程中的成长价值，如果我们的知识活动有充实感和创新性，如果我们专业品质的改进“草色遥看近却无”，如果我们的人生不断升华，那我们前行的步伐自然会更加坚实，我们的前程自然会涌现诗意的灿烂。

注：本文发表于2017年3月1日《中国教育报》，在收入本书时略有充实。

调适关系　优化生态

埃德加·H. 沙因认为，文化都是相互作用的现象。关系，则是事物之间相互作用、相互影响的状态。在学校文化建设过程中，主政者就应当调适各种关系，优化学校发展的生态。

与自我的关系。相对于与他人、与物、与社会环境的关系，人与自我的关系是源头性的。帕克·帕尔默在《教学勇气——漫步教师心灵》一书中强调："教学不论好坏都发自内心世界"，"教学提供通达灵魂的镜子"。他认为人的智能、情感、精神的和谐，是作为一名教师值得期盼的内部景观，是自己完整、强大的根本原因。这个意思迁移到学校管理的情境中是完全适用的。学校的管理实践在本质上都源自心灵，精神世界的修炼至关重要。而从社会认可的视角看，与自我的关系又可以一种"基本形象"来表达。"基本形象"是社会对某人形成的基本判断、基本认识。一位教育工作者的基本形象，由角色规范、教育表现和基本的生活方式三个方面构成。"基本形象"较好，人们往往都习惯于把你往好的方面想，"基本形象"不好，有时甚至吃力了也不讨好。文学界在评说路遥时，有一种说法，认为路遥的基本形象就是"革命烈士"，因此你更多的是对其缅怀、景仰，想下笔批评，就会感到有几分为难。我曾经听课时看到执教的老师抚摸一个小男生的头，那个孩子甩头拒绝。下课时，我悄悄问那个小男孩缘由，小男孩告诉我："老师，平常没有人听课时，他对我们可凶呢！"想想我们熟悉的那些教育家，其"基本形象"都是站得住的，有的甚至达于圣贤的境地。"虽不能至，心向往之。"我们要在内心完整的基础上，模范地遵守角色规范，在教书育人的实践中卓越表现，践行健康的生活方式，塑造良好的基本形象。

与学生的关系。与学生的关系是师者的第一关系、根本关系。第一，理解儿童。首先要认识儿童（人）的特质，比如思维的能力，“人是有思想的苇草”，教学在本质上就是引导思维的发展；再如精神生命，人是有双重生命的，在教育情境中，应当更关注社会生命、文化生命、价值生命、智慧生命这些精神意义的生命成长；又如“幼态持续”，人是在个体未成熟时就离开母胎的，专家们认为人类的健康生存有赖于儿童期的部分行为，如欢笑、惊奇、信任、开放态度和好奇心等，保持到成熟期和老年期。对于这些人的本能的认识和尊重是教育实践的前提。第二，温情守护。西方有部电影叫《十诫》，里面有个小孩叫巴特。巴特问他的姑妈：“上帝在哪里？”姑妈搂住小巴特，过了一会问他：“孩子，你现在有什么感觉？”巴特说：“姑妈，我现在感到暖和了。”姑妈告诉巴特：“上帝就在这里。”教育之所以神圣，就在于师爱给儿童的温暖。温情守护特别表现在对学生的尊重，要注意倾听学生哪怕并未发出的心声，让学生真正作为生命主体参与到学校文化建设之中。第三，正确引导。儿童立场不包括不讲原则容忍任性。对于儿童成长，康德曾给过一个意象：儿童如同“一棵长在森林中央的树，则由于它旁边的树都违拗它，却长得笔直，并寻获自己上方的空气和阳光”。在康德看来，“教育最大的问题之一就是：人们怎样才能把顺从于法则的强制与运用自己自由的能力结合起来”。英国著名教育家尼尔曾经讲述这样的故事，“我正在漆门，罗伯特在往门上扔泥巴，如果他是在这儿生活过一段时间，我会批评他；如果他是刚刚从一个严格的学校转来，我会和他一起往门上扔泥巴。毕竟罗伯特的解放比学校的门重要。”这个故事准确地诠释了儿童立场，儿童的自由必须结合具体的情境去理解，教育主张的是有规则的自由。

与同事的关系。由于校长的职位是与权力的行使联系在一起的，所以在交往关系中往往处于主导的、强势的一面，这就需要在积极意义上构建与同事的关系。特别应当强调的关键词包括：①真诚。雅斯贝尔斯说：“人与人的交往的对话和敞亮”，“是人类历史文化的核心”。待人以诚，才可能敞亮。因为真诚，即使有时产生误解，内心也是坦然的，“尽释前嫌”也才有可能。②民主。雅斯贝尔斯所说“对话”当以民主为前提，本雅明讲共同体时特别强调每一个个体的充分自由。戴维·伯姆说“对话”也倡导“更直率、更自由地参与和分享”，他说：“这样的话，任何事情都可以在我们之间流动交换”，“每一个人都参与共享群体所有人的全部意义”。（戴维·伯姆《论对话》,李·尼科编,王松涛译,教育科学出版社,2004年版)只有做到知无不言、畅所欲言,才可能有真正意义的共同体,也才能有真正意义上的现代学校治理。③信任。用人不疑,疑人不用。教师总体上是一个高素质的群体,把人往好处想,在了解他们的前提下知人善任,就应该放权、放手、放心,以激发他们的主体性和责任感,充分发挥他们的聪明才智。笔者曾听一位老师对退休多年的领导"酒后吐真言":当年接到一项新的任务,只要领导班子里有人说到您对这件事情很关心,我们就有紧张感,就怕做不好,对不起您。这里的文化意蕴必然包括了这位老领导对员工的关心和信任,所谓士为知己者用也。④宽厚。作为领导,能凝聚人心、集思广益,与宽厚待人是分不开的。在一次台北和南京教育的"双城会"上,我就"名师的成长"这一主题做了个发言,意思是名师成长主要在"养气",有了气概、气质、气脉、气象、气场,名气也就实至名归了。在离开会场时,来自台湾的吕教授特意赶出来追上我,表示赞同我的观点,并建议再加上"气度"。我感动于她的认真,也很愉快地接受了她的建议。确实,任何名师、名校长,如果没有容人的雅量,都是谈不上真正"成名"的。

与其他学校利益相关者的关系。其他学校利益相关者包括教育行政部门、社区机构、家长和校友等。校长是学校的最高首长,校长的理念、能力和努力的程度与学校发展的社区生态关系极大。总体说来,似乎应当强调,第一,走校本管理之路。冯大鸣在研究美、英、澳三国20世纪教育管理体制改革的基础上,认为21世纪初校本管理应关注两个方面:继续实行对学校放权与问责并举的政策;构建教育系统与教育系统外部机构、组织、团体之间广泛的伙伴关系。(冯大鸣《美、英、澳教育管理前沿图景》,教育科学出版社,2004年版)在政策层面上,这在我国也是多年提倡并不断强调的,当然需要继续努力。校长作为各种关系的第一联系人,更是肩负重任。第二,推行民主治校。我们的校长在社区的作为,常常是"有为才能有位",于是一批英雄式的校长游刃有余、左右逢源,这显然需要制度的改进。比如在美国的一些州,家长参与学校治理是有法律规定的;另一方面,校长特别是卓有建树、广有影响力的校长,要从英雄式走向民主化,不仅是要求社区、家长、校友为学校做什么,而是要吸收多种利益相关者参与学校的规划、决策、管理、建设和监督,让参与者逐步获取权责并举的地位。第三,与社区构成共同体关系。中国的学校文化比之西方发达国家学校,一个明显的差别在于我们的学校大都是一个文化孤岛,与社区两不搭界,现在所做的努力大都停留在社区资源的开发与利用。确立共同体的关系，双向价值互动、管理互动、服务互动，你中有我，我中有你，人人为我，我为人人，确立比较有利于发展的生态位，甚至成为社区文化的中心，双赢、多赢、共赢就成为可能。

与物的关系。正如C·A.埃尔·伍德所言："一切文化都是人心的产物。"物质总是投射着人的精神之美，同样人的精神也往往需要以物质形式来表达。在学校教育中，人们期盼的场景包括人与物双向互动，文化氤氲而生，成为一种弥漫于学校各个角落的具体存在。概而言之，应当主要是"三园"内涵。一是花园。恰如哈尔森论及花园时所说，"让现实升华，替它披上幻想的霓裳，从而让我们的现实经验重归灵性。"平江实验学校在古木参天、绿草如茵的基础上，启动四大主题园的建设，即"声韵园""情景园""并蒂园""茂盛园"，集四园首字为"声情并茂"，让师生的活动在诗画般的生态中展开。二是学园。江苏省近些年来推进课程基地建设，创设具有鲜明主题的教学环境，引导学习方式的变革。通过课程基地建设，学习环境相对于教师、学生、教科书，学理的地位明显提升，学习环境与学习资源融为一体，甚至成为过程性的学习资源，校园即学园得到很好的体现。另一方面，学园是指学校环境建设体现隐性课程的作用。一些百年老校，移步换景，到处都可以听到文脉的流响。不少学校整体设计自然景观，让校园环境发挥植物园、生物馆的作用。"一草一木总关情"，即使是无生命的建筑也成为凝固的教育。这些都恰如苏霍姆林斯基的主张："让每一堵墙壁都说话。"学园还包括网络环境的建设。网络化、大数据都使学习资源无限丰富，使资源形态发生变化，怎样以"学"为中心，借助网络条件推进学习方式的变革，更好地支持个性化学习，应当成为关注和建设的重心。三是家园。在苏州市太湖国家度假区中心小学，我和夏静校长的团队曾琢磨"家园"的意蕴，大家认为青砖黛瓦、庭院深深的建筑和环境，正是风格如家；处处为学生的学习、生活着想的硬件设施，体现舒适如家；学校教育哲学的物态表达，师爱情感的四处弥漫，给人的感受是温暖如家，这也可以看作是对"家园"内涵的一般理解。

与社会环境的关系。人总是在一定的社会环境中生存的，环境造人，人又总能在一定程度上影响环境。近些年来，学校文化建设面临环境压迫，主要在应试教育的影响，分数可谓已经成为当下教育的"语法"，似乎不讲分数、分数不是"唯一"或"第一"，已经是违背了"语法"，说的话别人都听不懂了。面对这样的生态，我们一定要回到培养什么样的人这个思考的原点，"立德树人"树立的是具有良好人格、完整人格的人，核心素养倡导教育给学生带得走的东西，以更好地适应社会发展和终身发展。以文化人，其“化”主要指向精神成长。一方面不要把按教育规律办学与应试对立起来，按教育规律办学必然地包括了教育的高质量；另一方面一定要坚持底线，坚持立德树人这样根本的价值理念。康德有句名言：“人性这根曲木，绝然造不出任何笔直的东西。”文化正是一根弯枝，它具有一种柔性的力量，学校文化应当与社会环境保持一定的张力，不断反弹出自己的力量，反弹出自己的特色，反弹出自己的品格，而这本身也是促进教育生态的优化。

注：本文发表于 2017 年 3 月 22 日《中国教育报》，在收入本书时略有充实。

落地生根才成文化

文化不是悬挂在半空的东西，不是静止不变的东西，更不是用于炫人耳目的东西。文化具有弥漫性，她又是具体的存在，她的弥漫是与具体存在相伴相生的。学校文化建设应该落地生根，应该蓬勃生长，应该是师生行板如歌的人生中激越的音程。

培植内核。文化的力量首先在精神内核，在一个组织结构层面，这往往是其意识形态系统表达的。从一般意义上说，学校文化的精神内核，最主要的大致是三个方面。第一，向上。有理想，有追求，就有了奋斗的意义、前行的动力。我曾经呼吁，巴尔蒙特的诗句“我来到这个世界，为了看太阳”，应当成为教育工作者的精神大合唱。第二，爱。爱是教育的灵魂。教育的爱是一种源于责任使命的爱，是一种主动倾向性、无私型的爱；教育的爱是一种源自童心的爱，立足于儿童立场，蕴含着对儿童的深刻理解和深切关怀，为儿童所悦纳以至享受；教育的爱是引导“成人”的爱，是塑造内在灵魂、激活潜能、生长灵性的爱，包括引导学生在接受爱的过程中学会爱，在快乐的学习生活中准备未来的幸福生活。第三，青春活力。林庚先生在阐述唐诗艺术时，提出“盛唐气象”这个概念，顺着林先生的意思，我以为只要表现盛唐时期的精神本质，无论哪个时代都可以叫做“盛唐气象”。什么是盛唐的本质特征呢？林先生概括为：“蓬勃的朝气，青春的活力。”教育工作者尤其需要对“盛唐气象”的憧憬，学校文化建设的重要特征就应当是青春焕发，蓬勃生长。当然，这些精神内核在学校文化实践中的表现是五彩缤纷的，但只要契合都应当得到肯定。以苏州十中为例，柳袁照校长提出诗性教育。他的诗性教育用三个关键词来表达："超然"，超越功利性、世俗化，有向善向好的追求；"本真"，遵循人的最真实最自然的生命本意，去发现和开掘每一个学生的生命最绚烂的辉煌；"唯美"，校园如诗如画，课堂诗意盎然，活动诗情澎湃，人生诗意栖居。柳袁照的诗性教育就体现出学校文化内在的精神品格，就让十中的文化成为灵魂的种子，落下去，自然是生机盎然。

落到实处。文化的力量不在于字写得如斗，口号喊得震天，而在于落到实处，落到细处。文化的落实主要在三个方面。第一，在组织的活动中落实。学校组织的活动指课程、教学和课外活动。仅以课程为例，很多学校都重视校本课程建设，并努力在校本课程开发建设过程中彰显价值追求，但也有学校说的是以学生发展为本，做的则大打折扣。校本课程开发要具有基础性，体现基础教育育人的特质，而不是指向成名的"面子"；要具有全体性，应当是所有学生都能接受到课程的滋养，而不是只服务于少数精英学生，将大多数学生拒之门外；要具有内在性，设置校本课程的本质就是更好地适应地方和学校，那些最具特色的校本课程应当在学校文化传统和地域文化的土壤里生长，而不是追随时尚、生搬硬套；要具有选择性，校本课程的"面向全体"是以选择性来实现的，它不是指全体学生共学一门课程，而是指全体学生都有选择的空间，他们的志趣、爱好、特长都可以通过校本课程的学习得到更好地发展。对照这些基本要求，可见我们还有很长的路要走。第二，在制度设计中落实。江苏有不少小学践行幸福教育理念，我在和校长们讨论时曾提出一个建议，开展"快乐星期五"的活动，即在星期五班主任或科任教师通过多种渠道给学生或家长送上一句话，夸一夸这个孩子在过去的一周中优秀的表现，结果孩子和家长对过去的一周增加了整体的幸福感，对下一周有了更美好的期待，而且教师们也在观察、发现孩子闪光点的过程中，更加享受职业生涯的幸福，满满的获得感激励他们更努力地为孩子们创造幸福生活。在有的学校，这项活动已经成为幸福教育制度创新的有机组成部分。第三，在物的建设中落实。芮火才校长推崇"自由学校"，在物的建设中处处为学生着想，他的学校的学生桌椅都是可以升降的，细节处就见到了理念。有一位教育学者参观海门东洲小学，在与时任校长祝禧交换意见时，他说："一棵草在外面仅仅是一棵草，但在东洲小学的校园里就成了文化。"可见，祝校长的用心得到了理解和嘉许。文化如果真正在落实上下功夫，那么精神意蕴就如同别林斯基在《普希金作品集评》中所说："在真正诗的作品里，思想不是以教条主义方式表现出来的抽象概念，而是构成充溢在作品里的灵魂，像光充溢在水晶体里一般。”

营造氛围。文化是包蕴性很强的概念，是物质与精神的统一，外显与内在的统一，静态与动态的统一，具体性与弥散性的统一。文化要落地生根，也需要我们虚功实做，实处生虚，虚实并举。首先，要把握文化弥漫性的特点。从时间的角度看，文化如滴水穿石，是一种积淀；从空间的角度看，文化往往潜移默化，内化于心。这其中都有一种精神的弥散、弥漫，都有一种氛围的东西、韵味的东西。文化这种柔的特性，正是“化人”的力量所在。认识到这一点，我们就要重视文化的“场”，文化的氛围的营造，使师生的成长与发展如沐春风。其次，文化氛围的营造应当基于整体的构建。在一个秋色斑斓的江南庭院里，我和同事孙孔懿先生由满院秋色谈及学校特色。孙先生说，学校特色的“色”有三重内涵，一是颜色之“色”，指外在环境；二是成色之“色”，是内在品质；三是春色、秋色之“色”，是弥漫性的氛围。孙先生说的第三重“色”，包含了前两者的内涵，是一个文化整体的色泽、韵味，如果没有前二者，这第三重“色”也就是虚无的了。第三，文化要在流动中传播、生成。著名教育家匡亚明先生经常讲：“空气流动就是风。”校风、教风、学风的形成就是在人的活动中实现的，可谓至理名言。顾明远先生也说：“学生的素质是在活动中培养的。”“流动”了，文化的韵味如影随形，文化的氛围春风化雨，文化也就无处不在，也就可能在看不见摸不着的状态下发挥着育人的力量。

外化于行。休谟说：“人生由习惯与信念决定。”信念的确定，体现着内化于心；习惯的养成，体现着外化于行。文化落地生根，最终表现为一个群体的价值坚守和行为方式。杨绛先生百岁生日时，接受柳袁照校长的访问。她说，振华（编者注：苏州振华女中为杨绛女士母校，现苏州十中的前身）有一种特有的味儿，那是可意会难以叙说的那么一种味儿。学生们带着这种味儿离开母校，无论到哪里，干的什么工作，无论是荣是辱，无论是贫是富，这种味儿一直没有变，会伴随一生。这大概是文化落地生根最有说服力的例证。从学校文化建设层面看，要做到这一点，除了我们反复强调的，将精神元素内化于心，就是要把价值观化为直觉，在学生的行为习惯养成中，在教师的生活方式形成中，渗透价值理念。这种直觉应当看作是核心素养的重要表现。在一定意义上，内化于心，也是要以外化于行表现出来的。“化”者，彻头彻尾，不着痕迹，其行为方式在潜意识、下意识、无意识中自觉地表达着组织文化追求的价值理念。恰如埃德加·H. 沙因所说：“当一种问题解决方案反复地起作用时，文化就被视为理所当然的了。当初的一个仅由第六感觉或价值观支撑的假设这时就会逐渐被人们当作事实。我们最终相信自然真的是以这种方式运行。”于是，我们的处理方案和生活方式自然而然地符合“基本的文化假设”，文化确实就在落地生根，就如影随形地滋养着我们，直至终身。

注：本文发表于 2017 年 3 月 29 日《中国教育报》，在收入本书时略有充实。

校本管理：一种本土化的诠释

转变政府管理职能，管理改革更加人性，常规管理注重实效，提高校长领导能力，方能有效实施校本管理。

校本管理有其自身特点，但并不是提高学校管理效能的唯一方式，更不是解决我国学校管理弊端的灵丹妙药，我们不必将它神圣化、神秘化。作为一种“舶来品”，我们要做的不是简单照搬其理念和做法，而是结合国情，借鉴其合理成分，作出本土化的改革创新。需要明确的是，现在提倡校本管理，并不是全盘否定我国现行学校管理制度，而是为了进一步完善它。这可以从三个层面来理解。

第一，校本管理离不开政府指导与调控，但政府管理职能要改变。校本管理涉及到集权与分权的问题。考察西方国家的教育管理体制，并不是完全放权，而是集权与分权同时发生，集权与分权相互结合。它提醒我们：对于政府，实施校本管理需要放权，但不是无限放权；对于学校，实施校本管理需要争取管理自主权，但不是无限要权；在政府与学校之间，教育管理的权力需要整合，需要重新分配。作为政府，最重要的是进行宏观决策和调控，为学校发展提供行政支持。作为学校，最重要的是要在政府下放的权力范围内提高自主办学水平，把政府下放的权力用足、用好，用得让人满意，同时要有权力的“分寸感”“敬畏感”。

第二，校本管理与“三制”改革不相矛盾，但“三制”改革要“眼中有人”，更加人性。“校长负责制”“教职工聘任制”“内部结构工资制”在我国已施行了20多年。当初在中小学进行这样的内部管理体制改革，目的是想通过制度创新，给校长更多的办学自主权，破除办学过程中的平均主义、论资排辈等现象，逐步形成有效的竞争与激励、约束与调节，并与社会劳动、人事、保障制度相衔接的综合配套的学校运行机制，激发学校内部活力。出发点很好，实施效果却是有人欢笑有人愁。最主要的原因是实施过程中刚性有余，柔性不足，在激励机制上无法体现教育教学工作的特殊性和复杂性，难以激发全体教职员工的积极性和创造性。校本管理更多地体现了一种人本主义管理思想，要求管理者以全体师生员工的发展为中心，以人文、人性的方式和手段，相信、尊重、关怀、依靠全体师生员工，通过规范“事”来引领“人”的发展，它对“三制”改革是一种很好的补充和发展。

第三，校本管理与中小学常规管理不相冲突，但常规管理要更有实效。常规管理近20年来一直受到我国各级教育行政部门和学校的重视，在规范教育教学行为，稳定教育教学秩序，提高教育教学质量，确保学校各项工作正常有序运转和整体办学效益提高等方面发挥了巨大的促进作用。但从实施情况来看，也存在着一些问题。比如：一些学校制订规章制度不是从本校实际情况出发，而是套用教育行政部门有关规定；不是基于学校整体发展思路系统，主动、有重点地抓常规管理，而是机械地执行教育行政部门的相关规定，或者被动、零散地应对日常工作中出现的问题；规章制度常常挂在墙上说在嘴上，执行得如何却考虑得不多。校本管理是一种战略管理，更加重视学校办学理念的提炼和形成，以及体现办学理念的学校发展规划的制订和实施。校本管理不是不需要常规管理，恰恰相反，它还离不开常规管理作保障。但这种常规管理所关注的是办学理念是否在规章中得以落实，以及在实施过程中是否执行到位，而不是挂在墙上说在嘴上，事无巨细婆婆妈妈。常规管理不是繁琐管理，需要的是执行力，而不是形式主义，体现的是精致，而不是琐碎。

实施校本管理，对于校长来说，最重要的就是要处理好权力与责任的关系。权力与责任从来都是相伴相生的，权力的获得意味着责任的增加。政府放权以后，学校自主发展的空间是大了，但原来由政府承担的相关责任也伴随着权力一起下放到了学校。作为学校法人，校长敢不敢承担责任，对其心理素质和能力水平都是一种考验。敢于承担责任，并且能够创造性地开展工作，学校就能发展。瞻前顾后、想要权力、怕担责任，或者为所欲为、滥用权力，这样的校长是不受欢迎的，是管理不好学校的。

校长不同于其他行业的管理者，他首先是一个教育家，必须具备教育家的基本素养，其次才是管理者、学校法人，才谈得上管理、领导学校。作为教育家，校长应该具备积极向上的人生态度、内涵丰富的教育哲学、“坚守”的品质、功底扎实的学术素养、终身学习的能力和亲和力等基本素养。作为管理者，校长应该具备宏观思维、机遇意识、决策能力、创新才干、管理智慧和人脉优势等治校能力。作为学校法人，校长可以实施的校本管理方略包括制订学校发展规划、开发人力资源、设计学校形象、制度建设、关注教学、文化建设等。

校本管理的最高境界应该是建设“注重传统底蕴，体现以人为本，追求时代精神，着眼整体构建”的管理文化，以管理文化为主线带动学校其他各项文化建设，营造具有校本特色的文化氛围，积淀深厚的文化底蕴，让校园散发出一种浓浓的文化气息。否则，学校管理改革就只能在较浅的层次徘徊。

注：本文发表于2007年5月22日《中国教育报》。

江苏省名校发展的现状、经验与问题

江苏是全国教育大省，也是教育强省。由于历史的积淀，在江苏教育发展的过程中形成了一批在全国有较高知名度的学校。这些学校在悠久的办学历史中形成了自己的办学风格和学校文化，它们也代表着江苏基础教育发展的水平，对其他学校的发展起到良好的示范引导作用。如何通过学习研究发达国家的教育经验，反思自己的办学经验，提升自身的办学品质，继续发挥在教育发展中的引领作用，进而探索出一条优质教育资源发展的新路子，是名校义不容辞的责任。要对江苏省名校主动发展的动因、理念与模式进行理论建构，必须弄清名校发展的现状、经验与问题。

一、名校的界定与研究样本选择

1. 名校的概念与内涵

就中小学而言，传统意义上的名校是指办学历史长、办学条件好、教育质量优、在地方上知名度高的学校。不同的历史时期，名校被赋予不同的历史使命，因此名校的内涵也随之而发生变化。在基础教育全面普及的背景下，名校更多地是指那些教育理念与办学特色鲜明，文化底蕴深厚，拥有优秀教师团队，在当地乃至更大区域内具有一定知名度，并对其他学校发展能够产生积极影响的中学或小学。

从内涵上看，名校包含了以下内容：第一，名校是在教育理念的指引下存在与发展。教育理念不是浮于学校的外显层面，它内隐并贯穿于学校发展的整个过程，引领着学校不断向前发展。教育理念既可以在方向上指引着学校发展，使学校发展始终沿着正确的方向前行；也可以在行为上规范学校的发展，使学校办学行为永远都不会违背规律；还可以在内涵上深化学校的发展，使学校走上可持续发展之路。第二，教师团队发展是名校发展的重要表征因素之一。任何学校发展都离不开教师队伍建设，名校发展更是如此。虽然名校中总少不了名校长或名教师，但是，应该承认，名校并不是个别名校长或部分名教师所能造就的，它需要的是教师团队力量。优秀教师团队是判断名校的重要指标之一，缺少教师团队发展的学校不是名校。第三，名校在发展中提炼出鲜明的办学特色，积累了深厚的文化底蕴。办学特色和学校文化的提炼与积累是名校之“名”的精髓，也是名校走向个性发展和可持续发展的重要基石。办学特色是名校多元存在的现实见证，它从比较的角度彰显了不同名校的差异所在；学校文化是名校发展的时空积累，它从时间和空间维度透视出名校的发展历史与现状呈现。第四，名校得到了学生、家长和社会相关人员的认可。评判学校的好坏不再是政府和教育行政部门的事情，学生、家长和社会等相关者的满意度早已成为学校好坏的评判标准。能被众多教育相关者认可和赞誉，意味着名校的办学行为、成绩和效果在最大程度上满足了社会的需求或期望——尽管这些认可和赞誉掺和了一些情感成分。第五，名校能对其他学校产生示范作用，引领其他学校的发展。在一定区域、一定范围内，名校能产生“场”效应，如名校的声誉、先进的办学理念、独特的学校文化、教师对教育事业的奉献精神和行为、学生的个性发展等很多方面都能对其他学校产生示范作用，使其他学校主动向名校学习，并自愿改善学校的教育教学和管理行为。

2. 区域名校的选择

确切地说，本研究中的名校是区域名校，尽管有一些学校是全省，甚至是全国意义上的名校。之所以说是区域名校，主要是因为受到研究方法的限制。本研究主要采用了问卷调查的研究方法，而研究时是委托苏州、南京和盐城等市教科院（所）确定学校之后代发调查问卷表并收集学校发展的相关资料，因此，所选择的名校分别代表了苏南和苏北等区域名校的发展现状。换句话说，这些名校至少在一定区域内有重要知名度，产生了一定范围的影响。

研究者并没有规定各区域选择出多少所名校，而是由各教科院（所）根据各区域学校发展实际情况，在比较区域其他学校基础上所做的差异性选择，因此，各区域选择的名校在数量上是不等的——在作为调查样本的34所名校中，苏州6所，包括小学3所、高中2所、初中1所；南京市12所，包括11所小学和1所高中；盐城12所，包括7所小学、1所初中和4所高中；同时江苏省教育科学研究院4所高中基地学校也作为了研究对象。各区域名校在影响力上也是存在差异的——有的学校在全省甚至全国都产生了很大的影响力，已经是先发传统型名校了，而有的学校只在区县和市域范围内有一些影响力，属于后发追赶型名校。

二、江苏省名校发展的现状描述

区域名校的选择不仅为了解江苏省名校发展整体现状提供了依据，也为了解苏南、苏北名校发展中存在的一些差异提供了条件。

1. 江苏省名校发展中的共性

(1) 从数量上看，初中名校较少

在34所作为研究样本的名校中，只有2所初中校，仅占到名校总数的6%，远远少于小学和高中名校的数量。从区域来看，在南京市提供的名校中，没有一所初中校，苏州和盐城虽然有初中名校，但是它们在区域名校总数中所占比例还是很低的，只有17%和8%。初中名校少不仅证实了初中是基础教育阶段的薄弱环节，而且意味着初中教育需要投入很大精力去经营，有必要在改造初中薄弱环节的基础上，打造更多的初中名校，从而实现初中发展的转型。

(2) 名校在发展中多明确提出了办学理念

在34所名校中，有31所学校明确提出学校的办学理念，并在办学实践中践行学校办学理念。在这些办学理念中，不仅有对人的关照，体现了学校师生成长、发展的理念，如苏州市金阊实验小学提出的要让“每位学生都发展，每位教师都成功，每位家长都满意”、南京市力学小学提出的“学生健康成长，教师成功发展”双主体理念、盐城市伍佑中学提出的“以人为本，对师生终身负责，促进师生整体素质持续快速健康发展”办学理念等；而且有对教育功能、价值的阐述，体现了对教育精神和目标的追求，如，苏州市景范中学提出的“继承先忧后乐精神，培育既文且正学子”、苏州市星海实验中学提出的“让教育成为发现与创造的艺术”、大丰市初级中学提出的“让每个学生都畅享成功的乐趣”、南京市夫子庙小学以“仁”为核心的办学理念、南京市江宁高级中学“立足学生终身发展，为学生做人、求知和创新奠基”的办学理念、镇江市丹阳六中的"自我建构教育"觉悟理念等。明确的办学理念为学校发展指明了方向,也是使学校成为名校必不可少的内在发展逻辑。

(3) 名校发展中充分发挥教师团队的作用

不可否认,校长在名校发展中起到很大作用,但是,校长个人的力量并不能造就一所名校,名校发展是包括校长在内的全体教师共同努力的结果,学校的每一位教师都对学校发展作出了不可替代的贡献。从调查问卷中可以看出,34 位校长中,只有常熟市实验小学薄俊生、盐城市东台中学王兆平以及江苏省上冈高级中学肖秉林等 3 位校长拥有国家、省及市级多种荣誉头衔,其他 31 位校长中,除了 6 位校长是江苏省特级教师,其他 25 位都是普通校长。34 所学校共只有 41 位江苏省特级教师。为什么在名校长和名教师都不多的情况下,依旧成就了名校?关键就在于几乎所有学校都注重提升教师队伍整体素质,发挥了学校教师团队的力量。

(4) 名校在规范实施课程计划的同时,创造性开发运用了校本课程

所有学校都能按要求执行国家课程计划,开齐、开足所有学科,如南京市芳草园小学实行课表上网公示,不允许挪用和随意删减课时现象发生。同时,依托地方、社区资源,发挥学校教师优势,每所学校都开发了丰富多样的校本课程,如,南京市宁海中学研发并完善了 35 个项目的校本课程;苏州市星海实验中学开发校本教材近 20 套、100 多种;江苏省上冈高级中学编印出版校本教材《学会做人,学会学习》《学会发展》等 50 多种。

基于校本课程和校本教材,大多数学校都成立了学生社团,坚持开展学生综合实践活动,如:江苏省上冈高级中学成立 50 多个学生社团,组织学生参加社会实践活动,每一位学生都要撰写社会实践调查报告,并出版《学生社会实践调查报告选集》;苏州市金阊实验小学有学生社团 9 个;苏州市景范中学每学期开设 30 多个综合实践小组活动等。

(5) 名校发展注重学校文化特色建设

文化特色是一所名校与非名校,及其他名校的区别所在,它体现了学校发展的独特性。34 所学校中有 29 所学校提炼了学校的文化特色,并围绕文化特色品牌开展学校系列活动。如南京市琅琊路小学的"小主人教育"、拉萨路小学的"智慧教育"、凤凰花园城小学的"绿色教育"、宁海中学的"美的教育"、银城小学的"儿童对话文化"、芳草园小学的"阳光儿童教育"、夫子庙小学的以"亲仁、乐学"为核心精神的"孔子文化"、苏州市太仓实验小学的"草根文化"、常熟实验小学的"生本教师文

化”、盐城市滨海县第二实验小学的“书香文化”、大丰初级中学的“精致化管理文化”、上冈高级中学的“五五”管理模式和“中学导学制”、江阴高级中学的“幸福教育”，等等。

(6) 名校重视教育科研，以课题引领学校整体发展

34所学校都非常重视教育科研，都成功申报了不同层次的课题，如，姜堰二中自“十五”以来，共承担国家级、省部级和市级课题16项，教师参与率达100%；南京市考棚小学参与各级各类课题研究的人数已占教师总数的68%。同时，个人课题在学校非常受重视，如作为校本的南京市的所有学校都有教师个人课题；东台市第一实验小学还组织学生进行小课题研究，并专门组织专家听证。有的学校还形成了一套成熟的课题管理模式和方法，如盐城市东台中学形成了“学校中心课题——教研组(备课组)专项课题——教师个人研究课题”三级课题网络。南京市力学小学形成了“学校研究课题——学科研究主题——小组研究专题——个人研究问题”四级课题研究模式。

2. 江苏省名校发展模式的差异

通过对34所名校发展进行比较研究，发现它们在发展模式上存在着一些差异，在学校规模、合作力量获得以及办学资源运用等方面体现得较为明显。

(1) 规模办学与小班化办学的差异

规模办学在名校发展中极为常见，有的学校甚至在走集团化办学之路。在34所学校中，南京市拉萨路小学、东台市实验小学、东台市第一实验小学、阜宁县实验小学等学校有4个以上校区，在校学生都在4 500名以上，有的学校在校生达到9 000人。从班额来看，苏州市金阊实验小学、南京市秦淮区第一中心校和南京市凤游寺小学等3所学校班额在40人以下，占到学校总数的11%，其余31所学校班额都在40人以上，其中40—50人班额占29%，50人以上班额占60%，最高班额学生数达到68人。值得注意的是，南京市凤游寺小学明确提出走小班化教育之路，学校现有在校生450人，18个班级，班额在25人左右。可以看出，小班化教育在名校发展中已迈开了步伐，成为与名校规模办学相对应的另一种模式。

(2) 政府重点扶持与依托名校办分校的差异

当教育水平不高、名校数量少时，政府会通过资金支持、政策倾斜、品牌打造和舆论宣传等多种方式提高教育水平，树立名校典型，这在苏北名校发展模式中有较多体现，当地政府和教育行政部门通常会通过各种方式确保名校的形成与发展。

在苏南地区，特别是教育水平较高的苏州和南京地区，由于名校已经很多，往往选择通过名校辐射、依托名校优质资源办分校方式，促进其他学校走上名校发展之路。如，南京市的凤凰花园城小学、银城小学、芳草园小学等学校，是分别依托力学小学、拉萨路小学、琅琊路小学等名校资源发展起来的，并成为了区域名校。

(3) 继承学校传统文化与挖掘学校现有资源的差异

继承传统文化与挖掘现有资源的差异是传统老校与新兴名校在发展中基于客观现实的选择。34 所名校中，苏州的常熟实验小学、景范中学，南京的夫子庙小学、小西湖小学、考棚小学、秦淮区第一中心学校、宁海中学，盐城的东台实验小学、阜宁实验小学、东台中学、上冈中学，以及江阴高中等 12 所学校创办于 20 世纪初，已走过了一百多年的办学历程，积淀了深厚的文化，积累了丰富的办学经验。在 20 世纪末、21 世纪初创建的 5 所学校(苏州市星海实验中学、镇江市丹阳六中、南京市凤凰花园城小学、南京市银城小学和南京市芳草园小学)虽然缺乏一定的文化底蕴，但它们在充分挖掘各种资源基础上，短短十年左右就成长为了追赶型名校。

三、江苏省名校发展的经验总结

1. 坚持正确的办学理念、立足学校的长远发展

正确的办学理念是符合教育教学规律，符合教育法律法规，也是适合学生发展规律的，只有有正确的认识，才能使学校办学行为符合规范，在引领学生发展基础上，促进学校的可持续发展。同时，正确的办学理念是积极向上的，它能引领学校不断走上改革、创新和发展之路，使学校的办学永远不会停滞。这些名校正是在正确而先进的办学理念的引领下走上发展之路的，而且随着时代变革、学校发展还在不断丰富、完善学校的办学理念。可以说，如果没有先进办学理念的支撑，这些学校是不会成为名校的。

2. 实现各种教育资源的整合与利用

整合、利用各种资源是学校发展的必要条件。从上述名校发展中可以看出，不管是传统型名校还是追赶型名校，不管是政府重点扶持还是依托名校办分校，他们都是在整合各种资源基础上发展起来的，既传承学校传统文化资源，也充分利用学校现有各种资源，还与名校合作获得校外优质资源辐射。因此，在名校发展中，不仅要努力争取政府、教育行政部门的政策、资金支持，而且要充分利用好学校发展中的历史文化资源，同时还要与名校合作，引入优质资源。

3. 充分发挥学校自主办学力量

学校办学主体是教师(包括校长),只有在确定学校办学理念,借助各种教育资源的基础上,充分发挥全体教师的积极性,鼓励他们自主参与到学校办学行为中来,才能使名校发展得以最终实现。34 所名校都注重教师团队作用的发挥,以至于在名校长、名教师不多的情况下实现学校向名校的转变。教师团队作用发挥的关键是学校管理理念与管理方式的创新,在这些名校中,几乎所有校长都是在尊重、信任教师的基础上,实现了文化管理和道德领导,使教师在追随学校办学理念、追求教育理想的同时,积极参与到了学校办学行为中来。

4. 坚定地走学校内涵发展之路

从江苏省名校发展的个性可以看出,不管是学校课程改革、校本课程开发、学生综合实践活动的开展,还是学校文化特色的形成,抑或是凭借教育科研提高教师素质、提升学校办学水平,等等,都是从内涵上促进学校发展。名校之"名"追求的不是学校形式上的发展,而是要关注学校的内涵,促进学生身心健康、个性发展,深化课程、课堂教学改革,推动教师素质提升。可以说,走内涵发展之路是名校成功的法宝,是任何学校都无法避开的必然选择,只有在内涵上获得了发展,名校发展才有坚实的基础和可持续发展的动力源泉。

四、江苏省名校发展的问题探讨

1. 名校能否被复制和进行批量生产

在名校发展现状中,有些名校是通过政府重点扶持,集中优势资源"打造"出来的,有些名校是通过依托名校优质资源"复制"出来的。但是,名校是不能被复制和批量生产的,因此,这种主要不是基于学校自身办学条件,在相对缺乏自身办学经验积累基础上生产出来的名校能否成为真正意义上的名校,还有待我们去观察、判断。

2. 名校的规模化发展是否合理

34 所学校中有 11 所学校提到,目前因为生源爆满和校区多、集团化办学等原因,造成学校面积小、班级多、班额大,校区文化难以融合,教师交流、管理不到位,资源无法共享等诸多问题,甚至有的学校学生活动场地小,时常在马路上活动,存在着安全隐患。且不说大班教学能否为每一位孩子提供适合的教育,也不说大校的存在为学校特色发展、精致化管理带来多少不便和阻碍,仅就学校规范办学、管理到位和学生安全而言，超大班级和集团化办学就已经存在了很大的问题。

3. 名校发展带来的教育不均衡与不公平问题

名校集中了优秀教师和各种优质资源，少数名校与大多数普通校、薄弱校之间发展不平衡，校际差异极为明显。同时，尽管《义务教育法》明确规定，义务教育阶段学生应就近入学，但很多学生家长宁愿花大笔择校费选择名校。经过学校多次筛选，最优秀学生都进入了名校，于是，本来可以公平分散到各学校的优质生源也集中到了名校，造成了校际差异扩大，名校学区内的普通学生也因优质资源被挤占而受到了不平等对待。名校发展带来的教育不均衡和不公平，与国家、江苏省《中长期教育改革和发展规划纲要》提出的促进义务教育均衡发展，提升基础教育阶段的公平程度是不相适应的。

4. 名校是否借“名”实现教育的功利追求

应该说，名校为学生、教师、校长、学校，甚至是教育行政部门等教育相关者带来好处是不言而喻的，如，名校学生更容易升入高一级名校，学生优秀可以为教师带来更多奖励，升学率高可以为校长带来各种荣誉，为学校争取更多的经费资助，等等，但是当我们的名校过分关注和追求名校带来的利益时，名校也就是徒有虚名了。现实中，有些学校为了出名，不是潜心经营学校工作、深化学校内涵、提升教师队伍、转变管理模式，而是通过各种不正当手段，如与教育行政部门拉关系，邀请媒体过度宣传等，把自己作为“名校”评出来，吹出来。

5. 名校如何实现超越与再发展

34 所学校都提出了学校发展中存在的问题，对促进学校更好发展有了新的思考和想法。其中有 22 所学校直接提出，面对社会发展、实现教育转型，如何打破学校发展瓶颈，实现学校的再发展，从而提高学校的办学品质。可以看出，超越和再发展问题已成为名校非常关心的问题。名校超越需要智慧，不仅要对教育实践作出有效判断，形成基于教育实践的多样化教育思想，同时还要形成坚定的教育信仰。

注：本文系相关研究课题的成果之一，与王一军、喻小琴同志合作，发表于《江苏教育研究》2011 年第5 期。

我国基础教育课程改革顶层设计的基本思想

顶层设计一般指高端关于战略目标及实现方式的设计，我国基础教育课程改革，从“顶层”意义上看，是一次主动、自觉的改革。在课程改革启动八九年之后，回望、重温国家层面的设计思想，对于减少误读、误判，持续健康地推进这场改革，具有重要意义。

从顶层设计视角看，我国基础教育课程改革体现了以下基本思想。

一、指导思想是“三个面向”

邓小平同志在1983年国庆节为北京景山学校题词：“教育要面向现代化、面向世界、面向未来。”“三个面向”是邓小平教育思想的核心，充分体现了一代伟人高瞻远瞩的战略思维，成为教育改革最为核心的指导思想，同样也成为中国基础教育课程改革的重要指导思想。

“三个面向”是站在科教兴国的战略制高点上提出的，它首先要求我们树立强烈的使命感、责任感。国际竞争是各国综合国力的竞争，综合国力的竞争其本质是人才的竞争、教育的竞争。教育面对日趋白热化的国际竞争，只有坚持“三个面向”，才能担负起民族复兴的重任。“三个面向”高瞻远瞩地指出了教育改革的方向。教育改革举什么样的旗，走什么样的路，事关重大。“三个面向”使改革具有了明确的指向。改革开放后教育改革的伟大实践反复证明了这条路径的光明与正确。“三个面向”同时对我们变革思维方式具有启迪作用。它要求我们跳出教育看教育，贯通教育与“现代化”“世界”“未来”的联系，这种思想逐渐成为教育改革战略思维的重要方式。

“三个面向”的丰富内涵，对于基础教育课程改革具有重要的指导意义。“面向现代化”强调了教育与经济、社会发展的联系。在一般意义上，现代化是指工业革命以来，社会以科学技术革命为基础进步的过程。现代化最为重要的是人的现代化，基础教育新的培养目标正是适应时代要求而提出来的。基础教育课程改革强调适应时代要求，适应科技发展，课程内容设计的一个维度就是时代性，也从一个侧面体现了与现代化的联系。“面向世界”强调教育的开放性。由于中国特殊的地理环境和民族心理，封闭意识积重难返，当年梁启超先生在偌大的北京买不到一张世界地图。1866 年，日本思想家福泽谕吉写了一本介绍西方的小册子，一年时间发行了 25 万册；江南造船局 1856 年出版了一本介绍西方的书，30 年时间总共销售 13 000册。有人说中日甲午战争没有开仗，已是胜负分明。十一届三中全会以后，中国社会的进步，关键词就是“改革开放”，“开放”其实也是改革，对外的改革就是开放。本次课改与以往改革显著不同的一个方面，就是改革是基于深入的国际比较进行的，改革是一种“国际视野，本土行动”。“面向未来”，既指人的发展，又指国家的发展，强调未来意识，有助于我们克服短视症，遏制教育的功利主义倾向，提倡教育的创新精神，这些思想在课程改革的目标设置、内容设计和教学方法、学习方式的改革等方面，都得到较为充分的体现。当然，“三个面向”在很多时候是相互包容的，比如“面向世界”，很重要的是考察、研究发达国家现代化、后现代化的进程，其中又常常包含了“面向未来”。如美国的“2061 计划”，启动于 1985 年，正是哈雷彗星出现的年份，而哈雷彗星在地球上空再现则将是 2061 年，这种命名就体现了教育改革计划的未来指向性，研究“2061 计划”，既是“面向世界”，又是“面向未来”，对于我国也是“面向现代化”。

二、核心价值观是“为了每位学生的发展”

据说《基础教育课程改革纲要（试行）》（以下简称《纲要》）曾有加上正标题的动议，当时拟加的正标题就是“为了中华民族的复兴，为了每位学生的发展”。作为一个重要的官方文件，当然不加“两个为了”更为庄重，何况是用“一个为了”还是“两个为了”存在争论。但从中透现出的信息,明确无误地点明了本次课程改革的核心价值观。

“为了中华民族的复兴”强烈地体现了教育的工具性价值。古往今来,在国家层面推行教育改革,更多地会从国家利益考虑问题。1957年苏联人造地球卫星上天,1958年美国推出《国防教育法》,是从国家安全、国际竞争角度推进教育改革。美国出台的教育报告经常会出现诸如“国家处于危机之中”的说法,以引起政府、社会的高度警觉和重视。世纪之交,美国推行《2000年目标:美国教育法》,英国政府从2000年9月开始实施新的国家课程,都首先着眼于提高民族素质,增加国家竞争力。晚清以来,中国因为落后,已经屡屡挨打。“文革”结束后,中国积极推进现代化进程,有了长足发展,但与发达国家相比,我们仍然处于劣势。教育竞争也明显处于下风,人均受教育年限存在较大差距,人才培养总量不足,特别是创新型人才严重匮乏。我们一定要坚持教育的社会价值,这是一个国家存在与发展的重要保障。所以,教育特别是基础教育理应担负起提高整个中华民族基本素质的历史重任,必须为了中华民族的复兴提供坚实的支撑。为了实现这一重要目标,我们一定要调整教育发展方向,为其注入新的思想和内容,改革旧的模式和方法,培养具有创新精神和实践能力的一代新人,这样才能完成历史和民族赋予的重任,才能够让教育发挥其应有的社会性功用。

“为了每位学生的发展”体现了教育的本体性价值观。教育的本体性价值指教育具有创造人的价值意义,教育是以充分开发个体潜能,促进个体充分发展为己任的。但教育的这种本体性功能长期被忽视,教育首先用来满足宗教、政治的需要。为了国家利益,有时不得已会以牺牲部分学生的利益为代价,比如日本二战以后建立重点幼儿园、重点小学、重点中学、重点大学制度,我国“文革”结束以后,同样建立重点学校制度,都是根据当时的国情,强化精英教育,筛选苗子,快出人才,以支撑国家的危局。但当经济社会发展到一定的水平,当教育普遍进入大众化阶段以后,两种价值观的冲突必然消解,内在的一致性则大大增加。到了这个阶段,国家的竞争是综合国力的竞争,在现阶段这种竞争以经济为核心,其突破口是科学技术,关键是人才,是教育,只有教育进步了,民族素质才会得到真正提高,人才辈出的情景才会出现。我国基础教育课程改革是在普及九年义务教育、高中教育,甚至在不少地方高等教育已经进入大众化阶段的背景下推进的,在这种背景下,每位学生的发展就意味着民族素质的整体提高,意味着中华民族的复兴,二者高度地统一起来，关注点则更多地转移到学生本位的发展。

课程改革的核心价值观具有突破性意义。“两个为了”的提出，特别是“以学生发展为本”的思想，是教育战线思想解放的重要成果，其时，中央层面还没有提出“以人为本”，课改的核心价值观就已经体现了以人为本的思想，把人的发展，特别是作为教育对象的具体个人的和谐发展作为根本，可以说是相当了不起的事情，它一改教育改革常常因思想保守而陷入被动的窘况，在十六大提出“以人为本”思想后，反观《基础教育课程改革纲要（试行）》（简称《纲要》）和课程改革，不落后，站得住，是很不容易的。“以学生发展为本位”这一思想的提出，使课程改革有了一条贯通的思想红线，有助于广大的基层教育工作者在整体上、本质上把握课改精神，进一步更新观念，解放思想，功莫大焉。同时，人们也注意到，在选择国家课改实验区时，有些地方开始多少有些犹豫，但选择省级实验区时，基层热情高涨，竞相进入，很重要的原因，是“两个为了”通过课程体系得到全面的体现，而这种思想呼应了时代的认识和大众的情绪，在广大教育行政人员和教师对课改基本认同的同时，使命感、责任感、紧迫感大为增加，于是，“坚信不移，坚定不移”就成为一种基本的姿态。

三、改革目标致力于“新人”的培养

“为了每位学生的发展”，发展的内涵是什么？怎样发展？课程改革的目标体系回答了这些问题。课改的目标分为培养目标与具体目标，培养目标回答了培养什么样的人，具体目标回答了怎样培养人。

（一）培养目标描述了“新人”形象

对于一个国家和民族来说，社会的进步是以人的转型为前提的，“近一个世纪来，人类正酝酿着一场‘人的革命’，这场革命必将成为我们所面临的 21 世纪的主题，这将关联、牵动着整个社会的变革和发展。罗马俱乐部报告指出：一个新型社会只有在其形成过程中有新人产生时，或更确切地说，只有当今占优势的人类各结构彻底改变时，才能出现。”（鲁洁《走向世界历史的人——论人的转型与教育》，《教育研究》，1999 年第 11 期）顺应时代的要求，我国提出基础教育新的培养目标为：

要使学生具有爱国主义、集体主义精神，热爱社会主义，继承和发扬中华民族的优秀传统和革命传统；具有社会主义民主法制意识，遵守国家法律和社会公德；逐步形成正确的世界观、人生观、价值观；具有社会责任感，努力为人民服务；具有初步的创新精神、实践能力、科学和人文素养以及环境意识；具有适应终身学习的基础知识、基本技能和方法；具有健壮的体魄和良好的心理素质，养成健康的审美情趣和生活方式，成为有理想、有道德、有文化、有纪律的一代新人。

这一培养目标的确定，正是基础教育贯彻落实邓小平同志关于“教育要面向现代化、面向世界、面向未来”重要思想的体现，也正是基础教育承担提高全民族素质，增强综合国力历史重任的具体落实。

在基础教育培养目标的基础上，《普通高中课程方案（实验）》（以下简称《方案》）提出普通高中的培养目标是：

初步形成正确的世界观、人生观、价值观；热爱社会主义祖国，热爱中国共产党，自觉维护国家尊严和利益，继承中华民族的优秀传统，弘扬民族精神，有为民族振兴和社会进步作贡献的志向与愿望；具有民主与法制意识，遵守国家法律和社会公德，维护社会正义，自觉行使公民的权利，履行公民的义务，对自己的行为负责，具有社会责任感；具有终身学习的愿望和能力，掌握适应时代发展需要的基础知识和基本技能，学会收集、判断和处理信息，具有初步的科学与人文素养、环境意识、创新精神与实践能力；具有强健的体魄、顽强的意志，形成积极健康的生活方式和审美情趣，初步具有独立生活的能力、职业意识、创业精神和人生规划能力；正确认识自己，尊重他人，学会交流与合作，具有团队精神，理解文化的多样性，初步具有面向世界的开放意识。

这样的描述做到了共同价值观与国家意识的统一，基础教育培养目标与高中学段培养特点的统一，素质教育基础性元素与时代风貌的统一，结构均衡与思路创新的统一，突破了传统的模型框架，更具新意和创见。

培养目标是课程改革的起点，也是课程改革的灵魂。课程改革的许多问题都应该回到这里来再认识、再讨论，因为改革的实质就是回答培养什么人的问题。正如时任教育部副部长王湛同志所指出的:“基础教育课程改革的各个环节都应自觉地为实现这一目标服务,而不应偏离这一目标。”(王湛《加大基础教育课程改革力度,扎实做好课程改革实验工作》,《人民教育》,2001 年第 9 期)

基础教育的培养目标描述了“新人”形象,在许多方面都应当引起我们深刻的思想触动,其中有几点特别需要加以关注:第一,把促进学生全面而有个性地发展作为目标核心。目标设计体现了德、智、体、美、劳的全面发展要求,尤其强调科学与人文素养并重,强调建立在身心协调发展基础上和谐个性的养成。第二,突出现代新型公民素质发展的要求。社会公德教育、责任感的培养、环境意识教育,都列入现代公民培养的“必修课”,具有深刻的现实意义和发展意义。第三,体现创新型人才的要求。创新精神和实践能力作为新一代公民的素质核心。第四,强调为学生终身学习打基础,引导基础教育真正回归“基础性”,等等。

(二) 课改具体目标提出培养新人的课程框架

新的培养目标不可能在旧的课程教学体系中实现,比如,“为学生的终身学习打下基础”,这样的素质发展方面的目标要求,直接影响到教育教学内容的选择和教学过程中师生行为方式的改进。新的培养目标必然要求建立新的课程与教学体系。正是基于这样的规定性,基础教育课程改革进行了系统的改革具体目标的设计。

> 改变课程过于注重知识传授的倾向,强调形成积极主动的学习态度,使获得基础知识与基本技能的过程,同时成为学会学习和形成正确价值观的过程。
>
> 改变课程结构过于强调学科本位、科目过多和缺乏整合的现状,整体设置九年一贯的课程门类和课时比例,并设置综合课程,以适应不同地区和学生发展的要求,体现课程结构的均衡性、综合性和选择性。
>
> 改变课程内容“难、繁、偏、旧”和过于注重书本知识的现状,加强课程内容与学生生活以及现代社会和科技发展的联系,关注学生的学习兴趣和经验,精选终身学习必备的基础知识和技能。
>
> 改变课程实施过于强调接受学习、死记硬背、机械训练的现状,倡导学生主动参与、乐于探究、勤于动手,培养学生搜集和处理信息的能力、获

取新知识的能力、分析和解决问题的能力以及交流与合作的能力。

改变课程评价过于强调甄别与选择的功能,发挥评价促进学生发展、教师提高和改进教学实践的功能。

改变课程管理过于集中的状况,实行国家、地方、学校三级课程管理,增强课程对地方、学校及学生的适应性。

这一改革的具体目标全面系统、高屋建瓴、内涵丰富,在课程改革过程中产生了广泛影响,引领课程改革不断向前推进,其基本目标是建立与新的培养目标相匹配、相一致的新的课程与教学体系。

这样的目标体系具有鲜明特点,其中,最为重要的是两个方面:

第一,构成一个相互联系、相互支撑的体系系统。

"具体目标"提出"课程功能""课程结构""课程内容""课程实施""课程评价""课程管理"六个重要的课程要素,无论是空间维度,还是时间维度,都有广阔的涵盖面。正如王湛同志指出:"这些目标构成了这一次基础教育课程改革的总体框架",而这六个方面,又是"相辅相成和互为制约的",《纲要》开宗明义,提出要"大力推进基础教育课程改革,调整和改革基础教育的课程体系、结构、内容,构建符合素质教育要求的新的基础教育课程体系。""具体目标"则对"体系"作了初步描述。

第二,课程功能的转变在目标体系中具有核心地位。

在六个具体目标中,课程功能的转变是最为核心的,原因就在它表述了新课程的核心价值观。长期以来,我国的课程研制基于知识中心的理念,课程和教学充分体现了以知识追求为根本的价值取向,新课程基于"以人为本"的素质教育理念,追求"为了每位学生发展"的价值观。这种价值观的实现关键是要改变课程功能:"改变课程过于注重知识传授的倾向,强调形成积极主动的学习态度,使获得基础知识与基本技能的过程,同时成为学会学习和形成正确价值观的过程。"饶有意思的是,这个课程总体目标在实践中被表述为"知识与技能、过程与方法、情感态度与价值观"这样的"三维目标",人们把改革希望实现的结果转译为对人的素质的要求,并且得到广泛的认同,这样的强烈共鸣和生动的解释也可见这个问题的重要性,同时也说明了培养目标与具体目标内在联系的紧密性。

另一方面,要改变课程功能,则要通过课程结构、课程内容、课程实施、课程评价、课程管理等方面来落实。相辅相成的目标体系,在相关方面都提出了明确要求。

尽管课改具体目标大家耳熟能详，但误读现象仍屡见不鲜。比如，课程目标常常被简单地作为具体的教学目标处理，“三维目标”成为三个目标，被活活地割裂开来。不少学者在讨论“三维目标”时，强调要把“知识与技能”作为主线，作为“抓手”，作为载体，虽然不无合理之处，但显然烙上了知识本位的印记，给一线教师带来许多困惑和误导。再以课程管理来说，《纲要》提出“三级课程”的建立，与此同时，要求管理跟进，“三级课程管理”与课程责任、需求相配套，形成了重要的政策突破。一些学者在解读新的课程管理政策时，更多关注权力分享，并与集权、分权的体制联系起来，认为我国提出“三级课程管理”，主要是从集权走向分权。相对而言，欧美分权型体制国家，在新的改革中则更多地采取了一些集权措施。应该看到，这种分析不无道理，但并未看到问题的实质，课程管理政策的变化，是针对我国具体国情，着眼于课程适应性而发生的。我们形成了新的核心价值观，而各地、各校差异巨大，我们就必须建构适应差异的课程体系，就必须让地方、学校以及教师、学生、家长、社区共同成为课程主体，课程管理也就应当与三级课程的构成相匹配。王湛同志早就指出：“根据我国当前发展差异极大、文化多样的具体国情，教育要发挥促进当地社会经济发展的作用。提高课程的适应性，实现课程的多样化是改革的必然方向。而要提高课程对不同地区、学校的适应性，就必须走国家、地方和学校共同建设课程的路子，因此，课程管理的权限应根据各级不同的责任与需要作科学合理的划分。”（王湛《加大基础教育课程改革力度，扎实做好课程改革实验工作》，《人民教育》，2001 年第 9 期）所以，实质性并非集权、分权，而是为了实现教育核心价值观，针对差异性，提高改革举措的适应性，强调为了提高教育质量、提高人才培养质量，课程政策在做相应变革。课程管理是更好地提高适应性，有收有放，是从需要出发，而不能用非此即彼的思维去理解。

四、课程开发与实践的理念是超越“学科中心”

朱慕菊同志在多次讲话以及接受笔者的访谈中，一直强调的基本观点，即本次课程改革的一个重要思想，是超越“学科中心”。笔者深表赞同。长期以来，我国基础教育学科课程占据绝对主导地位，而经验课程则微乎其微；分科课程占据绝对主导地位，而综合课程则微乎其微；必修课程占绝对主导地位，而选修课程则微乎其微。国家课程备受关注，地方课程和校本课程得不到实质性的开发，凸现出鲜明的“学科中心”特征，新课程本着“以学生发展为本位”，在课程开发与实践层面，超越了“学科中心”视角。

（一）课程的综合性明显增加

本次课程改革设置了以综合实践活动为标志的经验型课程，并把它作为义务教育三年级到普通高中的必修课，综合实践活动占义务教育课时总数的8%，占高中必修学分的24%，与学科课程构成新课程的两种基本形态。综合实践活动是以学科课程所排除了的现代社会以及人类与人生的切实问题作为课程内容的，它打破了传统的分科主义课程的束缚，为学生提供了一种学习经验的基本框架（钟启泉《中国课程改革：挑战与反思》，《比较教育研究》，2005年第12期）。改革学科类综合课程，小学阶段以综合课程为主，初中阶段设置分科与综合相结合的课程，出现了“品德与生活”“品德与社会”“艺术”“历史与社会”“体育与健康”“科学”等学科类综合课程。其意图是加强学科的沟通与整合，促进学生更加全面地发展。

普通高中新课程以“学习领域”“科目”“模块”三个层次为结构形态，高中三年设置了语言与文学、数学、人文与社会、科学、技术、体育与健康、艺术和综合实践活动八个学习领域，学习领域的设置能够更好地反映现代科学的综合化趋势，有利于在学习领域更好地认识、把握学科。模块的设置促进了课程内容的整合，使课程的灵活性和选择性大大增加。

在学科内部设置“综合性学习”板块，倡导学科内部的综合性学习。比如语文的义务教育课程标准，将“综合性学习”专门列出，强调学科内部的综合，语文学科与其他学科的综合，语文与生活、社会活动的融合，学习方式的综合，等等。

在教与学领域，柔化学科界限，加强与生活世界的联系，倡导自主、合作、探究的学习方式，都体现了综合化的某些特征。

（二）审视与改进学科课程

超越“学科中心”，并不意味着不重视学科课程，学科课程在为学生建立富有逻辑、理性、系统的个体认知框架，以及发展高级思维等方面，具有重要的价值，但以学科为中心，课程结构和内容则必然显得陈旧、封闭、繁杂、枯燥而没有生气。本次课程改革从学生发展出发，更新审视和改进了学科课程。保留了学科的基本结构，较大幅度地删减了繁难偏旧的内容，特别体现出时代的发展和新科技的进步，必要时对课程中知识板块的地位作了合理调整。

在各学科课程标准中都提出“知识与技能”“过程与方法”“情感态度与价值观”三个维度设计课程，努力在新课程的思想指导下实现学科重建，特别突出教育内容与学生经验、社会发展、科学技术进步的关系，强调学习的过程与方法以及价值的建立。

关注时代发展和社会对人才规格的需求，重新认识学科课程的构成和定位，在义务教育阶段的“综合实践活动”中设置“信息技术”内容，在普通高中课程设置中，加强艺术课程和技术课程，“艺术”和“技术”都成为学科领域，“信息技术”成为独立的学科课程，既适应时代的发展，又关注到学生成长的需要。

（三）丰富、激活地方和学校课程

《纲要》提出：“为保障和促进课程适应不同地区、学校、学生的要求，实行国家、地方和学校三级课程管理。”“三级课程管理”的课程政策，一方面明确了各级对课程管理的责任和义务，构建了课程管理的制度框架，扩大了课程开发的决策群体和管理的团队；另一方面，从课程设置的角度出发，降低了国家课程的比例，国家课程占总课时数的80%—84%，地方课程、校本课程占16%—20%，相对于课改前国家课程占92%来说，地方、学校课程在课程结构中的地位大为增强，这些对于突破“学科中心”都具有重要的意义。

（四）构建选修课程

普通高中课程结构的基础形态是模块，各学科分类别、分层次设计了学科的可供不同发展潜能学生选择的模块，模块之间既有相互独立性，又互有联系，每一个模块都有明确的教学目标。模块的设置使以学科为中心的课程体系由封闭走向开放；由要求学生适应学校的课程到学校为学生自主选择和个性发展提供服务；由传统的学科逻辑框架走向专题研究；普通高中因此建立了学校选课指导制度。尽管在普通高中新课程的推进过程中，学校在选修课的设置和学生选课指导方面，还存在着资源的、制度的以及经验的不足，但选修课的开设极大地赋予了学校课程设置的自主权，为教师提供了创造的空间和舞台，激发了管理、教学和学习的积极性。

(五) 倡导探究性教学

从超越学科中心的视角设置课程,必然要求教学方法、学习方式改革,《纲要》提出,要“改变课程实施过于强调接受学习,死记硬背、机械训练的现状,倡导学生主动参与、乐于探究、勤于动手,培养学生搜集和处理信息的能力、获取新知识的能力、分析和解决问题的能力以及交流与合作的能力”,只要“自主”“合作”“探究”“动手”,只要与生活经验融通,基于情境与经验去建构,就在某种程度上消解了学科中心。在新课程的实践中,广大教师逐步理解、认同并尝试“以学生为中心”,“以能力为导向”,强调情境的设置,从真实问题出发,引导学生主动探究,这些努力使新课程的思想正在日常的教学生活中得以落实。

(六) 推进多元化评价方法

以学科为中心的课堂,“考考考,老师的法宝”,“分分分,学生的命根”。新课程把考试评价制度的改革置于重要位置,根据《基础教育课程改革纲要(试行)》精神,对学生学习的评价主要应把握:一是形成正确评价观,探索科学合理的方法。评价的目的是促进人的发展,因而评价的主体要多元化,评价的方法要多样化。对学生学业评价更加重视过程性,重视学生自我和他人结合的评价,重视通过书面测试以外的多种方法进行评价。二是加快考试改革的步伐。在命题上倡导以能力立意为主,基于情境进行知识的考查。将综合素质评价纳入高考、中考的基本方案,其积极意义正在逐步显现。

五、课程改革是一项系统工程

《纲要》明确指出:“基础教育课程改革是一项系统工程。”无论是方案设计,还是组织实施,都努力体现了这种思想。

目标设计方面,培养目标表明培养什么人的问题,具体目标回答怎样培养人的问题。培养目标是整个课改的灵魂,课改各个环节的工作都要落实这个目标。具体目标是课改的纲领,是体系化的,又是开放性的,课改建设和实施的许多工作都由此而生发。

在内容设计方面,体现了清晰的线索,具体课程标准和教材的建设,根据《纲要》和《方案》的要求,全面启动相关工作,使课改实验工作顺利进行。对以综合实践活动为主的经验型课程成立项目组，加以研究，提出实施的指导意见。及时启动地方课程、校本课程的项目研究，其基本研究成果通过文章、会议发布，发生了重要影响。高度关注考试评价制度改革，及时出台指导性意见，2002 年 12 月出台的《教育部关于积极推进中小学评价与考试制度改革的通知》，是课改以后，除《纲要》外，另一个"经国务院同意"颁发的教育部文件，其重要性不言而喻。

在制度设计层面，努力通过政策调整、制度变革为改革的深化提供保障。如教材的编写使用，为确保"百花齐放"，设计了一整套的政策措施。评价考试制度的改革，努力体现为课程改革服务的思想。课程改革启动后，倡导、支持以校为本的教研制度，等等。这些制度设计，既是课程改革结构系统的有机构成，又对课改的推进起到了保障作用。

在实施策略的筹划方面，基于准确判断，确立了工作的重点、难点。课程改革是一次涉及基础教育全方位的改革，但并不是要方方面面平均使用力量，工作的推进很重要的在于能否突出重点、突破难点。从《纲要》的精神来看，在认真调研和准确判断的基础上，课改的设计者、组织者"预设"了工作的重点难点，体现出对教育规律和课改走向的准确把握，其中比较突出的有教育观念的更新，教师专业素养的提高，农村中小学课改的组织，评价与考试制度的改革。这些科学的"预设"促进了课程改革有效的"生成"。

在学段安排方面，整体联动与分层推进结合。《纲要》明确提出："新的课程体系涵盖幼儿教育、义务教育和普通高中教育。"教育部列出的时间表是：2001 年秋季启动义务教育课程改革，义务教育课程标准及其实验教材在国家级实验区开展试验；2002 年启动省级实验区工作；2003 年修订义务教育阶段课程计划及各科课程标准，并扩大实验规划；2005 年中小学各起始年级全面进入新课程。与此同时，2005 年正式颁布普通高中课程方案和各科课程标准，启动高中课程改革实验。幼儿教育则从 2001 年开始计划用三年时间全面落实《幼儿园教育指导纲要(试行)》。

在组织实施方面，始终贯彻"先立后破，先实验后推广"的工作方针，国家和省级相继成立课程改革实验区，先行探索，分层推进，为有效过渡作了充分准备。

《纲要》对专业支持、社会联动、舆论宣传等同时提出相关要求，这些也都体现了系统工程的思想。

注：本文发表于《江苏教育研究》2009 年第 9 期。

新课程三维目标：理解与落实

三维目标是新课改在教学层面上影响最为广泛的概念。但在实践中，对三维目标的理解存在偏差甚至混乱，三维目标的落实同样存在不少问题："知识与技能"的僵化与虚化，"过程与方法"的简单应对与形式主义，"情感态度与价值观"的标签化，这些现象都不鲜见，在很大程度上影响了课程实施的质量。在深入推进新课改的过程中，这些问题亟待解决。消除理解上的偏差需要我们在理解方法上形成必要的共识，解决落实问题需要我们形成更加具有适应性的教学策略。

一、理解三维目标的基本方法

（一）明确三维目标的层次定位

三维目标理解上的困难首先来自目标层次上的混乱。三维目标是"课程总体目标"。事实上，在"课程总体目标""学科课程目标"和"教学目标"之间，存在着很大的抽象程度上的差异，看不到这种差异，把课程总体目标直接拿来作为课堂教学目标，就不可避免地会出现僵化、形式化和标签化现象，就像把"教学民主"直接拿来作为课堂教学的特定方法将会产生的后果一样。

改革是目的性很强的社会运作过程。《基础教育课程改革纲要（试行）》从"三个面向"的指导思想和国家教育方针出发，确立了基础教育新的培养目标。新课程的培养目标是国家对基础教育阶段学生基本素质的整体要求，它服从于国家教育方针所确立的教育目的，同时又反映基础教育的阶段性特点。"教育目的与培养目标没有实质性的区别，只是概括性的程度不同。教育目的是整个国家各级各类学校必须遵循的统一的质量要求：培养目标则是某级或某类学校的具体要求。后者是前者的具体化。”（施良方《课程理论——课程的基础、原理与问题》，教育科学出版社，1996 年版第 91—92 页）培养目标又进一步规定了本次课程改革的“课程总体目标”，也就是提出各学科培养人的思路，其中最为核心的是：“改变课程过于注重知识传授的倾向，强调形成积极主动的学习态度，使获得基础知识与基本技能的过程同时成为学会学习和形成正确价值观的过程。”（教育部《基础教育课程改革纲要（试行）》，2001 年）三维目标的政策依据正在这里。“课程总体目标”被表述为“知识与技能、过程与方法、情感态度与价值观”这样的三维，显然是一种具体解读的结果——把改革希望实现的结果转译为对人的素质的要求。这种解读是比较准确的，因而得到了广泛的认同。

各“学科课程目标”的确定必须接受“课程总体目标”的规范，但同时又更加具体。“学科课程目标”分为“学科课程总体目标”和“学科课程具体目标”两个层次，以课程标准的形式呈现，在学科层面体现改革目标的要求。事实上，各学科课程标准在具体体现三个维度的目标要求时，彼此之间并不完全一致。比如，义务教育阶段数学课程的总体目标具体包括“知识与技能”“数学思考”“解决问题”和“情感与态度”四个方面，而语文课程的总体目标则被划分为十项；普通高中语文课程的目标包括“积累・整合、感受・鉴赏、思考・领悟、应用・拓展、发现・创新”五项，而普通高中数学课程的目标则被划分为六项。除了这种总目标上的差异外，各学科课程的具体目标更加丰富多样。这样的差异正是总体目标在学科课程当中具体化的结果。

“教学目标”与具体的课堂教学相关联，体现教学的时空差异和个体差异。布卢姆的教育目标分类体系为教学目标的形成提供了一个详细的参照体系，但这个体系本身不是教学目标。教学目标总是某一堂课（或几堂课构成的单元）希望实现的目标，它与特定的环境因素，与师生因素密不可分，并且，按照格朗伦德的说法，作为学习结果之表述的教学目标，应当具有“行为目标”“达成目标”“可计测目标”的性质。（钟启泉《现代课程论》，上海教育出版社，1989 年版第 297 页）就是说，课堂教学目标十分具体，必须是课堂教学结束以后可以检测的，因此它的表述只能借助于动词，即使是情意领域的教学目标，也要用行为描述的方式呈现出来。同时我们知道，课堂教学对学生发展所产生的“效果”并不都是可检测的，因此，教学效果的概念要远远大于教学目标。我们在确定课堂教学目标的时候，只能关注到人的发展的可控的一面。试图把不可控的一面也纳入到教学目标当中，这是一种把教学等同于产品加工的机械主义做法。

可见，“教育目的→培养目标→课程总体目标→学科课程目标→教学目标”，是教育者关于人的素质发展不断具体化的理解过程。确定课程改革的三维目标，就是要使我们在制订具体的学科课程目标、教学目标时，保持方向上的合理性。所谓“三维”是指总体目标的三个向度。把总体目标直接拿来作为教学目标，课堂教学目标就无法得到具体的表达。

（二）把握三维目标的内在一致性

三维目标理解上的困难同样来自我们所采用的相互割裂的方法。三维目标在教学层面一旦被相互割裂开来，分别地加以设计，教师们往往也就会不知所措，并最终采用非常生硬的方法对课堂教学进行肢解。

把握三维目标的内在一致性，首先要求我们把“人”作为出发点。本次课程改革的目标首先是促进人的发展而不是学科知识的传递，改革的意图十分清晰，“超越学科知识”的改革理念也很容易引起教育工作者的共鸣。三维目标的实质就是要求我们把学生当作完整的人来对待，只有在人的个性的完整性层面，才能准确把握三维目标的统一性和内在一致性。三维目标的统一性和内在一致性对教学工作的启示表现在：教学是培养人的活动，而不是完成三项任务的过程。

其次，要看到在人的发展中，“知识与技能”“过程与方法”“情感态度与价值观”三者之间的内在关联性。比如，在认知水平与情感水平方面，彼此的关联性是非常明显的，通常情况下，认知连续体低层次目标的对应面，在情感统一体的较低层次；情感连续体较高层次的目标，其对应面在认知连续体的较高层次上。从心理学的角度看，没有深刻认知基础的情感，其发展的程度也是有限的。同样，认知、情感与价值和信念体系之间的发展也是互为基础的，就像麦圭尔所说的那样：“越来越多的理论和研究基于这种假设：一个人对在自己情感、思维和行动之间保持和谐的需要，是他信念体系和全部行为的一个强有力的决定因素。”（洛里《教育目标三个领域之间的关系》，瞿葆奎译，《教育学文集·智育》，人民教育出版社，1993 年版第 520、520、520、521、521—522 页）

既然三者之间的发展总是内在关联的，那么我们在教学中是不是只要关注其中的一个方面就能实现改革的全部目标？与“知识与技能”相比，“过程与方法”“情感态度与价值观”更加具有内隐的特点，很难用外显的行为方式呈现出来。因此有人认为，“三维目标的逻辑结构寓于学科知识与技能的结构之中，三维目标教学的特点也蕴涵于学科知识与能力的特点之中”，应该把“知识与技能”作为“三维目标中的主线，贯穿于学科教学的始终”，这样就可以为三维目标的落实提供一个实在的“抓手”。（黄伟《教学三维目标的落实》，《教育研究》，2007 年第 10 期）与此相似，有人提出，“我们总希望教学的知识与技能能够成为一个载体，它能‘载’给学生一些‘过程与方法’的体验，‘载’给学生若干‘情感、态度、价值观’的启迪”（孙晓天《追求三维目标的成功融合》，《人民教育》，2004 年第 5 期）。

这样的理解包含了某些合理性因素，但是其中存在着危险：关注人的完整个性的改革又重新回到单纯注重知识技能的老路。克服这种危险，要求我们进一步在教学层面追问这样的问题：知识与技能应该以一种什么样的方式呈现出来？如果知识与技能的教学仍然同过去一样，采用简单灌输和机械训练的方法，那么，通过传授知识技能实现个性和谐发展的目标就断难实现，改革就会重新走到原来的老路上去。

布罗菲的一项研究发现，“那些曾与黑人水手一起在南太平洋遭到轰炸和炮击时共同分担危险的商船船员，对黑人的偏见就少些”。（洛里《教育目标三个领域之间的关系》，瞿葆奎译，《教育学文集·智育》，人民教育出版社，1993 年版第 520 页）这一研究进一步指出，“如果我们能够设法使学生按一种理想的方式来行动（例如，研究莎士比亚），便可以向达到情感目标迈出第一步（例如，喜欢阅读莎士比亚的著作）”。（同上）由此，洛里提出：“在设计各种看来是达到情感领域某些目标的有效手段的学习经验时，认知或动作技能领域的一些目标很可能是与此相关的。一项单一的学习经验也许有助于达到一系列目标。”（同上）比如，“要求一个学生在全班同学面前作有关食物与营养的报告，在这样一种经验中，可能会达到某些认知目标、情感目标以及动作技能的目标。这个学生可能是在学习如何把各种材料组织成一份前后连续的报告，可能是在增强他对在日常生活中运用有关食物与营养知识之重要性的信念，也可能在学习如何更有效地与其他同学交流。”（同上）

上述研究结果给我们带来的直接启发是：知识与技能必须寓于活动之中，教学多重目标的实现必须以活动或经验为载体。教学应该是一个活动的过程，一个经验获得的过程。活动总是综合的、整体的。没有哪一种活动只需要借助于学生的知识技能就能完成。只有在活动的过程中，学生的知识与技能、过程与方法、情感态度与价值观才能得到多方面表现和发展的机会。课堂教学只有具备活动的特点，成为学生的经验过程，才能克服单纯注重知识灌输和机械训练的传统偏向，才能防止出现把知识与技能、过程与方法、情感态度与价值观抽象出来进行教学的现象。从这个意义上说，三维目标的实现必然引发课堂教学的改革。

（三）确立教师的解释地位

三维目标理解上的困难还来自教师自身主体地位的缺乏。在课程的设计和教学的展开方面，我们已经习惯于被动接受和机械执行。事实上，不论是在“课程总体目标”“学科课程目标”还是在“教学目标”层面，都离不开教师自身的理解和把握。三维目标只是提供了关于学生发展的方向性要求。每一个教师都会从自身的经验出发，对这些方向性的要求产生具体的理解。教师只能从自身的理解和解释出发展开新课程，离开教师的理解和解释，课程改革就会变成一个机械图解的过程。惟其如此，我们才说，课程改革需要每一个教师的共同参与，是一项共同建设的事业。

古德莱德在不同层次上把课程区分为“理想的课程”“正式的课程”“领悟的课程”“运作的课程”和“经验的课程”五类。（施良方《课程理论——课程的基础、原理与问题》，教育科学出版社，1996 年版第 91—92 页）正式的课程只是政策上和纸面上的，它要成为运作的课程或经验的课程，必须经由教师的领悟和理解。同样，新课程不同层面的目标要得到落实，成为教师和学生的经验，成为教师成长和学生发展的实际结果，就必须确立教师个体的理解和解释地位。

二、落实三维目标的教学要求

落实三维目标，就是要从三维目标出发对具体的教学活动提出一些总体要求。这是一个实践的问题。对实践问题的任何一种回答都只能是“某一种”回答。因此，以下内容只是笔者针对当前普遍的教学改革现状提出的相应建议。

（一）形成知识教学的整体策略

1. 在知识类型、知识性质与教学策略之间建立匹配关系

教学活动的合理化建立在知识分类精细化的基础之上。“知识”是概括程度比

较高的概念，事实上，人们在掌握不同类型知识的过程中，应当采用的学习方式存在很大的差异。笼统地谈论知识的掌握，在实践中会遇到许多无法克服的困难。提高课堂教学的效率，就是要根据每一种类型知识本身的形成规律，采用相应的教学策略，组织教学活动。传统的课堂教学在实现知识目标时存在的突出问题，就是教学策略的单一性和盲目性。

加涅、安德森、梅耶等人在知识（广义）分类方面为我们提供了很多有益的观点。根据现有的研究成果，我们可以把知识（广义）划分为这样的类型：

- 广义知识
  - 陈述性知识
    - 符号表征学习
    - 概念学习
    - 命题学习
  - 程序性知识
    - 动作技能
    - 智慧技能
      - 一般智慧技能
      - 高级智慧技能

有研究者在此基础上进一步把广义知识的学习划分为习得、巩固与转化、迁移与应用三个阶段。（吴红耘，皮连生《试论与课程目标分类相匹配的学习理论》，《课程·教材·教法》，2005 年第 6 期）三个阶段各自包含的认知操作为：

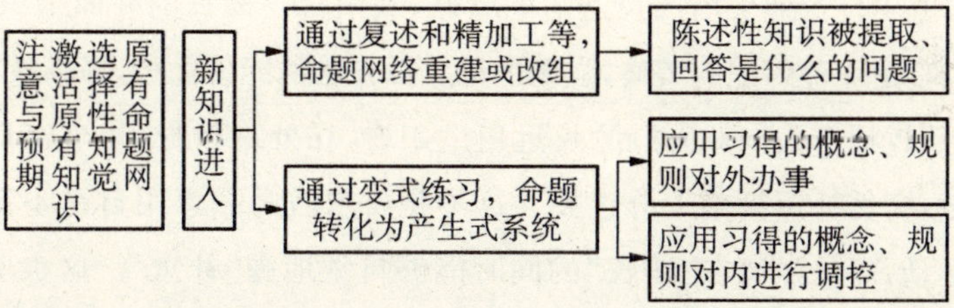

如果我们把布卢姆教育目标分类系统当中的有关项目与上述广义知识学习的有关研究成果结合起来，就能在知识类型与教学策略（认知操作）之间形成具体的匹配关系。

另外，学科知识的性质对于教学策略的选择也具有直接的规定性。研究者们认为，科学知识具有客观性、明确性、普遍性、中立性，人文知识则具有情境性、缄默性、个体性、价值性。科学知识的教学应以组织有意义的接受式学习为主，而语文等课程可能要更多地采用体验式的教学策略。当然这里还只是泛而言之，不同学科、同一学科不同内容板块的知识形态都可能是不一样的，知识教学的目标和策略也应当学科化、具体化。

2. 在知识的呈现方式与教师的能力结构之间建立匹配关系

知识的呈现就是把静态的教材内容展现出来。知识的呈现包括感知形式的选择和组织形式的选择两种操作。同样的知识内容可以采用不同的感知形式呈现出来。比如，我们可以让学生阅读课文，也可以把课文转化成视听形式；可以用口头描述的方式呈现某一个知识对象，也可以用实物直观的方式呈现某一个知识对象。同样的知识内容还可以采用不同的组织方式呈现出来，所谓“处理教材”，指的就是对教材中的知识内容进行独特的组织。比如，在呈现加法交换律的知识时，我们可以采用顺向方式——向学生提供一组运算：3＋5＝？5＋3＝？/8＋2＝？2＋8＝？…… 学生在经过了若干组这种类型的运算之后，掌握加法交换律的实质；也可以采用逆向方式——先把加法交换律的实质用概括的语言呈现给学生，再提供若干运算实例。

另外，教师在呈现知识内容方面的能力结构各不相同，既有自己的长处，也有自己的不足。比如，有些教师擅长口头表达，有些教师擅长通过书写来表达；有些教师擅长细致讲解，有些教师擅长旁征博引。教师呈现知识的能力直接影响着知识教学目标的达成，影响着教学的效果。通常情况下，我们在处理教材、呈现知识的时候会自觉不自觉地采用扬长避短的策略，利用自己擅长的一面组织知识教学。扬长避短策略是一种匹配的策略，强调的是发挥自己的能力优势，提高教学的效率。

但是，从教师个人专业发展的长远角度来看，在处理教材、呈现知识方面关注并努力改变，扬长补短策略十分重要。这不是要求教师故意用自己不擅长的能力组织教学活动，而是强调在“扬长”的同时能够自觉地去“补短”。这也应看作是追求匹配的策略，它强调通过持之以恒“补短”的努力，在自身能力结构与知识呈现方式之间，建立更加全面的匹配关系。比如有一个语文教师，他特别擅长对课文进行冷静的条分缕析，讲解的能力令人折服，但是在情感的渲染和文本的情感内涵整体把握方面却存有不足。在深感到自己这方面的不足之后，这位教师坚持在课外训练自己的诵读能力，并在课堂上有意识地再现文本的情感脉络，经过一段时间的努力，教学的整体效果有了明显的提高。

采用扬长避短的策略是自然而然的事情，而要采用扬长补短的策略以求能力结构更加完美，则要求教师具有较强的专业发展的自觉意识。一旦克服了自己能力上的不足，教师原有的教学风格就会跃升到更高的水平，就能在处理教材、呈现知识方面进入到游刃有余的教学新境界。

（二）组织多样化的学习

过程与方法维度改革目标的实质就是要让学生学会学习。为了实现学会学习的目标，我们可以组织学生在教学过程中进行学习反思，或者直接组织学生学习有关学习方法的知识。这些措施固然重要，但是对于日常的教学来说，更重要的事情在于对学生的学习方式进行多样化设计，让他们在多样化的学习环境中，形成有关学习的直接经验。如是，过程形态也就有了新课程的意味。

1. 共性学习与个性化学习相统一

在班级授课制的组织形态下，全班同学肯定会有共性的学习过程，但学习是非常具有个性化色彩的，知识对于每一个个体来说，都有其特别的意义。因此，怎样让学生进行有个性的学习，怎样让共性的学习与个性化的学习相关联、相协调、相统一，这是需要认真考虑的。人们经常谈论素质教育怎样难以落实，依笔者的观点，课堂教学的素质教育就是面向全体与面向每一个鲜活的个体相结合，坚持共同基础与促进学生充分发展相结合。在教学实践中，可以有意识地观照三个方面。第一，让所有学生都参与到学习过程中，防止部分学生被边缘化；第二，注意不同层次学生的学习，让知识基础处于同一层次的学生得到“面”上的照顾；第三，帮助一些特殊学生制订个别化的学习方案，“上不封顶，下要保底”，使他们在原有基础上都得到较好的发展。

2. 接受学习与探究学习相统一

转变学习方式是新课程的重要特点之一。但这种转变，更多是强调从被动到主动，从一元到多元。如果用对立、割裂的思维讨论不同的学习方式，认识和实践都会陷入僵局。第一，要从教学为学生发展的目的意义上统一认识。尽管学习方式背后暗含的是思维方式、生活方式，但其手段意义更为明显。从目的意义上看待学习方式，应当建立学习方式群的概念，应当用关系性思维理解学习方式。适切性是学习方式应用的灵魂，怎样适切则要“具体情况具体分析”。第二，要在学习方式的根本价值取向上寻求包容。自主、合作、探究共同的价值取向主要包括解放主体、互助合作、走向开放、学会探究，这些思想应当影响、引导所有学科的教与学，以及所有学习方式的应用。如果接受式学习也能观照到这些，学者们所担忧的“入学空场”就不会出现。同样，奥苏贝尔提出的“有意义学习理论”，其思想内核也应该为运用其他方式时所重视。所谓有意义学习，是指语言文字或符号所代表的新知识能够与学习者认知结构中已有的知识建立一种实质的和非人为的联系。(D·P.奥苏贝尔等《教育心理学——认知观点》，人民教育出版社，1994年版第29页)这种思想应当理解为包含在新的学习方式中，只是新课程强调这种联系可以在自主、合作、探究的学习过程中建立，因为这样对于学生的发展具有更全面、更本质的意义。第三，学习方式的运用要有整合意识。这种整合可能是兼容渗透的，也可能是在不同学习阶段中互为转换的。事实上，现在的课堂实践中很难见到某种“纯粹”的学习方式，关键是运用的适切性和整合的有效性。

3. 个体学习与合作学习相统一

合作学习是新课程倡导的重要的学习方式，课堂教学应当提倡“多向互动”的合作文化。这里包含理念形态上合作主体的相互尊重，合作者的责任感和合作精神；组织形态上的师生合作(师个合作、师组合作)、生生合作(组个合作、组组合作)；结果形态上成果的形成与共享。但个体学习是基础，没有高质量的个体学习，就没有高质量的合作学习；合作学习是提升，高质量的合作学习使个体学习的困惑得以消解，问题得以解决。在某种意义上，课堂教学就是个体学习与合作学习相互促进的螺旋上升过程。

4. 课内学习与课外学习相统一

课堂学习始于课内，结于课外。课堂教学往往是从解决学生学习中产生的矛盾与困惑入手的。课后的温习与拓展、迁移与巩固，是课堂学习的自然延伸。以课前预习来说，叶圣陶先生就认为，学生“运用自己的心力，尝试去了解”课文，正与“养成读书习惯的目标相应合”，所以是“训练阅读的最重要的阶段”。(《叶圣陶语文教育论集》，教育科学出版社，1980年版第83页)高质量的预习是课内学习的一种铺垫，一种预设，一种自练，可以大大提高教学的起点。再如，在组织针对具体课文的课外阅读时，教师可以有意识地引导学生在课外用主题相通、相似的文章进行类同式阅读，用主题或形式相异、相对的文章进行对比式阅读，用精读的方法选择文本进行迁移式阅读；还可以让学生的阅读向四面八方打开，进行选择性阅读。这时，传统的学习环境就得到了改变，在学习过程中学会学习的意义就开始显露出来。

(三) 用审美的规律重塑课堂

成功的教学总是具有审美的特征，它能够为学生个性的和谐发展带来无比丰富的、潜移默化的影响。同知识与技能、过程与方法这两个改革目标不同，情感态度与价值观的养成更多地依赖美的熏染。长期以来，不少教师对于课堂教学过度的、推理式的目标设计，使得教学过程几乎变成了一个演算过程，人与人之间自然的、和谐的交往关系完全被抽离出来。课程改革以后，在有些教师那里，形式虽然时有出新，但实质还是原课程“涛声依旧”。这样的课堂在达成认知的目标时也许是有效的，但是在丰富学生的情感、态度和人生意义方面，却很难显示出应有的魅力。因此，要发展学生的情感、态度和人生价值观，教师自身应该形成一种审美的感受力，并由此出发，遵循审美规律，重塑课堂教学。

1. 用美的眼光重塑自我

教师在美学世界中，是多重角色的自然综合，他是一个审美主体，应当具有发现美的眼光，去激活学生纯洁、向上的心灵美，去发现教学琳琅满目的内在美，去打开丰富多彩的生活世界美；他是一个审美客体，他的内蕴之美是哺育学生精神成长的重要源泉；他是一个审美中介，教学技巧的适切美、娴熟美，以及洋溢其中的对学习主体的生命关照，在某种意义上是教学手段与教育目的的统一体。在新课程中重塑自我，最为重要的是态度的积极变化。态度是一个人在工作的过程中经常表现出来的，比较稳定的态度特征，会使他的人格、情感染上一层特殊的色彩。有了一种积极向上的态度，我们就会有对人生境界的不懈追求，就会注重陶冶情感品质，就会发展、提升审美能力。于是，我们就可能成为学生开卷有益的教科书，成为他们获得教养的重要途径。我们的教学行为就有可能洋溢出我们内心对生活的真诚微笑，孩子们能够在这里感受到生活的阳光。这就可以理解为审美的教育，理想的教育。

2. 恰当处理情感教育

美育即情育。恰当处理情感教育，第一，要把握“高情感”与“低情感”的联系与区别。人们把包含着伦理道德、创新智慧、审美趣味的，有助于生存智慧不断发展、不断更新、不断升华的，和高科技派生的新的文明生活方式共生、共亲，又具有向导意味的情感，称之为“高情感”（邓嗣明《情感目标在阅读教学中的确立和运用》，《教育研究》，1991 年第 10 期），而把那些涂抹在实质信息上的情感色彩，称为“低情感”。在教学过程中，要紧扣高情感的贯通与深化，又要注重量体裁衣地发挥低情感的激趣和以美启真的作用，尽可能达成高情感与低情感的统一。第二，要把握不同学科课程情感教育的特质。学科课程知识体系蕴含的思想对学生“情感态度与价值观”的形成具有深刻的影响。但它们又自然具有学科特质，把握好这个特质，教育才能对路。比如，同为人文学科课程，也更多地蕴含了人类共通的情感内容，但语文课程由于工具性、人文性统一的特点，由于要达成培养语文素养这个核心目标，其情感教育的方式应当主要是涵养的、内化的；政治学科以生活为基础，以学科知识为支撑建构课程，其情感教育往往以知识的理解、获得为前提去展开。

第三，要关注情感共鸣。共鸣，作为物理学的概念，指两个振动频率相同的物体因共振而发生的现象；作为教学过程的心理现象，往往指教师与学生，或者是师生与课文情境中的人物，形成了强烈的感应交流，达到了情感体验的高潮。以语文教学为例，一些有经验的教师认为，“文章不是无情物，师生俱是有情人”，教师以情动情，再注重抓住课文中可能形成的动情点，就可以实现情感共鸣。教学中的“以情动情”，第一个“情”是作为审美主体对作者和课文中人物的情感连接，第二个“情”则指与学生情感的冲撞对流。而情感共鸣的动情点在抒情性作品中是情感的凝聚点，在哲理性作品中是情理的融合点，在叙事性作品中是情节的高峰点。如果教学的高潮与这个动情点融会了，那么，这种情感共鸣“‘高潮’重新展示的全部运动的顶点，有力地唤起了欣赏者对于整个戏剧运动的由‘顶点’创作的居高临下的想象和回顾；合于必然的‘发展规律’，则促使欣赏者去作整体的、深层次的理解”。（高楠《艺术心理学》，辽宁人民出版社，1988年版第303页）这种认识对于其他学科的教学也是具有借鉴意义的。

3. 创设学科德育的三重境界

曾有不少教师提出过困惑：情感态度与价值观怎么教？笔者曾在自己的教学实践中，结合语文课程的特点，围绕教科书的人文内容做过一些探索，主要做法是化用杜甫《春夜喜雨》的诗意，创设学科德育的三重境界。

第一重：春风化雨。准确透彻、融会贯通的理解，有助于咀嚼相关文本材料的丰厚意蕴。或点化，使主题得以明确，认识得以深化；或情化，披文入情，以情动情，引发情感升华。

第二重：润物无声。一是提倡形式的自然。没有画蛇添足的笨拙，也无油水分离的隔膜，努力做到水乳交融。如同喝到的糖水，看不见糖，但喝起来甘甜；外在的颜色没有变，内在的浓度增加了。二是讲求分寸的适度。“度”是一种艺术，一种美。俄国画家勃留洛夫在修改学生作品时曾说：“艺术就是从这‘稍微’两个字开始的。”列夫·托尔斯泰把这句话称为“关于艺术一句意味深长的箴言”。（戴启篁《列夫·托尔斯泰论创作》，漓江出版社，1982年第134页）情感态度与价值观的教育也应适度。三是创设和谐的氛围。师生间构成其乐融融的情感关系，课堂里弥漫着温暖和谐的教学氛围，正是催发霏霏春雨的最佳时候，而且，这种和谐本身就有情感的内涵。

第三重：花团锦簇。“晓看红湿处，花重锦官城”，描绘的是合理想象的情景。对生成于学科课程的情感态度价值观，我们也充满这样的期待：万物发荣，杂树生花，一片“红湿”，美不胜收。

注：本文发表于《教育研究》2008年第9期。

课程标准的基本精神与教学期待

一、基础教育课程标准修订的重要取向

课程标准在修订过程中变与不变，小变与大变，都是由修订的主要取向决定的，包括：

（一）坚持课改的基本方向

结合课标制订和修订，基础教育课程改革的基本方向主要体现在四个方面。

1. 坚持以“三个面向”为指导思想

邓小平同志“三个面向”的重要思想，是中国教育改革与发展的根本指导思想，也是基础教育课程改革的根本指导思想。本次修订坚持这一指导思想，进一步关注时代发展的新趋势、新特点，合理吸收社会发展和科技进步的新成果，突出现代公民素质的新要求；充分关注国际课程改革的最新进展，全面开展义务教育课程标准国际比较研究，深入了解国际课程改革和发展的总趋势，学习并合理借鉴有关经验，使“三个面向”的精神得到更好体现。

2. 坚持“为了每位学生发展”的核心价值观

教育价值是社会本位，还是个人本位，一直是一种“钟摆”现象，前者强调其工具性，后者强调其本体性。长期以来，更多时候都是社会本位为主流的，这是由整

个社会发展质态进步程度决定的。今天我们的经济社会发展已经迈上现代化征程，教育进入普及化、大众化阶段。在这种大环境、大背景下，社会本位和个人本位有可能其实也有必要高度融合，在一定意义上，“每位学生”发展了，国家就能强盛，民族就会振兴。课程改革正是基于这样的认识高度，举起了“以人为本”的旗帜，并在实践层面得到热烈响应。本次课标修订努力贯彻“促进学生健康成长”的精神，更加突出“育人为本”，彰显儿童立场，进一步倡导回归生活世界，提倡课程的选择性，使核心价值观得到更好体现。

3. 坚持关注“新人”培养的改革目标

任何教育改革，根本目的都应该是“新人”的培养，基础教育课程改革其实也就是围绕培养什么样的人，怎样培养人展开，国家制订的基础教育培养目标，突出德育为先、能力为重、素质全面的思想，为了达成这样的目标，又提出课程改革的具体目标，改革的具体目标以课程功能转变为核心，在课程体系的各个方面都做了考量。课程改革的生动实践初步表明，“新人”正在涌现。课标修订坚持以三维目标设计所有课程，在“新人”的关键素养方面给予了进一步的强化。

4. 坚持超越学科中心的开发、实践理念

为了达成培养目标，真正体现以每位学生发展为本位的核心价值观，国家在课程改革顶层设计时非常强调课程开发和实践要坚持超越学科中心，为此，课改从各个方面做了努力，如增强课程的综合性，改进学科课程，丰富、激活地方和学校课程，构建选修课程，倡导探究性教学，推进多元化评价，等等。在本次课标修订时，这些思想都得到进一步体现，因为课标主要就学科课程而言，在充分肯定学科课程价值的同时，课标修订努力更加抵达学科本质，加强综合性学习，倡导学习方式变革，进一步推进评价改革。

（二）汲取课改的基本经验

本次课标修订是在课改实验的基础上进行的。在课改推进过程中，2003 年，教育部组织对 42 个国家级课程改革实验区进行调研，2007 年又要求各省级教育行政部门和国家级课改实验区进行调研。调研成果为课标修订奠定了良好的基础，课改的基本经验在各个方面被吸纳进来。

1. 充分肯定实验稿的基本思想

课程标准（实验稿）本身就是课程改革阶段性的重要成果，基本框架、基本思想经过十年课改大都得到广泛认同。大规模调研表明：广大教师理解并高度认同各学科课程标准（实验稿）基本理念，认为从“知识与技能”“过程与方法”“情感、态度与价值观”三个方面确立课程目标是合理的；基层学校普遍认为课程标准（实验稿）的内容与要求较好地解决了“繁、难、偏、旧”问题；广大教师认为课程标准（实验稿）的“教学建议”有利于教师拓宽视野，转变观念，改进教学行为，有利于指导教师促进学生自主探究、合作学习，改善学习方式；课程标准（实验稿）中“评价建议”有利于引导教师关注学生学习过程，有利于促进学生主动学习，有利于教师评价学生学业成就。据统计，课程标准修订量在5%—15%之间，广大教师的基本肯定是其决定因素，因为这些基本思想已经在实践中生根、生长。

2. 对一些引起争议的问题予以进一步明确

课程改革推进过程中，对学科课程标准（实验稿）都有一些引起广泛争论的问题。本次课标修订没有回避这些问题，无论改与不改都给予了进一步的明确，有很多问题引起争议，课标修订时仍然加以坚持，或者加以进一步阐发，这不仅说明课程标准（实验稿）得到绝大多数教师认同，也说明课程标准（实验稿）有关表述代表了学界当下的研究水平。关注哪些争议的问题课标修订时仍然坚持，明晓其中缘由，对于我们准确理解课标精神是很重要的。比如，语文学科课程标准坚持工具性与人文性统一，坚持以语文素养为核心概念，坚持不单独设内容标准，坚持不追求语文知识的系列化、细化，坚持不强化训练。知其所以然，我们对语文学科的特质就会有进一步认识。

3. 从课改实践中提炼新鲜思想

课程改革为广大教师的创造提供了充分的积极可能性，一线教师在实验过程中由下而上呼应着课改的基本理念，又校本化、个性化地创造出许多丰富的新鲜经验，课程标准修订的许多闪光点正是源于课改实践的生动创造，比如，数学课程标准提出“四基”，课标组组长史宁中教授在以《注意“过程”中的教育》为题的文章中说：“基本活动经验和基本思想，绝对是在中国这样课改实验过程中抽象出来的东西，这是我们自己的东西。”这样的例子在各学科课标修订中都是屡见不鲜的。

（三）回应实践中的重要问题

十年来，改革启动之初颁布的课程标准，经过实践检验，发现了一些需要进一步完善和改进的问题；当前，世界科技发展迅速，我国社会变化巨大；我国教育的发展进入新的历史时期，基础教育进入以提高教育质量为核心任务，以创新人才培养体制与模式为深化改革着力点的新的阶段，这些都是课标修订必须正面回应的重要问题。

1. 有效解决调研中反映的主要问题和建议

这主要体现：第一，课程容量、难度要进一步精选，同时要兼顾不同区域、城乡之间的多样性和差异性；第二，要恰当处理不同学科、不同年段以及不同经验背景的教师对某些特定知识内容安排的意见和建议；第三，要进一步提高课程标准的可操作性；第四，要充分尊重广大教师的首创精神，给教师留下自主选择和创造的空间。这些建议得到了各课标组的高度重视。

2. 改进文本品质和功能的一致性方面存在的不足

课程标准(实验稿)在"一致性"方面存在诸多问题，比如，前后矛盾、言之不详等。在修订过程中，在结构内容上，各个部分作为有机要素，包括目标与内容标准、教学与评价要求以及附录等，都一以贯之，相互支撑、互为补充；在文字表述方面，更为准确简练，尽量避免误解，注意到文字与其背后观念的一致性，使课标的整体形态有了较大改进。

3. 努力体现与时俱进，反映时代精神

课程标准遵循深化改革的方向，一方面回应时代对现代公民素质的新要求，落实德育为先，突出能力为重；另一方面与时俱进，及时反映我国经济社会发展的新动向、新思想，恰当体现当代科技发展新成果，比较充分地体现了课程的时代性。

二、课程标准修订的主要变化

课程标准之"新"主要体现在六个方面。

(一) 充分体现社会主义核心价值体系

本次课标修订，非常重要的一个思想就是落实德育为先，体现社会主义核心价值体系。各学科课标在综合评审时，第一条就是看社会主义核心价值体系有否体现，是否恰当，现在总体来看，在这个方面是做得比较到位的。

1. 根据学科特点提出要求

有些人文学科，如语文、历史、思想品德等，都将社会主义核心价值体系的相关内容，直接写进课程标准。以历史为例，在“前言”涉及课程总目标方面，明确提出“培育具有社会主义核心价值观的公民，是时代发展和社会前进的要求，也是青少年自身成长和全面发展的需要”。大多数学科，则是将其作为课程指导思想阐明，如音乐课程标准在前言中明确：“以坚持社会主义核心价值体系为导向，为培养学生良好的审美情趣和人文素养发挥重要作用。”

2. 突出渗透为主要的方式

以语文为例，课程标准明确指出：“加强社会主义核心价值观的教育，不是在听说读写的语文学习过程之外另加一项内容，而是根据语文学科的特点，将思想情感的教育，渗透于学习语言文字运用的过程之中，融入到课程实施的方方面面。

3. 在本质意义上理解并体现

在课程标准综合评审时，专家组针对有可能贴标签的做法，明确提出：马克思主义的精髓是实事求是，是尊重、遵循事物本身发展的客观规律。这一精神在课程标准修订中得到了高度重视。

（二）突出创新精神、实践能力的培养

各科课程标准（实验稿）在“具有初步创新精神、实践能力”培养目标落实到课程设计中，已经做了较好的尝试，在课程标准修订中，则结合现代公民素养的新要求，对创新精神、实践能力的培养做了进一步落实。

1. 结合学科特点阐述具体内涵

以数学课程标准为例，将培养学生的应用意识和创新意识列为核心概念，对应用意识的内容作了如下阐释：一方面有意识利用数学的概念、原理和方法理解现实世界中的现象，解决现实世界中的问题；另一方面，认识到现实生活中蕴含着大量与数学图形有关的问题，这些问题可以是抽象的数学问题，用数学的方法予以解决。对创新意识的培养作了如下阐释：创新意识的培养是现代数学教育的基本任务，应体现在数学教与学的过程之中。学生自己发现和提出问题是创新的基础；独立思考、学会思考是创新的核心；归纳概括得到猜想规律，并加以验证是创新的重要方法。

2. 在整体上贯注创新精神、实践能力培养的意识

创新精神、实践能力培养是各学科课程标准的整体要求之一，而不是某一具体板块的任务，如语文强调实践性的特点，提出非连续文本阅读的要求，要求语文学习要多读书，倡导探究性学习，重视引导学生体验性阅读，提出表达要有个性，要有

新意。可以说通篇都体现了创新精神、实践能力培养的要求。

3. 进一步强化了实验与实践方面的要求

物理课程标准(实验稿)在“科学内容”中对具体实验项目要求有30项,大多数以“通过实验……”来表述,很多是学生“看”实验。修订后的课程标准列出20个物理实验的项目清单,作为学生必做的分组实验。化学则明确规定学生至少完成八类实验。对学生创新精神、实践能力培养的要求都丰富了、具体了。

(三) 进一步彰显了学科特点

一门学科对学生发展的价值,除了学科领域的知识以外,从更深的层次看,还应该给予学生认识世界的独特的视角、思维的方法和特有的逻辑。因此,有必要进一步明确和彰显学科性质特点,这是确定学科教学内容和教学方式的基础。新颁布的课程标准在总体上更好地彰显了学科性质特点。

1. 对学科性质有了更深刻的认识

美术课程标准修订稿在课程性质表述上加了一段限定语——“以对视觉形象的感受、理解和创造为特征”,使美术学科独有的性质、特征得到充分肯定和强调,可以说还原了美术课程应有的面貌。语文课程强调综合性、实践性的特点,明确它是实践性课程,不像有些学科是由一系列概念、定理、公式等构成的逻辑性体系,具有比较明晰的学科边界。历史学科课程标准指出时序性和系统性是历史学科的基本特征,等等,都体现了对学科性质认识的深化。

2. 对学科性质有了更为准确的表述

数学课程标准(实验稿)对数学的定义是:“数学是人们对客观世界定性把握和定量刻画,逐步抽象概括,形成方法和理论,并进行广泛应用的过程。”而修订的标准将其修改为“数学是研究空间形式和数量关系的科学”。数学是一门科学而非一个过程,无论是直接来源于现实世界,还是来源于数学世界,只要是空间形式和数量关系,都可以构成数学的研究对象,课程标准修订稿将这样的思想准确地表述出来了。

(四) 更为合理地设计目标内容

1. 突出按照三维目标整体设计的思想

实验稿制订时,各学科课标组就努力按照三维目标设计课程。在修订中,这种思想更加明确,比如物理课标组提出的思路就是,落实三维目标,合理设计课程。

再如，数学基本活动经验、基本思想的提出，就是体现三维目标的闪光之处。

2. 依据对学科教学规律的新理解调整内容

有些学科课程标准修订，对学科特征有了新的表述，体现对学科特征和教学规律的新认识，因而课程内容的调整幅度就比较大。历史课标组明确课程内容的设计是此次修订工作的重点。原有的实验稿在课程内容的体例上，采用的是主题的方式，而本次修订突出历史发展的主线，强调历史过程的时序性，在内容设计上就按照历史发展的阶段和顺序编排具体内容。

3. 更好地体现学科目标和内容的循序渐进

各课标组都努力根据儿童认识发展规律，体现学科目标和内容循序渐进的特点。以语文课程说，课程标准修订使各学段目标、要求的梯度和层次更加清晰。识字、阅读、写作的学段目标内容都很明确。如阅读，在第一学段强调主要阅读浅近的童话、寓言、故事，以及儿歌、童谣和古诗；第二学段在阅读目标中突出叙事性作品；第三学段则对叙事性作品、诗歌和说明性文章分别提出具体的阅读要求；第四学段则根据多样化的阅读内容（文学作品、议论文、新闻和说明性文章、科技作品、古代诗词等）提出针对性的阅读目标要求，循序渐进，拾级而上，为教材编写和教学提供了具有操作性的依据。

4. 提炼学科的重要概念

部分学科根据学科特点，提炼出学科的重要概念，将对学科教学带来重大影响，如初中数学课程标准中提出 10 个核心概念。这 10 个核心概念揭示了课程具体内容与基本数学思想之间的联系。生物采用重要概念构建课程框架，在修订后的课程标准中增加了对 50 个生物学重要概念的表述，这些重要概念会对学生的生物学学习起到支撑作用，也对教师课堂教学的设计起到积极的引导作用。

5. 适当增加了新的内容

基于对学科发展和现代公民素养新要求的回应，课程标准修订适当增加了新的内容。如生物学修订“生物学多样性”主题时增加了“苔藓植物”“腔肠动物”“扁形动物”“线形动物”“软体动物”“两栖类”“爬行类”的主要特征以及它们与人类生活的关系，这是根据公民素养的要求作出的调整。当然，也有些内容看上去新，其实是基于整合而呈现的新貌。如物理“新材料”这个条目，是由原来与半导体、超导体、纳米材料等有关的条目整合而来。如体育，将原来的心理健康和社会适应两个学习领域合而为一，最终形成运动参与、运动技能、身体健康、心理健康与社会适应四个方面。

6. 落实减轻负担要求

通过删减内容和降低要求，减轻学生负担，是本次课程标准修订的一条重要原则。各课标组都在修订过程中加以努力贯彻，如语文适当降低第一、二学段识字写字量的要求。英语对小学、初中词汇量的要求也有所降低。化学对开放性较大的某些内容加以限制，化学用语、物质的微观知识和定量计算控制在较低水平的要求上，删去了一些难度较大的实验，降低了一些实验活动的要求。

（五）进一步优化教学建议

课程标准在实践层面的“一致性”方面有不少差距，课标本身某些教学要求不具体，不一定符合实际情况，是其原因之一。在修订过程中，各课标组就教学建议的优化作出了认真努力。

1. 努力贴近学科特质

教学要求不应该是泛泛而谈，而应当贴近学科特质，符合学科教学的规律。思想与品德课程就明确指出，情感体验的道德实践是最重要的道德学习方式。要求教师善于利用并创设丰富的教学情境，引导和帮助学生通过亲身经历与感悟，在获得情感体验的同时，深化思想认识，并提出教师还要为学生提供参与实践的机会，提高他们道德践行的能力。数学课标组组长史宁中教授在各个场合强调数学的基本思想与基本经验的积累必须靠感悟。他提出，要提供“讲理”的数学，而不是什么都是“规定的”。“讲理”，数学的特质也就会得到体现。

2. 教学要求更加具体

具体才会增强操作性。语文写字在“教学建议”部分强调：“要在每天的语文课中安排10分钟，在教师指导下随堂练习，做到天天练。要在日常书写中增强练字意识，讲究练字效果。”生物在修订时进一步完善对探究性学习的具体要求。例如，通过五个重要概念完善对科学探究的要求。另一方面，又提出要关注重要概念的学习建议，在教学建议中明确提出，教师在设计组织教学活动时，应注意围绕重要概念展开，精选恰当的教学活动内容，其教学方式可以是讲授、演示、实验、资料分析、讨论等，以促进学生对重要概念的建立、理解和应用。

3. 增加案例提供借鉴

物理企图用实例消除实践中的困惑，设计了两个科学探究的实例，一个是“探究电磁感应的条件”，另一个是“探究凸透镜成像的规律”，还介绍了一个要课外进行的完整的科学探究实例。数学与实验稿相比，修订后的课标增加了大量丰富而典型的案例，为教学实施提供有益的借鉴。

4. 明确纠正实践偏差

有些课程在具体的教学实践中，出现了一些带有倾向性的问题，课标修订时针对这些情况，明确提出具体要求。如语文提出阅读教学要防止“以教师的分析代替学生的阅读实践”，以及“用集体讨论代替个人阅读，或远离文本进行过度发挥”，等等。

（六）改进充实评价建议

针对科学评价意识缺失，或简单地以纸笔考试代替全部评价的做法，课标修订时普遍将评价建议的充实修改作为重点内容。

1. 评价关注目标内容的整体性

过去的评价，往往是关注知识的达成，修订后的课标呼应三维目标，着眼学生整体发展，提出了全面要求，即使是知识目标也注意体现能力为重。以生物课程说，除知识目标的评价建议外，在评价内容方面还提出“重视对学生的探究能力进行评价”和“重视对学生情感、态度和价值观的发展状况进行评价”。对于检测学生知识目标的达成，提出“在具体操作中，要重视考核核心的、具有良好结构的知识，而不是枝节的、零散的知识”，“要重视考核学生对生物学概念、原理的理解和应用以及分析、综合等思维能力”等，实际上是对检测知识目标达成作出了新的诠释。地理课程在评价过程中，明确提出：“评价时，既要关注学生的学习结果，更要关注学生的学习过程，强化评价的诊断和发展功能，弱化评价的甄别和选拔功能。”

2. 提倡评价方法途径的多样性

为了实现全面性的评价目标，必须有多样性、多元化的评价方法和手段。修订后的课程标准普遍提倡形成性评价和终结性评价相结合，定性评价和定量评价相结合，具体评价方法大致有：纸笔测验评价方法、档案袋评价方法、观察评价方法，等等。

3. 落实评价实施的操作性

在这方面，各课标组根据学科特质，做出了成效明显的努力。美术课程修订时适当增强了对知识和技能的规定性，在评价要点中，运用量化和具有量化意味的限定词，让学生学习目标具体化。比如要求学生“知道中国美术史中的5位以上有代表性的美术家及其作品，外国美术史中2个以上的重要流派及其代表人物与作品”，“描述和分析美术作品的意义和特质，写出300字以上的评价文章”，等等，都非常具体。体育与健康标准在课程内容中每一条学习目标下都增加了“评价要点”和“评价方法举例”，以帮助教师明晰如何评价相应的学习目标是否达成。

三、课程标准的教学期待

调研结果表明，课程标准与教学实践的吻合度只有50%，其中原因是各方面的，但总体上看，大都是因为学习、理解、实践课程标准的教学精神不是完全到位的。要改变这种状况，还是要高度重视并认真理解课程标准的教学期待。

（一）加强对课程标准的整体理解

掌握课程标准的教学精神，不能只就“教学建议”讨论，而应着眼整体，把握特质。

1. 在整体上理解课程标准精神

历史课程标准组提出，希望教师们在三个方面予以关注，一是建立时序意识，二是全面理解“点—线”呈现方式，三是理解并实践教学建议。历史新的课程标准在课程设计时适当弱化每个板块中心的学习主题，按照历史发展时序，以“点—线”结合为呈现方式。“点”是具体生动的历史事实，“线”是历史发展的基本线索，以“线”穿“点”，以“点”连“线”，通过点与点之间的联系来理解线，使学习内容依据历史发展线索循序渐进地展开，使学生在掌握历史事实的基础上理解历史发展的过程。课程标准（实验稿）主要以学习主题编排内容标准，针对基层的批评意见，修订时作了重大调整，这种调整包含了课标组对历史学科特质的新认识，对初中生历史学习规律的新理解。只有超越教学看教学，在整体上把握课程标准新精神，才能有效地实施教学建议。

2. 关注重视教学建议的方向性表述

品德与生活课程新增的教学建议，有些是一种方向性表述，如：“深刻理解本次课改的性质、特点和基本理念”，“把了解儿童作为教学法的基础”，“以活动作为教与学的基本形式”。抓住了这些要点，就理解了课程标准的教学期待。

3. 关注课程目标的整体实现

所有课程都是按照三维目标设计的，三维目标在各学科课程的呈现形态是遵循学科特有规律的，教学过程中把握这些目标，强化整体实现的意识，才可能使三维目标有效达成。如数学课标组的专家们提出，要注意挖掘教学内容蕴含的教育价值——学生获得知识的过程中能够感悟的“基本思想”以及可能积累的“基本经验”，从而结合教学内容，努力把“知识技能”“数学思考”“问题解决”“情感态度”四方面目标有机地融合在一起。这种思想在各科教学中都应强调。

（二）按照课改精神组织教学

课改十年，在课堂教学改革方面进行了卓有成效的探索，已经形成了一些基本经验，在新课标的实施过程中，应该得到坚持和发展。这里仅是列举几个方面。

1. 正确理解三维目标

所有课程都按照三维目标设计，三维目标的精神也应体现在教学过程中。但是三维目标并不是教学的具体目标，有些教师把“知识与技能”“过程与方法”“情感、态度与价值观”作为设计教学目标的基本模板，这是不对的。我们首先要把握三维目标在目标系统的定位：教育目的，这是指向所有教育的；培养目标，这是指向具体学段的；课程总体目标，这是指向某个学段所有课程的；学科课程目标，这是课程总体目标在学科的体现；教学目标，这是指向具体教学要求，以至具体课堂的。可见三维目标是课程的总体目标，但课程的总体目标在不同学科，在具体课堂教学中也应有生动体现，这种体现主要是一种意识、一种精神，而不是绝对对应、生硬去“套”。在落实三维目标的教学中，我们要关注认知水平与情感水平彼此的关联性，认识、情感与价值体系互为基础性。真正落实三维目标，知识与技能的学习必须寓于活动之中，教学多重目标的实现必须以活动和经验为载体。有了真正意义上的活动，三维目标才能得到较好的落实。

2. 培育课程意识

课程意识源自课程哲学，又引导并制约着课程行为。课程意识强调的是：①关注人的发展。课程意识首先关心学习知识的人，而不是仅仅关心人学习的知识，是以人的发展为本，而不是以知识为中心。②注重整体思考。教学意识常常是以学科为中心，课程意识则把教学提升到课程体系的高度认识，面对具体的教学任务、教学问题，课程意识也要求从学科课程的整体思考问题。③基于课程标准教学。华东师大崔允漷教授倡导基于标准的教学，要求学习结果和目标源自课程标准，评价设计先于教学设计，教学行为指向学生学习结果的质量，像专家一样思考标准、教学、评价的一致性。其实，这也是在强化课程意识。④具有课堂反应的敏感性、自觉性。能够敏锐地关注课程变化，敏感地作出合理性的教学反应，这是具有课程意识的一种表现。⑤教师（学生）即课程。要强调教师、学生不仅仅是课程的执行者，同时也是课程的创生者，是课程的一部分。⑥有效进行课程整合。具有课程意识，教学资源是开放的，各种资源可以根据课程实施的需要进行有效整合。

3. 提倡生成性教学

按照杜威的观点，教育的过程是一个不断改组、不断改造和不断转化的过程，所以，教学本质上应该是生成性的。首先要提倡生成性预设，即预设就要有生成性教学的意识，要关注学生的知识起点、经验背景，教学目标要有开放性，关注预习达成的可能性，学生知识、情感的差异性，教学的重点、难点、亮点，教学情境的丰富性，等等。其次，在教学过程中要有生成性关注，创造民主、平等的教学氛围，提倡对话性教学，以活动为课堂的组织要素，让师生都成为教学的活生生的主体力量，等等。再次，也要关注未曾预设的生成。课堂生成大都是预设形成的，但也总有一些是未曾预设的，面对未曾预设的生成，要重视个体发展和共享的关系，对生成内容要有准确的价值判断，同时也要培育教学机制，创造未曾预设的精彩。

4. 正确认识有效教学

在落实义务教育课程标准的实践中讨论有效教学，首先要跳出教学看教学，要建立大众教育、终身教育、素质教育的理论视角。今天的基础教育早已从精英教育转型为大众教育，这就需要从学校选择学生转向适应学生。终身教育是贯注所有教育的核心理念，这要求我们的教育要从“现在式”向“未来式”转型，着力培育学生可持续发展、终身发展的能力。素质教育则要求我们从关注部分转向关注全体，从对学生片面的要求转向全面素养的要求，从对学生统一要求转向更加有利于学生良好个性的形成。在这样的理论视角的观照下，学生的学习应当具备如下特点：主动的参与；明确的目标；挑战性活动；深刻的体验；适切的方式；有效的知识建构；清晰的反馈；迁移、创造的愿望和能力。从教学组织实施看，要特别关注学生的思维活动，在某种意义上，一节课的效率是由学生有效思维的时间长度决定的，学生学习的快乐主要是享受酣畅淋漓的思维活动的快乐。有些教师认为讨论学生思维问题有些空，感到难以捉摸，笔者建议借鉴杜威的“思维五步”，杜威提出情境、问题、假设、推断、检验，我们可以因此转化为思维五步，或提出问题、解决问题、反思提出和解决问题这三步。斯腾豪斯说：“教育通过将人引入作为人类思维系统的文化知识，增进了人的自由，知识形式最主要的特色是人们可以用它来思维。”有效教学的关键就是组织高质量的思维活动，打开学生的思维，让学生学会思维，包括学会创造性思维。

四、以基于标准的评价促进教学

基于标准的教学需要有基于标准的评价来促进，否则，教学就会走形，课堂教学实践与课标就难以有较高的吻合度。

1. 理解教学与评价的整体性

如图示，标准、教材、教学、评价、学习之间的关系，应当是：

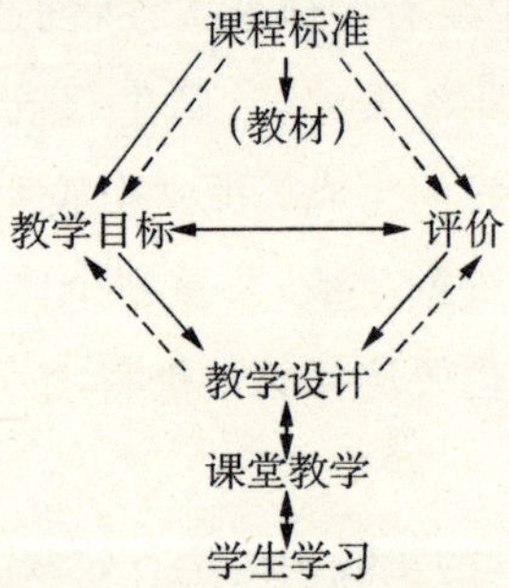

由图可见，源自课程标准的教学目标是设计评价内容的依据，教学设计包含了预设与教学目标相一致的教学评价，基于课程标准的评价有利于促进教与学的行为。

2. 基于课标落实评价要求

本次课标修订，评价建议都得到了进一步的充实，关键在落实。如语文“字表”，是内容要求，也是识字、写字教学评估的重要依据。“有感情地朗读”，在评价建议上提出“要以对内容的理解与把握为基础，要防止矫情做作”。落实到位，课程标准的教学精神也就能得到较好的贯彻。

3. 以科学评价促进教学有效性

教学的有效性可以通过具体的与教学目标相一致的学习结果的测量来判断。

比如，教学目标强调问题解决策略，教学中，我们就会教学生怎样应用问题解决策略，学生就会练习问题解决策略的应用，我们就应当测评学生在解决新问题中应用问题解决策略的技能。在具体的评价活动中则应当强化基于课程标准的意识，人的发展的意识，科学性的意识。如编制一份课堂教学评价材料（即教学中使用的练习卷或课后作业），至少要考虑以下几个问题：一是期望学生学会什么？二是什么样的学生表现表明学生的学习达到了要求？三是什么样的测评工具能够有效地测评学生的表现？这里第一个问题关注课程目标。第二个问题则力求使评价与内容标准相一致，使得教学目标既能指导日常教学，又能作为命制评价教学用题的依据。第三个问题则关注教学目标与测评方法的一致性。这样，评价就有利于促进基于课程标准的有效教学。

注：本文发表于《江苏教育研究》2012年第10期。

学校课程能力的实践创新与模型建构

近年来，在基础教育课程与教学改革实践中，学校课程建设成为重要主题，如何提升学校课程能力既是学校课程改革实践的呼唤，也是课程理论发展的需要。从现实来看，基础教育对公平与质量的追求，学校体制和组织的变革，现代技术的普遍运用，对学校的课程能力提出了更高的要求，但长期以来，学校已经习惯于被动执行，缺乏自主规划课程的意识和开发、创生课程的能力。因此，如何推进课程能力的实践创新，全面提升学校的课程能力成为基础教育课程改革中不容回避的课题。本文试图结合学校课程建设的经验，对学校课程能力的实践创新和模型建构做初步探讨，以期对基础教育教学改革有所裨益。

一、学校课程能力的实践创新

从学校课程建设的实践角度来看，学校课程能力是以学校为主体，为实现学校培养目标，整合各种教育影响，通过教育的整体化设计所形成的课程与教学过程及其结果，是直接并积极影响学生成长的学校机构能力之一。从学校课程能力建设的视角看，整体推进学校课程行为的落实，培育学校课程能力的复合主体，建构具有充分课程与教学内涵的基础设施促进了学校课程能力的实践创新。

(一) 整体推进学校课程改革行为的落实

近年来，很多学校的课程建设全面涵盖了“课程规划”“课程开发”“课程管理”“课程实施”“课程评价”等多种课程行为，突破了以往仅限于“课程管理”和“课程实施”的框架，以整体推进的方式系统建构学校的课程改革体系。

1. 以学校课程规划作为学校课程建设的顶层设计

学校课程规划直接影响学校内涵发展的整体水平，直接关联学校课程发展的方向，直接凸显学校课程发展的重点和特色。从学校课程规划的研制入手，可以全面提升学校的课程领导力，全面提高课程决策、设计和开发的能力和水平，从而带动课程开发、课程管理、课程实施、课程评价的全面变革。我们既可以说学校课程能力的建设全面而充分地体现在根据学校实际和学校发展所研制的学校课程规划中，也可以说是学校通过学校课程规划全面而充分地引领着学校课程能力的建设。高质量的学校课程规划体现出立意高远而又现实可及的课程愿景，系统清晰而又协调灵活的课程结构，门类丰富而又品质上乘的课程设置，个性化和多样化的教学与学习方式，与课程开发和实施相匹配的课程管理与课程评价等特点。如江苏省常州高级中学，基于课程统整的理念，从学术课程、活动课程等维度绘制清晰的课程地图，改变了学校课程碎片化的状态，实现了国家课程、地方课程、校本课程在学校层面上的一体化，形成学校课程建设的合力。(杨九俊《学校课程能力建设》，江苏教育出版社，2013 年版第 214—215 页)再比如，南师附中江宁分校，围绕培养学生的六大能力目标——较高的身心健康水平、较强的阅读理解能力、较强的表达表演能力、较优秀的思维品质、较强的行动实践能力、较强的交流合作能力，选择了选修—必修、学科—活动、综合—分科三个维度构建以“丰富性、选择性和层次性”为主要特征的个性化的课程体系。实践证明，清晰系统的课程规划明确了学校的发展方向，彰显了教育特色，提升了学校课程建设的整体水平。

2. 以校本化方式促进学校课程整体实施

无论是何种课程，进入学校就是学校课程，需要整体性、结构性地进行校本化的设计与实施。如北京十一学校育人模式的创新，融通国家课程与校本课程的学校课程，成为以“校本化”方式促进课程整体实施的典范。南京师范大学附中长期以来实施的分层教学、选修制度和走班教学，以学校课程的校本化实施促使国家课程与校本课程的一体化。开发“校本课程”是校本化的应有之义，也是形成学校课程自身优势和特色的重要途径，有学校尝试在“量力而行、因地制宜、扬长避短、循序渐进”的原则下保障校本课程开发的质量和品质。更为普遍的实践是以校本化的方式推进课堂教学的深层次变革，一是通过教学方式与学习方式的根本性转变，建立起“知识与技能”“过程与方法”“情感态度与价值观”并重，鲜明体现“自主、合作、探究”的多样化的课堂教学模式，并使之达到日常化和普遍化的状态；二是通过在根本上变革标准化、统一化的“大班教学模式”，形成与“走班制”“选课制”“学生修学计划”相适应的课堂教学、小班教学、个别化教学，开发出长课和微课相结合的教学形式；三是通过更好地适应学校课程与教学基础设施的变化，充分运用现代信息技术和网络技术，积极探索以“学习项目”为主线的个性化学习、交互式学习、小组学习的新模式。

3. 打造课程开发的专业机制和研发平台

学校课程的开发是一个专业化的过程，需要建立课程开发的专业化机制和研发平台，以保障课程开发的质量和水平。学校课程开发是以学校为基地，以本校教师为主体，着眼于本校学生发展实际的自下而上的开发过程。这是以实践为主线的课程开发模式，其实质是学校的课程行动研究。为支撑这一学校课程开发机制的专业化运作，有必要建立新型的学校课程研发平台和组织。目前，已有不少中小学建立了主要由各学科教师参与的学校课程开发中心，由传统教务处改造而成的课程管理部门，由教师、学生、家长、专家、社区成员等共同组成的学校课程审议机构等。校内课程研发部门、管理部门和审议部门的建立，能够全面而有效地提升学校课程管理和研究的专业水平。此外，学生有效选课以学生选课和指导制度、学校课程管理体系制度为支撑，校本教研以教师专业研讨平台为支撑。

4. 通过及时评价构建灵活的课程体系

学校课程建设是一个动态发展、不断调整和完善的过程。为使课程达到学生和教师的预期，保证课程受到学生欢迎，让社会满意，有效贯彻国家教育方针，并彰显地方特色，需要建立起一套完备的课程评价体系，从课程内容、形式、实施的各个要素、各个环节进行综合或分项的评估，以不断改善和提升课程品质。如江苏省锡山高中的《校本课程开发指南》每学年都会修订一次，在保持课程结构相对稳定的基础上，根据学生发展需要变更科目设置和课程内容，在有效的课程评价基础上不断地反思、修正和完善校本课程。学校课程评价包含的对象、内容和类型很多，从促进学生更好成长的角度看，要更注重对学生的评价。对学生评价除了传统的纸笔测试，还可以通过以下几种途径展开：如通过问卷了解学生对课程的兴趣和满意度，并在对调查问卷进行分析总结的基础上，对某些问题追踪调查以发现问题的成因，探讨解决问题的对策。还可以通过成长记录袋、日常观察记录表、考勤表等对学生在课程学习的过程中的表现进行评价，通过让学生完成特定的任务对学生的知识和能力水平进行表现性评价等。注重对学校课程的评价，有利于学校构建充满活力的开放的课程体系。

（二）全面培育学校课程能力的复合主体

学校课程能力的提升，是从学校课程能力主体的“单一性”逐步趋向学校课程能力的“多样性”的过程，即形成复合主体的过程。

从学校范围考察，在我国的学校教育中，校长发挥着重要作用，因而我们很容易将“学校课程能力”等同于“校长课程能力”，而忽视教师和学生作为变革学校课程、提升课程效能的重要力量。近年来，在学校课程建设的过程中，一方面校长专业素养和课程能力不断得到强化，另一方面充分培育教师课程能力，充分发挥教师作为学校课程建设的主体的力量，已成为普遍的趋势。同时，在部分学校，鼓励学生参与学校课程建设成为培育学校课程能力的实践重点：通过引导学生参与学校课程规划的研制，参与校本课程和课程资源的开发，通过走班制、课程菜单等自主选择需要的课程，自主制订个性化修习计划，参与综合实践活动课程的开发与实施，参与课堂教学的实施与评价等方式，有效培育了学生的课程能力。实践证明，学校课程能力作为一种专业能力和公共能力，只有在师生积极参与、共同开发、民主研讨、持续探索的过程中，才能得到整体性的提升。

“复合主体”是多样化、多元化的主体，其中包括学生家长、社区成员和社会上的“能人”和专家。学校的课程“环境”在时空上必须超越学校自身，因此，不仅要让师生“走出去”，更要敞开学校大门，让多种课程主体和资源“走进来”。美国基础教育的“服务性学习项目”将课程与有价值的社会服务联系起来，通过走出校门的社会实践活动的教学和学习，使学生在构建学术技能的同时强化实践技能。拥有500多位世界一流的科学家和工程师的美国费米高能物理实验室不仅开展各类高能物理、环境、生态等科研活动，也为广大学生、教师和公众展示其教育性，成为当地公认的一流教育性机构。费米高能物理实验室提供了面向6—9年级学生的“美丽迷人的费米实验室”项目，面向高中学生的“与科学家面对面”项目，面向研究生的“在费米作研究”项目等。（杨德军，张熙《美国社会资源的教育功能开发研究》，《比较教育研究》,2005 年第 4 期)英国基础教育的“关键性技能的认知”,旨在训练和培养一系列在教育、就业、终身学习和个人发展方面取得成功所需要的基本技能,而这类课程的开发和实施必然需要学校与政府和社会的积极互动。

在我国,上海中学与 16 所高校科研院所合作,2008—2013 年,学校邀请 200 多名校外专家学者来校授课,仅以科技班第一学期专门课程为例,校外专家授课实录就累计 400 多课时。(唐盛昌《构建拔尖创新人才早期培育链的实践探索》,《创新人才教育》,2014 年第 3 期)香港中文大学向 200 多所中小学提供各类课程与专业支持。江苏省普通高中课程基地建设吸引了大批高等院校的学者和企业、社会的人士共同参与和指导。今天的学校课程开发和建设已经不可能“闭门造车”,只有通过开放的格局进行学校课程开发才有助于学校课程能力的全面提升。因此,建立学校课程复合主体,在很大程度上就是重新确立学校的课程领导地位,赋予学校课程领导的权力,同时也是全面提升学校的课程专业能力的过程。

从学校课程建设的角度看,无论是学校课程的规划、开发和管理,还是形成学校课程的特色、品牌和文化,无论是整合国家课程还是开发校本课程,都需要超越学科教学,需要更为专业的课程知识和能力,需要一种从实现学校教育培养目标、形成学校办学特色、对接学校办学理念的层面对学校课程进行顶层设计和整体设计的综合能力。

(三) 创建具有充分课程与教学内涵的基础设施

学校基础设施是学校教育教学的重要组成部分,也是学校育人的重要前提。学校课程能力建设实践中最大的问题一是现有设施设备无法充分发挥课程与教学的功能和作用,二是现有设施设备缺少课程与教学的内涵和专业性。二者紧密相关:正因为设施设备缺少课程与教学的专业性,因而无法充分发挥服务于课程与教学、服务于师生更好教学与学习的功能。

1. 充分认识“环境”在课程体系中的功能

由学校的基础设施所创设和营造的物质“环境”(包含着很多“技术”“人文”因素)具有重要的育人功能和作用,早已被学理化地界定为“环境课程”或“隐性课程”。然而,时至今日,随着现代通信技术和信息技术在学校的广泛应用,基础设施中技术—人文含量的不断增长,环境作为课程与教学的中介已成为一种重要的课程资源,不仅是一种“条件性”的课程资源,更是一种“过程性”的课程资源。自觉而充分地认识这种变化，对提升学校课程能力的基础设施功效具有重要意义。

2. 努力提升硬件中的“软件”含量

全面提升学校课程能力需要实现硬件建设“软件化”的重大转变：将资源配置从一般的学校硬件（大门、广场、大楼等）更多地转移到直接服务于课程与教学的硬件（图书馆、阅览室、实验室、专用教室等）建设上来，将学校硬件建设从“物质”含量较高的状态有力提升到“科技”“人文”含量较高的状态（如提供个性化学习的数字化大厅和长廊等），从一般的技术含量有力提升到具有课程与教学专业内涵的品质（如电子化、数字化的物理、化学、生物实验室等）。实现这三种转变，将有力提升学校基础设施的“专业内涵”，使学校的基础设施能够有效整合进并服务于课程与教学过程。如江苏省普通高中课程基地建设对学校课程建设提出了六条要求：创设具有鲜明主题的教育环境，突出核心教育内容的模型建构，建设促进自主学习的互动平台，开发丰富而有特色的课程资源，构建教师未来成长的发展中心，形成学生实践创新的有效途径。其中的每一条要求，都具有课程与教学的专业内涵，都能够鲜明体现基础设施的建设与改造。

3. 硬件建设要从共性走向个性

学校课程建设要能够服务于人的发展，适切学校发展愿景，并体现学校文化和特色。因此，使服务于课程与教学的基础设施从共性走向个性，不仅遵循教育的一般规律，还能体现学校的办学理念，不仅具有课程与教学的专业内涵，而且具有学校课程与教学的自身特色和鲜明个性，是努力追求的方向。江苏省锡山高级中学围绕语文学科所提供的课程与教学的基础设施包括：4 间语文多功能教学实验教室；全开放式师生阅览厅 1 个；200 座全开架阅览室 2 个，电子阅览室 2 个；影视与实验剧场 1 个；语文学术会议厅 1 个；120 座演讲厅 1 个；120 座辩论厅 1 个；文学编辑室、专业网站、影视制作室各 1 个；专题研究室、社团活动室、作家书房若干；语文教育史专题展区 3 个。这种基础设施建设鲜明体现了学校课程与教学的特色与个性。

基础设施科技含量和专业内涵的提高，将形成有效的“倒逼机制”，促使教师的教学行为和学生的学习行为做出相应的调整和改变，以符合特定课程与教学环境的要求和规范。从这个意义上看，具有课程与教学内涵的基础设施有创造课程与教学行为的功能。

二、学校课程能力的模型建构

学校课程能力既包括学校主体人的能力及其课程与教学的专业化行为，也包括凝结和物化于基础设施中的课程与教学内涵及其所产生的积极影响；既是学校主体有效实施的课程与教学的专业化行为过程，也是由此所产生并积极影响教育质量和水平的实践效能。我们以上述学校课程能力建设提供的经验和实践为基础，结合对江苏普通高中学校课程能力建设的案例研究，试图在学校课程能力的要素的基础上，建构学校课程能力的基本模型。

（一）学校课程能力的基本要素

根据对学校课程能力的认识和理解，结合学校课程能力案例研究，可以梳理和抽象出以下学校课程能力的基本要素，并形成相应的内容系列。

1. 复合主体

作为一种“机构能力”，学校课程能力首先是一种人的能力，是学校范围内共同参与课程建设的人的总体能力，从而具有“复合主体”的特征，即不是一个人或个别人，而是由校长、教师、学生、家长、社会成员等共同组成、共同参与、共同创造、共同协商的课程建设群体。在这样一个群体中，不同的人处于不同的位置：校长具有课程领导的重要地位，校长的课程领导力直接体现了学校课程能力的高低。教师不仅是课程开发、课程实施、课程评价的主体，也是课程领导和课程规划的主体，因而教师的课程能力普遍而具体地影响学校课程建设，是与“学校课程能力”高度相关的能力。学生既是课程与教学实施的对象，在课程与教学中学习和成长，也是影响课程与教学实施的重要因素，更是参与课程、教学实践创新的重要力量。家长和社会成员可以有效地参与学校课程的决策和实施，不仅可以对学校课程提出意见和建议，还可以担任各类选修课程的主讲老师。家长和社会成员参与学校课程建设的程度，体现了学校课程建设的开放性和融合性的特质。学校课程能力的机构特征决定了学校课程能力主体的广泛性和多样性。

2. 基础设施

学校课程能力不仅是人的能力，也是有效利用、开发和整合学校基础设施使之服务于课程与教学的综合能力，是学校根据课程与教学特色所开发和形成的能够有效促进学生学习和发展的所有“物质性”要素的总和。学校的物质性要素既包括学校进行一般课程实施的普通教室，也包括各类专用教室和实验室，还包括根据学校课程特色开发的专门教室，技术含量较高的模拟、电子实验室等；既包括进行日常学习的学校场馆设施，也包括学校专门开发的特殊场馆和与社区共同开发的课程基地，还包括构成学校外在环境的网络化、技术化的隐性课程环境等。学校围绕课程与教学所达到的基础设施的水平，其实就是人的能力和水平的延长和加深，因而“物的水平”在某种程度上体现的就是人的水平。有效开发和充分利用课程与教学的基础设施，既是课程与教学实施的需要，更是选择性、个性化、多样化学习的需要。学校基础设施充分融入课程与教学的程度和水平，或者说学校基础设施所包含的课程与教学的专业性，鲜明体现了学校课程能力的时代特征，即人—技术—物相融合的“具象化”特征。

3. 课程行为

如果说复合主体和基础设施是学校课程能力形成的基本条件或必要条件的话，那么课程行为则是复合主体和基础设施有效整合而形成的直接影响教育教学质量的学校教育行为，是构成学校课程能力的核心要素。

学校课程能力是经过整体化设计的，有目的、有计划、有组织地实施相关课程行为及其主要过程，可用一组课程与教学行为动词来进行描述，包括课程领导、课程规划、课程开发、课程管理、课程实施、课程评价等，它具体对应着学校课程建设的主要工作环节并形成完整的封闭回路，简称为课程行为。课程行为以课程和教学为中心，具体化为学校课程建设的行为要素。课程领导赋予学校课程决策权，可根据学校办学理念形成学校课程的发展愿景和目标，丰富课程管理的内涵；课程规划赋予学校整体设计权，统整国家课程和校本课程，形成学校课程特色，丰富原有“课程计划”的内涵；课程开发赋予学校开发多样化课程及课程资源和学习资源的权力，使学校课程更符合学生发展需要，具有本地文化和社区文化的特点。在课程领导、课程规划、课程开发的基础上，课程管理、课程实施、课程评价增加了新的内涵和意义。

4. 实践效能

学校课程能力着眼于学校课程建设，最终的实践效能是促进师生更好发展，也可用课程愿景、课程理解、课程协同、课程创生、课程文化等一组概念进行描述。课程愿景是学校在特定教育哲学和办学理念基础上形成的课程发展的“柔性”目标，也是学校所追求的课程与教学的结果和水平状态。课程理解是全校师生对课程与教学的共同认识和理解，是基于学校共同实践的具有价值选择和价值认同的认识和理解，因而具有鲜明的学校课程共同体的特征。课程协同是全校教师课程与教学的有效协作（学科内外、课内课外、校内校外），也是师生之间基于共同学习和共同发展的有效协作，还是学校与社区、社会之间的有效协作。课程创生既表现在课程管理、课程实施、课程评价的创新实践上，也表现在课程领导、课程规划、课程开发的创新实践上；它不仅是学校领导和教师的创新，更是学生学习的创新。课程文化是学校课程实践效能的整体描述，也是学校课程生活方式的抽象概括和学校课程特色的综合表征，它是体现在师生课程行为中，弥漫在学校教育教学过程中，形成于学校整体氛围中的独特气质。课程的实践效能是课程行为导致的结果，但二者之间并不是一一对应的关系。实践效能既可以作为学校课程发展状态和发展水平的衡量指标，也可以作为促进师生发展和成长的结果性指标。

（二）学校课程能力的基本模型

根据上述课程能力的概念和要素，我们试图以复合主体、基础设施、课程行为和实践效能四方面内容及相关要素，建立学校课程能力的基本模型，以便为学校课程能力建设的实践操作提供依据。（见图 1）

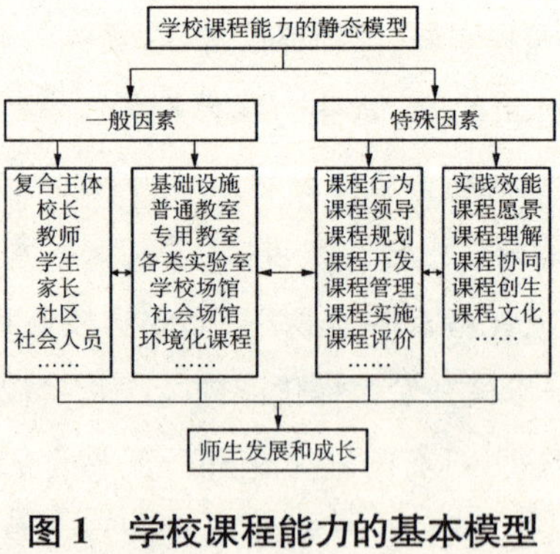

图 1　学校课程能力的基本模型

在学校课程能力的四项内容中，显然复合主体和基础设施是以学校共通性要素进行描述的一般因素，而课程行为和实践效能是以课程和教学专业行为进行描述的特殊因素。一般因素是人们在所有活动中都需要的因素，特殊因素是人们在完成特定活动时需要的因素。任何一所学校都具有学校课程能力建设的一般因素，也就是说具有学校课程能力的潜在性。然而，要完成课程建设的任务又必须具有特殊因素即课程与教学的专业性行为，二者结合起来的潜在性才能够转化为完成特定任务的现实性。

作为特殊因素的学校课程能力，既然是定位于一种专业性的能力，就必须用课程与教学专业共同认可的概念进行描述，以凸显课程行为和实践效能作为课程能力的专业特质，我们用课程领导、课程规划、课程开发、课程管理、课程实施、课程评价描述课程行为，用课程愿景、课程理解、课程协同、课程创生、课程文化描述实践效能，以此体现作为特殊因素的专业性，并尽可能使之成为清晰、完整、系统的概念体系。

作为一般因素的学校课程能力，实际上是学校范围内一般的人和物如何更好地为学校课程建设服务，有效支撑学校课程建设，融入和转化为课程行为和实践效能之中的问题。作为一般因素的学校的人与物，在从课程能力的“潜在性”表现为现实性的过程中，会不断增强课程专业性的特质，即不是一般的人和抽象的人，不是一般的物和抽象的物，而是具有课程专业特质的校长和教师等，具有专业特质的教室、实验室和教学设施等。

然而，任何模型都是一种抽象和概括，在揭示某一方面特质的同时必然遮蔽另一方面的特质，因此有必要建构学校课程能力的动态模型。（见图 2）

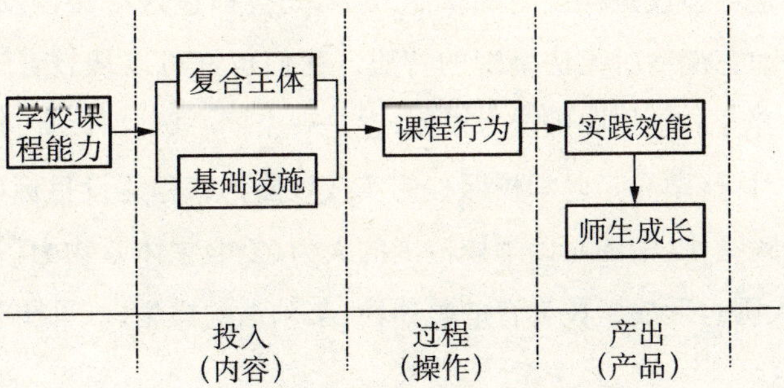

图 2　学校课程能力的动态模型

上述模型把学校课程能力理解为建构学校课程的整体活动，经过了内容、操作、产品这一完整的过程，学校课程能力就是在建构学校课程的操作过程中形成和表现出来的实践效能，于是动态模型的建构可分为三个阶段：一是投入阶段，即把学校教育的人力、物力等教育因素组合进课程过程的阶段；二是学校课程的操作阶段，即经过课程领导、课程规划、管理开发、课程管理、课程实施、课程评价一系列专业化的操作，以改变学校各种教育因素（人力、物力）的呈现和组合状态，使之更符合学校教育的时代特征、学生成长的基本规律、本校学生的学习需要，以提升教育的质量和效能，简称过程阶段；三是产出阶段，即形成包括实践效能的学校课程“产品”，以专业化的课程愿景、课程理解、课程协同、课程创生、课程文化的“品质”表现出来，并直接指向师生更好的成长和发展。

作为内容要素的学校课程能力，主要包括复合主体和基础设施，二者有机统一并有效融合，经过课程行为的操作阶段，转化为实践效能的学校课程“产品”，从而发挥出促进师生共同发展和成长的功能。从动态的角度看，复合主体既是课程行为（操作）的主体，也是课程行为（操作）的客体（内容），在课程实践中，复合主体本身既是“建构者”也是“被建构者”，既改变着别人也改变着自己。基础设施既是课程行为的必要条件，也是课程行为的充分条件，通过课程行为操作的专业化转变，基础设施有可能成为专业化含量极高的课程教学的特定场所，不仅能够有效服务于课程行为的需要，反过来要求课程行为和操作具有很高的专业性。

然而，这三个阶段的划分，也只具有相对的合理性，现实的学校课程建设过程极为复杂，也许第三个阶段的课程“产品”，作为学校课程发展的理想和追求，对学校现实的课程建设具有更为重要的引领价值，因而具有更为优先的地位，实践操作中很多学校都是从学校课程规划的研制入手，先行描述这一课程发展的理想和追求。这是这一动态模型所无法呈现的特质。我们也许可以从教育学的视野，建构一个更具有包容性的学校课程能力模型，它是一个同心圆，即以促进师生成长为学校教育的核心目标（圆心），以学校课程的实践效能为课程建设目标（小圆），以学校课程行为为实践操作（中圆），以学校范围的人力（复合主体）、物力（基础设施）组合为基本设计（大圆），形成学校教育的整体性、基础性的模型。（见图 3）

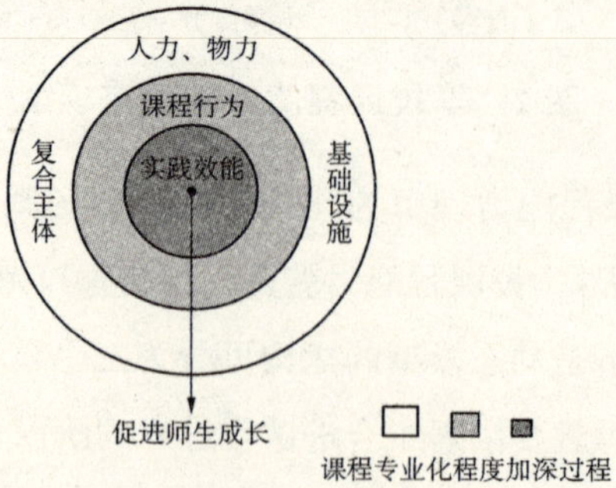

图 3　学校课程能力的“同心圆模型”

由外圆到内圆，不仅揭示了一般因素与特殊因素转化的过程，学校人力、物力转化为课程与教学专业性的过程，同时也揭示了课程能力提升的过程、学校课程建设的过程，就是以“促进师生更好成长”为目的的学校教育过程，实质就是建构给学生更多发展机会的学校课程。学校课程能力的“同心圆模型”立足于学校教育的原点，通过建构更适切的学校课程，更好地促进学生的成长和发展。

注：本文系与彭钢、万伟同志合作，发表于《教育研究》2017 年第 2 期。

新课程实施中的学校课程能力建设

随着《普通高中课程方案（实验）》的颁布实施，新一轮高中课程改革进入实质性推进阶段。本次课程改革与以往不同的是，从课程理念、目标到课程实践形态都发生了质的变化，其实质是一次新课程文化的再造。从 2004 年秋季开始，全国陆续有 10 个省份的普通高中推行了新课程，从广东、山东、海南、宁夏、江苏等地的先行情况看，新课程实施在课程理解、课堂教学、课程开发、课程管理等方面遇到了一些共同问题，新课程推进遇到了一些阻力与障碍，如在真实教育场域中的教师冷漠现象、课程实施的理念偏离与实践错位、课程主体的不适应感、公众对新课程的误解与非议等。正因为如此，广大学校在为新的课程文化欢呼之余，也多少陷入了课程实践的迷乱之中，如何在理想与现实的张力中找到平衡点，以实现课程重建乃至教育重建的整体期许，是当前课程改革面临的重要课题。从学校层面看，解决问题的基本路径就是加强学校课程能力建设。

一、学校课程能力的内涵

所谓课程能力，是课程实践的相关主体在完成课程设计、实施、评价、管理等课程开发任务时，所需要的素质基础、行为特征和实践智慧。关于课程能力，在传统课程实践中也存在，只是受到教学意识、学科意识的支配，并以完成规定的具体教学任务为动力取向，而新课程实施所需要的课程能力受课程意识支配，以促进学生的全面发展为动力取向。新课程体系的构建必然呼唤与之相适应的新的课程能力建设，这种课程能力是新课程得以有效实施的知识、技能和实践智慧保证，也是新课程文化形成的内在动力。学校作为课程管理与课程开发的主体，其课程能力具有机构能力的特点。“机构能力这一概念只有涉及目标时才有意义。一般来讲，它是一种做得更多，或做得更好，或者做得既多又好的事情。”机构能力主要包括三方面内容：一是指系统对自身需要综合、加工得怎样，对问题阐释、分析得怎样，把这些问题变成完美的、可实施的解决办法进行得怎样；二是拥有经过高层次培训的人员的数量，拥有进行一定的创新所需要的技术水平和通讯设施的多少，以及为前两者提供更多支持的资源；三是既与理解和实施创新的能力有关，又与确保随着时间的推移它能够得以维护所需要的机制的发展有关。(Dan E. Inbar 等《教育政策基础》，史明洁等译，教育科学出版社，2003 年版第 49—50 页)参照这种观点，作为机构的学校，其课程能力主要是整体设计能力、资源开发能力、实践变革能力和可持续发展能力，等等。这种课程能力与课程改革目标之间的紧张关系，有利于激发课程工作者参与改革的热情，推动课程文化的创新。

学校课程能力有其自身的特殊性。一是组织拥有，个体分享。新课程特别需要学校在新课程实施中形成这样的文化特征。二是价值导引，效能旨归。在为每一个学生“全面而有个性”发展服务的理念下，学校课程能力将指向学生发展水平这一效能状态。不能提高学校教育效能的课程能力必将被新的课程能力所取代。三是实践融入，任务驱动。学校课程能力是在学校课程管理和课程开发的具体实践活动中逐步提高的，课程能力提高的动力源于具体的课程任务，当原有课程能力不能适应新任务要求的时候，能力提高的意愿就产生了，经验学习、实践探索成为现实选择，课程能力建设在这一过程中得以实现。

二、新课程对学校课程能力的挑战

此次普通高中课程改革确立了五方面目标：一是精选终身学习必备的基础内容，增强课程与社会进步、科技发展、学生经验的联系，拓展视野，引导创新与实践；二是适应社会需求的多样化和学生全面而有个性的发展，构建重基础、多样化、有层次、综合性的课程结构；三是创设有利于引导学生主动学习的课程实施环境，提高学生自主学习、合作交流以及分析和解决问题的能力；四是建立发展性评价体系，改进校内评价，实行学生学业成绩与成长记录相结合的综合评价方式，建立教育质量监测机制；五是赋予学校合理而充分的课程自主权，为学校创造性地实施国家课程、因地制宜地开发学校课程，为学生有效选择课程提供保障。为了实现这些目标，高中新课程在以下方面实现了突破。

1. 课程内容的更新

本次高中课程改革的重要突破就是精选学生终身学习必备的基础内容，突出时代性、基础性和选择性。课程内容的选择体现当代社会进步和科技发展，反映各学科的发展趋势，关注学生的经验，增强课程内容与社会生活的联系。同时，根据时代发展需要及时调整、更新；强调掌握必需的经典知识与灵活运用的能力；注重培养学生浓厚的学习兴趣、旺盛的求知欲、积极的探索精神、坚持真理的态度；注重培养搜集和处理信息的能力、获取新知识的能力、分析和解决问题的能力、交流与合作的能力。高中课程内容既进一步提升所有学生的共同基础，同时更为每一位学生的发展奠定不同基础。为适应社会对多样化人才的需求，满足不同学生的发展需要，在保证每个学生达到共同基础的前提下，各学科分类别、分层次设计了多样的、可供不同发展潜能学生选择的课程内容，以满足学生对课程的不同需求。

除在学科课程中引进鲜活的、有时代感的课程内容外，本次高中课改还适当增加了新的课程领域或门类。考虑到高中生的认知水平、职业准备和发展特点，把劳动技术教育和信息技术教育从综合实践活动中剥离出来，作为技术类课程列入基础课程，以提高学生的技术素养为主旨，以设计学习、操作学习为主要特征，是一门立足实践、高度综合、注重创造、科学与人文相融合的课程。同时，加强了信息技术和通用技术教育，还增加了综合实践活动等与学生现实生活密切联系的实践类课程。

2. 课程结构的创新

首先合理调整必修课和选修课之间的比例关系，为学生提供多样化的选修课程，在内容和要求上更具层次性。其次，课程结构由学习领域、科目、模块三个层次构成。每一领域由课程价值相近的若干科目组成，每一科目由若干模块组成，模块之间既相互独立，又反映学科内容的逻辑联系。每一模块都有明确的教育目标，并围绕某一特定内容，整合学生经验和相关内容，构成相对完整的学习单元；每一模块都对教师教学行为和学生学习方式提出要求和建议。每个科目在必修的基础上还设置了若干选修模块，供学生根据自己的兴趣和未来发展需要做选择。同一科目的模块是有层次的，同一层次的模块又是并列的，不同层次的模块按照螺旋式设计。这样的课程结构，既可以从宏观上整体规划课程，也有利于科目间的融合，还可以随时调整科目间的结构，使得课程结构不断趋于合理。再次，课程计划为地方课程和校本课程开发留下了适当的空间。以研究性学习为核心的综合实践活动课程是基于当地课程资源，由学校自主开发和组织实施的。这样的课程结构将增强课程的地方和学校适应性，有利于提高课程的有效性。

3. 课程管理的突破

一是打破原有的教学常规管理。按照新的课程计划，每学年 52 周，其中教学时间 40 周，社会实践 1 周，假期(包括寒暑假、节假日和农忙假)11 周。为便于学校合理而灵活地安排课程，减少学生合并科目，保证学生集中有效地学习。二是通过学分制进行学习管理。为了保证选课制的有效实施，新课程将通过学分描述学生的课程修习状况。三是加强校本管理。课程的校本化实施要求强化课程的校本管理。应在提高学校自主决策能力的同时，引导学校培养自我约束力，分别承担各自的义务和责任，在新机制中逐步实现责权的统一。

综上所述，高中新课程无疑对学校课程建设提出了新的要求，主要表现在以下几个方面：

1. 更新课程观念

课程强调改变课程权力集中的状况，强调课程的选择性和多样性，为学校本土化实施课程计划和自主开发课程留出大量的空间，其本质是一种创生性课程，内在地规定了教师成为课程开发者，学生则是自主建构者。普通高中新课程改革突出强调主体存在的意义，被传统课程文化所忽视的个体情感、意志、愿望、合作意识、创新精神和实践能力等得到了应有的肯定，强调形成积极主动的学习态度，将学习过程变为学生学会学习、学会合作、学会生存、学会做人的过程。打破了传统的基于精英主义思想和升学价值取向的过于狭窄的课程定位，而关注学生的全面发展。基于此，普通高中阶段的课程设计和教学实施，不是仅仅把课程作为一种知识体系、一种学习资源，而是更强调针对高中生现实的生活，满足学生的生活需要，突出发展学生自主思考并规划人生的能力。

2. 加强课程资源建设

丰富多样的可供选择的课程，需要大量的课程资源。学校应当加强课程资源建设，充分挖掘并有效利用校内现有课程资源。充分利用图书馆、阅览室、实验室、多媒体教室等场地和设施设备，建立学科资源库和课程信息中心，用好教材、报刊、网络等素材性课程资源，争取政府和社会各界支持，发掘工厂、农村、部队、社区、高校和科研院所等社会资源，整合包括教师、学生、社会人士在内的人力资源，为学校的新课程实施建立丰富的课程资源支撑体系。要建立课程资源的共享机制，逐步实现与社会教育资源接轨，与不同学校的课程资源优势互补，与同类学校和职业学校学分互认；形成学校的、区域性的学科中心和实践基地；发挥学校特色资源、学科强势资源的中心辐射作用；鼓励学校之间共同建设课程资源，实现共建共享。课程资源开发方式上，既可以由学校独立开发或联校开发，也可以联合高校、科研院所等共同开发；要积极利用和开发基于现代信息技术的课程资源，建立广泛而有效的课程资源网络。

3. 学生自修计划与选课指导制度

实行学分管理，使学生获得了对学习的选择权，他们可以自由选择课程、选择教师、选择学习时间。这种自由选择权的赋予，使学习的安排更具有个性化。学生选课离不开教师的指导，为此，《普通高中课程方案（实验）》规定："学校要积极进行制度创新，建立行之有效的校内选课指导制度，避免学生选课的盲目性。学校应为学生提供课程设置说明和选课指导手册，并在选课前及时提供给学生。班主任及其他教师有指导学生选课的责任，并与学生建立相对固定而长久的联系，为学生形成符合个人特点的、合理的课程修习计划提供指导和帮助。学校要引导家长正确对待和帮助学生选课。"

4. 建立校本评价制度

高中新课程需要建立发展性评价制度，实行学生学业成绩与成长记录相结合的评价方式。这就需要学校改变单纯外部评价的方式，建立校本评价体系。要遵循高中教育教学的基本规律和高中阶段学生的心理特点，以有效的校本评价引导教学计划，调控教学实施，改善学校课程服务，保证高中课程方案的有效实施，促进普通高中教育质量的全面提高。

5. 促进教师专业发展

课程转型对教师的课程观念、课程能力、专业素养等都提出了新的要求，为此，需要加强教师的专业培训，引导教师自主的专业发展。学校应建立以校为本的培训制度，主动与教科研部门和高等院校合作开展研修工作，为教师专业化发展创造条件和机会；教师要结合自身实际情况，制订个人学习研修计划，通过课题研究、实践反思、同伴互助、合作交流等形式，不断提高综合素质和教育教学能力。要建立以校为本的教研制度，鼓励教师针对教学实践中的问题开展教学研究，重视不同学科教师的交流与研讨，建设有利于引导教师创造性实施课程的环境，使课程的实施过程成为教师专业成长的过程。

6. 提高学校自主发展能力

学校自主发展关键在于让学校成为课程改革的主体，教师与校长不再是被改革的对象，而成为课改的发起人和设计者，让学校每一分子都承担起课程改革的相应责任。

三、高中学校课程能力要素分析

在三级课程管理框架内，课程管理重心显著向高中新课程实施中的学校课程能力建设转移，学校的课程地位与管理职能发生了明显变化，应有的课程权力实现了回归。首先，学校拥有了一定的课程决定权。在新课程框架内，学校有权决定如何实施国家课程，包括选择何种教材，如何开发和利用课程资源，如何实现教学行为变革等；同时，学校有权决定开发何种校本课程，有权决定怎样组织实施综合实践活动课程等。其次，学校拥有了部分课程开发权。国家课程校本化实施的实质是给予学校二次开发课程的权力，综合实践活动课程尽管是国家课程，但需要学校自主开发实施，更重要的是新课程为校本课程开发留下了很大空间，这样，学校具有了课程开发主体的地位。再次，学校为学生发展服务的责任进一步明确。新课程明确提出为每一个学生成功发展服务的理念，落实这一理念关键在学校，学校只有通过为每一个学生提供适切的课程，才能实现学生的最佳发展。最后，学校具有了为教师专业发展服务的使命。学校要加大校本研修的力度，为教师发展构建有效的实践、交流和学习的平台，通过课程变革促进教师发展，也通过教师的发展推动课程的有效变革。所以，在新课程实施和管理实践中，学校需要生成新的课程能力，主要包括主体道德自觉能力、课程规划能力、课程开发能力、学生选课指导能力、课程创新能力和教师专业服务能力等。

1. 主体道德自觉能力

高中课程改革的成败首先取决于广大教育工作者，尤其是广大校长和教师的道德自觉能力。其一，这种能力表现在能够从国家利益、国家意识的角度思考问题。其二，这种能力表现为课程效能基础上的学生生命观照能力。高中教育一直以来异化为“应考”教育，失去了教育应有的人文关怀。新课程强调要为学生的终身发展服务，从伦理层面强化对学生的人文关怀。所以，课程效能首要的是课程的育人效能，是学生生命价值实现的效能，对课程道德性的追求是高中课程改革内在的目标。其三，这种能力表现为课程实施、管理与评价过程中主体的诚信水平。在激烈的高考环境中，在人情越位、利益第一的世俗文化包围中，保证学生学分认定的客观性和发展性评价的真实性是对高中学校诚信水平的重要考验。这就需要在学校内部形成纯净的道德环境。这种以诚信为核心的道德自觉，应以责任为价值取向，以教育良心为自律标准，需要学校坚持依法治校，建立公开、公正、透明的评价监督制度。

2. 课程规划能力

国家的课程计划提供了一种理想的课程框架，学校实施的课程则是一种现实的课程，学校课程规划就是实现从理想课程到现实课程的转化。学校一方面要通过规划的制订和实施落实国家的课程改革理念，另一方面通过课程规划进一步落实学校的教育理念追求。学校课程方案设计是学校课程规划的核心内容，课程方案的有效落实需要建立相关的组织制度，对教学内容选择、教学行为改进、教师专业发展等方面，提出明确的目标和要求，建构起学校课程实施的完整实践体系。

3. 课程开发能力

就国家课程的实施来说，学校的课程开发能力表现在以下三个方面：一是学科课程的个性化实施能力；二是综合实践活动课程的校本开发能力；三是校本课程的开发实践能力。高质量、有创新地实施学科课程，关键在于寻求课程资源的丰富性和适切性，在于教学行为和学习方式的个性化。综合实践活动课程是新课程改革的一大亮点，在国家课程中有着特殊的地位，由学校自主开发和组织实施，对学校从理念选择、目标设计到实施、评价，都提出了较高的能力要求。作为学校自主规划和开发的课程，校本课程开发集中表现了学校的课程特色和课程开发水平，要求学校领导和教师团队具有宽广的知识视野、较高的理论与实践素养、深厚的课程专业基础。

4. 学生选课指导能力

高中新课程的选择性、灵活性和多样性，需要学校建立相应的学生自主修习制度。根据新课程实施要求，学生可根据自身情况和各自不同的兴趣爱好，选择制订自己的学习计划，选择不同的课程和适合自己的任课教师。应通过建立班主任制度、学生咨询制度、辅导员制度和学生互助制度等，帮助学生处理学习过程中的问题，保证学习计划得到很好落实。学校要鼓励学生在感兴趣、有潜能的方面，选修更多的模块，实现有个性的发展，还要引导家长正确对待和帮助学生选课。这既要明晰学校选课指导思路，也要提升广大教师的选课指导能力。

5. 课程文化创新能力

新课程文化的建构不能只停留在理念、目标和方案层面，需要在学校课程改革实践中加以建构和生成。同时，学校的主体发展和自身文化追求，也内在地要求构建校本的课程文化，以彰显学校的教育愿景和文化个性。课程理念反映了学校课程文化的价值取向，是学校一切课程实践活动的精神核心，它影响着课程改革的方向，也规约着课程改革的具体行为。课程理念自身的价值在于引领课程开发实践行为，学校课程文化的主体必然是课程实践，课程实践水平表现为促进学生的最佳发展。达到这一目标需要课程实践主体从具体教育情境出发，不断改进教育行为，不断发现并解决教育实践中的问题。学校课程文化创新的过程既是教育文化转型的过程，也是课程自身变革的过程，需要学校用变革的思维开展课程实践，并在实践中形成持续变革的能力。

6. 教师专业服务能力

学校要引导教师制订专业发展规划，围绕教师发展规划，在时间、资源、活动安排等方面为教师学习提供服务，既包括学习活动的有效组织、设计和展开，以及学习制度完善等，也包括学习型组织的建构，强调组织内部的经验创新和分享，强调成员间建立民主、平等、合作的专业关系。教师的学习主要是自主学习，但也需要学校的专业引领，这种专业引领有多种形式，学校的课程领导者也是教师的专业引领者，但学校更应注意发掘教师中的有效专业资源，采取“能者为师”策略，赋予教师个人的经验以专业地位。另一方面，学校要与地方科研院所、高校等建立伙伴关系，建立广泛的专家资源，为本校教师发展服务。

四、学校课程能力建设的途径选择

学校课程主体既包括各级课程管理和实施的组织，也包括组织内的相关人员。

不同层级的组织由于课程责任不同，课程能力的具体要求和实践指向也不同，组织内部成员的课程能力表现也有差异。不过从课程开发实践的专业要求上加以分析，不同课程主体的能力生成有其共同策略。明晰学校课程责权、寻求学校的校本发展、开展课程行动研究、争取良好的课改外部环境，是课程能力生成的基本途径。

1. 明晰学校课程开发的权利和责任

《基础教育课程改革纲要（试行）》明确指出："学校在执行国家课程和地方课程的同时，应视当地社会、经济发展的具体情况，结合本校的传统和优势、学生的兴趣和需要，开发或选用适合本校的课程。各级教育行政部门要对课程的实施和开发进行指导和监督，学校有权力和责任反映在实施国家课程和地方课程中所遇到的问题。"据此，崔允漷教授提出学校一级课程权利主要包括：制订学校课程实施方案；选用经审查通过的教材；开发校本课程；对课程计划实施、教学、评价与考试、课程资源开发与利用等方面进行自我监控；建立教师、学生、家长及社区代表参与学校课程管理的机制；组织校本培训，建立以校为本的教材制度；为教师教学、学生学习等提供服务。（钟启泉等《为了中华民族的复兴，为了每位学生的发展——〈基础教育课程改革纲要（试行）〉解读》，华东师范大学出版社，2001年版第347—359页）关于学校课程开发的任务和行为，奥恩斯坦等概括为以下内容：发展专门的方法和工具，以便在学校（或地方）中进行课程规划；把理论建设同实践结合起来，获取课程知识，并将之运用于课堂和学校的真实世界；就课程编制和设计涉及的各个方面，包括存在于课程要素中的关系，达成一致意见；就课程、教学与督导之间的关系，包括每个领域的明确用语及相互之间的帮助，达成一致意见；充当变化的促进者，联系社会对学校进行思考，使当地社区的要求和看法与地方、国家的目标及利益之间保持平衡；创设任务或对目标作出陈述，以便提供指引和在组织中引发重点行动；对新的课程趋势和思想持开放态度，审视各种建议，提出修改意见，而不陷于亦步亦趋、装模作样，或是屈从于特定的群体；与各种家长团体、社会团体和专业团体交换意见，掌握人际关系技巧，以及同群体和个体合作的技巧；鼓励同事和其他专业人员解决专业问题，求新求变，熟悉和采纳新的计划及想法；为持续的课程编制、实施和评价拟定计划；保持学科领域与年级水平之间的平衡，并把二者整合到总的课程中，密切注意学科和年级水平的范围和顺序；了解教学方面的最新研究，以及与目标学生的教学有关的计划。([美]艾伦·C.奥恩斯坦等《课程：基础、原理和问题》柯森等译，江苏教育出版社，2002 年版第 28—29 页)只有充分理解和认知这些任务和行为，学校才能真正清楚自己的专业内涵，课程能力建设也才能有清晰的实践取向和专业品质。这需要建立以校为主的课程开发制度，包括国家课程校本化实施制度、综合实践活动课程校本开发和管理制度、校本课程开发审议制度、校评价制度、校本教研制度等。在这些制度的基础上，需要学校制订年度课程方案以及综合实践活动课程开发方案、校本课程开发方案、校本评价方案等。需要学校完善课程管理体系，包括成立学校课程开发审议委员会，根据不同课程开发任务成立专门研究小组等。

2. 寻求学校的校本发展

学校课程能力建设与校本发展是双向建构的关系，课程能力建设是校本高中新课程实施中的学校课程能力建设发展的专业核心，校本发展则是课程能力建设的基本策略。校本发展的实质在于学校的主动发展、自主发展。校本发展需要建立内控式管理模式，这一模式强调学校成员的共同理想，要求根据学校的特点和需要开展管理和教育工作，强调分权参与、多层面领导，在学校实际运作过程中有较强的问题意识，需要及时发现问题并解决问题。多层面的自我管理是内控式管理的重要策略。内控式管理的关键在于培养学校的内控式管理能力，包括政策执行能力、管理创新能力、组织协调能力以及制度设计能力等。执行好国家教育的大政方针、课程计划等是学校管理的基本方向，在此基础上，学校要从发展实际出发不断寻求思想和实践上的超越。而有效的制度体系则是学校有效发展的保证。学校发展没有特色，所谓的校本发展也就无质量可言。办学特色的形成是校本发展水平的重要标志。不少学校把特色定位在具体的教育项目上，这是低水平的特色，高水平的学校特色总是通过鲜明的学校文化表现出来的。学校文化的形成是一个长期积淀的过程，在这一过程中对学校传统文化的继承，对先进教育文化的吸纳和基于发展需要的创新，是三个同等重要的方面。在全球化背景下，教育交流与融合是教育发展的重要主题，每一所学校都应当在多元文化背景下思考自身的文化建设，要善于吸纳不同教育文化的合理成分，丰富自身，推动学校文化的进步。学校文化又是需要主动设计与建构的，作为社会文化的高地，学校需要借助自身的智力优势，不断超越现实的文化形态，实现文化创新，运用变革的文化引领教育变革，以达到文化育人的目标。

3. 强化学校课程行动研究

课程的实践属性决定了教育工作者的课程能力始终是浸润在具体的课程实践活动之中，也就是说，没有脱离课程开发、管理等实践活动的抽象的课程能力。教育工作者课程能力的建构必然是一种实践性建构，包括课程专业活动中主体的自我认知、专业经验生成、个人化知识积累、问题解决与实践反思等。所以课程能力的实践建构只能在持续不断的课程行动研究中展开。课程行动研究要以教育工作者的课程理解为基础。就新课程来说，需要相关课程主体对课程理念形成个人化的诠释，对课程目标达成形象化的建构，对课程资源建立全面系统的认知，对学生与学习等概念进行必要的重建。否则，课程行动就很难说是新课程的实践。研究的展开要基于问题意识，再好的课程设计，其实施过程都是变化不定和难以预料的，必然会出现各种具体问题，课程实施者要能以敏锐的眼光发现这些问题，并把握其研究价值，通过具体行动解决这些问题，在问题解决中提升课程能力。此外，课程行动研究是一种学习的方式，一种获取新知的方式，是构造共同体和归属感的过程。课程共同体包括教师、管理者、行政人员、专家、家长以及学生在内。在共同体中研究的主要方式是对话，大卫等专家认为，这种作为课程的对话有三种类型：一是与那些具有学科或专业特长的同事之间的讨论，希望可以从中得到教益；二是与学生之间的讨论，希望可以使他们从中受益；三是与同事、学生或家长等人之间进行的讨论，希望在其他人的参与下，能够对某一行动过程做出决定，或对某一行动过程做出决策。可见，从对话共同体的视角来看，教育工作者的课程能力还包括在专业共同体中的沟通、合作与经验分享的能力。当然，专家在对话共同体中扮演着行动研究促进者的角色，但他们与对话者具有平等的地位，否则将损害而不是促进对话者行动研究的进程。

4. 争取良好的学校外部环境

高中课程改革涉及面广、震动性大，需要省级政府加强统筹。省级教育行政部门应制订国家课程计划的具体实施意见，包括课程计划的实施方案、地方课程的审查制度、校本课程开发方案的审议制度等。在制度建设的基础上，要加强组织建设，可以成立非实体性的省基础教育发展委员会，作为本省课程决策、审议、协调、指导的综合机构；同时依托教研、科研部门，成立实体性的基础教育课程研究和指导中心，负责贯彻落实委员会的各项决策，研究解决课程改革中出现的问题，指导本地和学校的课程改革工作。各级教育行政部门应解除对教育思想、教育制度、教育资源、教育内容及教育实践活动的不当管制，以激发学校组织与人员的活力，进而提升学校教育品质。抛弃权威式领导，让学校成员分享权力，并从权力运用中发展责任感。与学校自主发展政策相配套，可以建立优质学校基金，在专家评审的基础上，对那些课程改革先进学校实施奖励，引领学校的发展，激发学校的竞争活力。同时，建立学校课程发展性评估体系，包括学校课程规划的评估、学校工作的督导评估及学校办学质量的全面评估。县（市、区）级以上教育行政部门应将指导、评估学校课程发展规划及实施规划的达成度作为管理高中学校的主要任务。

注：本文发表于《教育发展研究》2008 年第 5—6 期。

经济社会发展与课程改革

中国社会发展的时代特征，概而言之是四重转型，一是从传统的工业化向以信息化为主要特征的后工业化转型；二是从封闭半封闭状态走向自觉融入世界经济政治文化的大循环；三是经济体制正从计划经济向社会主义市场经济转型；四是传统的农业文明向工业文明转型。把握这些社会转型形成的信息化、全球化、市场化、城市化的大趋势，认清经济社会发展对包括基础教育课程改革在内的教育改革的深刻影响，对于我们认识课程改革的重要性、必要性是很有意义的！

一、信息化与课程改革

信息化是指在电子计算机、通信和网络等技术快速发展的推动下，信息技术、信息产业和信息网络在社会各个领域所发挥的作用日益突出，并逐渐主导经济和社会发展的过程。

这些年来，从生产和经济领域看，信息技术突飞猛进，信息产业已成为新技术革命的带头者，信息产业发展壮大。据统计，近年来世界经济的年均增长率在3%左右，而信息技术及相关产业的增长速度则是经济增长速度的2到3倍，信息化作为高新技术的核心和先导，变化之快，反映了整个科技发展的迅速，标志着人类社会进入了知识大爆炸的时代。从人类的交往方式上看，信息网络迅速崛起，极大地改变了人类的行为方式和社会交往的面貌，网络使世界各国的人们建立起了一种新的交往关系。这种交往关系突破了地域和空间上的限制，突破了交往对象数量上的限制，对人类的社会生活产生了巨大的冲击。

信息化趋势对教育的影响是巨大的，它迫使课程改革“必然”到来。第一，信息化改变了人们传统的知识观。过去，人们关于知识的理解往往带有静态的特征，并且把知识的总量限定在一个可以想见的范围当中，因而，教育的目标就是让年轻一代穷尽这些知识。这种传统的知识观为单一的接受式学习和机械灌输提供了重要的支撑。但是，在信息化社会环境下，这种知识静止、有限的观念将被彻底改变，这种变化对教育的基础性观念的影响必然是十分巨大的。第二，信息化改变了教育的模式。信息化环境下人们的交往方式发生了根本变化，这对学校、课堂、教学、师生等教育范畴带来革命性的影响。在传统学校和课堂当中，教学活动就是一种师徒式的口耳相传，因而，教学活动在时间上是同时性的、对等的——一堂课没上，相关知识就掌握不了，在规模上是班级化的，在空间上是被限定在教室、学校的范围当中的。但是，在信息化的社会背景下，我们必须重新对教育活动进行设计和安排。第三，信息化要求教育体系发生相应改变。在知识爆炸的时代，科技更新的速度加快，个人的职业在整个社会结构中的变动性提高，社会要求建立终身教育体系，以适应这种变化。在这种情况下，基础教育的内涵已发生很大的改变，“基础”的内涵必须被放在新的终身教育体系当中加以重构。第四，信息化引起了人们思维方式的根本改变。人的思维方式受到传统的经典物理学体系的影响，根本上是被动的、宿命的，只能听命于、适应于自然界的规律。但是在信息化时代，按照测不准原理，你的测量、你的操作、你的生命活动本身，就在改变着结果。在这种情况下，人在起着主导作用，起着决定作用。“从一个物质性极弱的时代走向信息时代，人的主观能动性的发挥，会有一个根本的变化。”（陈建翔，王松涛《新教育：为学习服务》，教育科学出版社，2002 年版第 5 页）

当我们着手进行教育改革、课程改革的时候，首先必须深入地追问这种改革的信息化意蕴。

二、全球化与课程改革

一般意义上的全球化，是指各个不同国家和地区的个人、组织和社会之间产生的行为、价值、知识等的转移和共享现象。在全球化过程中，人类相互了解、相互交流和沟通、相互竞争和促进的程度达到了前所未有的水平，并进而影响到世界每一个地区人们的观念和行为方式。20世纪末出现的全球化趋势，最重要的动力来自经济全球化，加入WTO，是中国积极参与和推进全球化进程的标志性事件。加入WTO同样从经济往来入手，但它的意义和影响已经远远超出了经济的范畴。而全球化进程的加快对教育提出了新的课题，要求我们从培养目标到教育内容都应发生变化。

第一，在观念上，我们必须确立这样一种思想认识：中国教育是人类教育的一个组成部分。中国教育的最终目标，是要在发展公民本土化性格的同时，促使其成为世界公民。作为一个世界公民，其基本素质应该更多地体现出国际理解、交流、合作、发展的特征，其人文精神当中应该包含更多的终极关怀（即对人类命运和人生意义的深层思考）和终极价值（即最高价值，如真善美）的因素。（杨岚，张维真《中国当代人精神的构建》，人民出版社，2002年版第215页）过去，我们比较强调教育的本土化，现在，要努力实现本土化与国际化的平衡和融合。这种变化必然深刻地影响到基础教育人才培养的规格要求。解读新一轮课程改革的目标，不难看出其中相应的内涵。

第二，在行动上，中国教育包括基础教育在内，应该更多地加强国家之间、地区之间的交流与合作。培养世界公民不能只是停留在口头上，教育的运作模式应该得到相应的改变。在全球化的环境中，跨地区、跨国家的学校合作交流应该变得更加普遍。这种交流与合作一方面可以促进基础教育竞争水平的提高，另一方面可以为人的成长提供直接的平台。

第三，充分重视和加强德育工作。全球化进程加速所带来的必然结果就是人类多种文明、文化的融合与叠加。在这种形势下，我们对文明与文化必须形成一种容纳与坚守的态度。一种文化之所以成为文化，与它自身特定的内核是密不可分的。这就是人们通常所说的，只有民族的，才是世界的。伴随着全球化进程，各种复杂的意识形态特别是西方消费主义文化泥沙俱下，文化的冲击使改进和加强德育工作变得日益突出。

三、市场化与课程改革

历史的发展充分说明，市场经济孕育、成熟的过程，是生产力不断解放和发展的过程。在改革和发展的世界潮流中,我国的市场化程度得到了历史性的提高。1978年以来,中国的市场化改革有效推进:从农村改革到城市改革;从推进商品经济发展到1992年确立了建立社会主义市场经济体制的改革目标;从肯定市场对资源配置的基础性作用和发挥市场机制作用到以政府管理体制改革和职能转变为中心全面推进市场化改革。每一步都取得了卓越的成就,受到了世人的关注。市场化趋势对教育和课程改革的作用集中表现在三个方面:

第一,教育办学体制、管理体制在市场化环境中正在发生深刻的变化。尽管人们不赞成"教育市场化"的口号,但市场化的大环境对教育的影响是深刻的、深远的。过去,教育的投入和管理方式以国家投入和管理为主,以集体投入和管理为辅,即所谓的分级办学、分级管理。市场化对教育的参与正在改变着这种结构。在政府责任进一步明确并要求切实承担的同时,教育投入的市场化份额得到很大的提高,民办教育的兴起就是例证。体制的变化使人们更加完整地认识到了教育与社会系统的关系,促进了教育与社会生活的密切联系。

第二,市场化程度的加深提高了教育的主体意识。过去的教育基本上处于中央和地方的政府集权化状态,教育当中的每个人唯一要做的事情就是服从和等待。这种集权化机制甚至形成了中国教育的一种根深蒂固的文化,渗入到了教育的每一个环节、每一个细节当中。比如,我们过去的课程意识就可以概括为"简单执行",过去的所谓课程改革实质上也就变成了"重新指令"和"执行新的指令"。我们说新 轮课程改革与过去有着本质的不同,这种区别,集中体现在课程主体的多样化和人的创造性的提高方面。

第三,教育的培养目标、教育内容和人才培养模式必须适应市场经济体制的构建。这是最重要、最深刻的变革要求。从"依附性"为主要特征的"计划人",走向主体性得以张扬的"市场人",教育的培养目标必须做出重大调整,社会主义市场经济体制的"意识形态"怎样才能获得社会思想文化的主流地位?学校德育内容必须变革。培养目标、教育内容的调整必然要求人才培养模式的改变。

四、城市化与课程改革

城市化与工业化是一种伴生现象,是指由于社会生产力的发展而引起的城镇数量增加及其规模扩大,人口向城镇集中,城市物质文明和文化不断扩散,区域产业结构不断转换的过程。我国1978年的城市化水平仅有17.9%。改革开放后，我们越来越清醒地认识到，城市化是由农业人口占很大比重的传统农业社会，向非农业人口占多数的现代文明社会逐步转变的进程，是工业化、城市化、社会现代化三位一体的文明演变过程。目前我国工业总产出的50%，国内生产总值的79%，国家税收的80%，第三产业增加值的85%，高等教育和科研力量的90%以上，集中在城市（杨九俊《挑战与对策》，江苏教育出版社，2002年4月版第7—8页），城市化水平在36%左右。但与发达国家相比差距仍然很大。党中央已明确，城市化在今后若干年将成为我国经济社会发展的重点战略之一。

面对着城市化发展，教育必须做好相关的准备：

第一，在城市化的进程中，教育对于社会生活的主动干预作用越来越大，教育集中地体现着社会的文化发展。城市化进程不仅体现在城市规模的扩大上，同时还体现在文化的积累和发展上。只注重物质层面积累的城市仍然是一个不成熟的城市。

第二，城市化对教育提出了“效率”的问题。城市化对教育格局的影响，体现在优质教育资源的扩大方面。扩大了的优质教育资源必将提高基础教育的总体效率。过去分散、低效的基础教育是与传统的农业文明和农村社会形态相适应的，城市化为我们提出的问题，不只是把学校建在了城市，更重要的是，教育格局的变化必须以追求效率为目标。只有富于效率意识的基础教育，才真正适应现代化社会发展的需要。

课程改革正体现了教育已经“内在”地应对着这些挑战。

注：本文发表于《现代特殊教育》2003年第7—8期。

世界各国中小学课程改革的主要趋势

一、课程改革在教育改革中处于重要位置

在社会整体结构中，教育相对于社会政治、经济而言，其变革和发展相对滞后，正如课程史家们发现的那样：当社会开始广泛关注教育以至学校当中的课程问题的时候，往往也预示着社会发展遇到了困难，社会发展出现了困难，往往也就把希望寄托在教育之上。在这种情况下，学校教什么、怎么教的问题就会受到更多的关注。比如，美国在20世纪50年代末受到了冷战的压力，以及苏联人造卫星的挑战，全国上下都深感尖端人才的匮乏。为适应社会对高层次竞争人才的需求，中小学教育的课程发生了很大的变化，高质量的学术性课程受到了广泛重视。学生自觉选择的课程门类减少，必修课程大幅度增加。80年代以后，世界政治格局发生了重大变化，经济社会发展开始向全球化、信息化、知识化转型，国际竞争日益增强，公民素质和社会适应能力问题受到了各界人士的关心，社会出现了“高质量教育”改革的要求。这种要求在课程当中得到了鲜明的反映：中小学教育提倡文理并重，要求每个学生在中小学阶段都应该学完且具有较高质量12年课程，各州、学区和学校都要为学生设置平衡的课程，选修课数量得到一定控制，课程当中大量增加环境保护、国际理解、全球化竞争等相关的内容。这种现象有很大的普遍性，如日本、法国、俄罗斯、新加坡以及我国的台湾、香港等地，也都在最近的20年当中，

加快了课程改革的步伐，以此提高基础教育的质量，并最终实现提高国际竞争力、促进社会转型和发展的目标。正如王湛副部长指出的那样："我们必须看到，世纪之交，基础教育课程改革在世界范围内受到前所未有的重视。近年来，世界许多国家特别是一些发达国家，无论是反思本国教育的弊端，还是对教育发展提出新的目标和要求，往往都从基础教育课程改革入手，通过改革基础教育课程，调整人才培养目标，改变人才培养模式，提高人才培养质量。这些国家都把基础教育课程改革作为增强国力、积蓄未来国际竞争力的战略措施加以推行。"

二、主导当代各国课程改革的基本教育思想

1. 教育民主化思想

教育民主化是教育改革永恒的追求，其主要内涵是：第一，教育面向每一个人，教育民主首先要解决的是受教育者的机会问题；第二，满足基本的学习需要。教育民主化更高层次的要求，表现在儿童的学习过程中。正如联合国教科文组织《学会生存》报告中指出的那样："给每一个人平等的机会，并不是指名义上的平等……机会平等是要肯定每一个人都能受到适当的教育，而且这种教育的进度和方法是适合个人的特点的。"这一点，对于基础教育课程改革，具有更加直接的规范意义。

2. 回归生活的教育哲学

联合国教科文组织 20 世纪 70 年代发表的《学会生存》和 90 年代发表的《教育——财富蕴藏其中》集中地反映了回归生活的教育哲学转向。《学会生存》提出，学校教育在人对社会的参与中发挥"强大的统一作用"，"教育促使儿童进入一个道德、智慧和感情融洽一致的世界"，要求教育主动地"改变社会和使社会具有人性"，培养学生"承担社会义务的态度"。《教育——财富蕴藏其中》则进一步把"学会认知""学会做事""学会共同生活""学会生存"作为教育的四个"支柱"，回归生活的教育哲学对课程改革提出了两个方面的要求：第一，"为了生活的课程"，课程和教育改革的目的，不是使儿童远离生活，而是使儿童生活化地发展；第二，"生活中的课程"，即，课程和教学只能在生活中展开。只有把握住回归生活的教育哲学发展方向，才能真正理解新课程对儿童"已有经验"和"社区生活"的关注。

3. 建构主义思想

建构主义(constructivism)是当代西方国家兴起的一种社会科学理论。

建构主义对当代教育改革产生了一定的影响，这主要与它对人的认识和实践行为的本质的看法有关。建构主义认为，“事物的真正本质不在于事物本身，而在于我们在各种事物之间构造，然后又在它们之间感觉到的那种关系”。长期以来，很多教师都“固执”地认为，学生的知识来自外部，是内心对外在的“接受”，我们“教给”学生多少，他们就掌握多少。因此，老师们并不关心自己与一群孩子结成的“关系”，并不关心儿童实际所处的“教学情境”，他们只关心“自己的讲义夹里有多少知识点”，他们认为，自己准备得越多，学生得到的就越多，“发展”就越好，这种“灌输”的传统根深蒂固，很难改变。新一轮的课程改革正是试图在这一方面打开缺口。建构主义教学思想强调学习的主动性、自主性，认为学习是主动的意义建构的过程；强调主客观统一，认为学习不仅在学习客观知识，还有学习者主观的经验在发生作用；强调学习的独特性，认为每个人的学习都有个别性的特点；强调学习的互动性，认为学习的新知识与原有经验、知识在一定的情境中要发生互动作用，等等。

4. 后现代思想

后现代思想的根本，简而言之，就表现在与“现代”思想的对立上。“现代”思想的核心，在世界观、认识论方面表现为确定性和目的性，在价值观方面，表现为对人类理性的崇尚。量子物理学的诞生打破了人类对事物“确定性”的信仰，20 世纪中期以后的文化危机更让人类看到，仅靠“理性”建立起来的“秩序”，并不能完全解决社会当中的问题。由此，后现代思想获得了前所未有的信仰基础。后现代思想对人类思维方式产生了革命性的影响，这种影响也必然波及人类的一切社会行为。教育以及课程也同样如此。我们的教育当中，确实存在着大量的由于理性膨胀而产生的扭曲。比如，在我们的眼中，教学一定是实现某种既定“目的”“目标”的过程，为了追逐这些由理性设定的目标，人们甚至全然不顾丰富而复杂的过程、经历。理性的逻辑试图演绎出教育的一切“意义”，人在教学过程中的完整“生命”被抽象得只剩下理性的支架，于是，人的情感、人的浑沌而不分明的“心灵”、独特的历程就失去了应有的价值。正如笛卡尔所说的那样，“人群”成了一架架“精确”运算的机器！后现代的教育思想正是不满于这种现状。它试图使教育、教学、课程的内涵变得更加丰富，更加具有即时性、境遇性、模糊性。实际上，它所追求的也正是让教育闪耀完整的人性的光辉，正如多尔所宣称的那样，在教学当中，“没有人拥有真理而每个人都有权要求被理解”。

5. 人本主义思想

在对待人与社会的关系方面，人本主义不再把人当成是实现“宗教”“国家政治”目的的工具。“人”以及人的“生存过程”本身就是目的。人本主义教育要求不再把学生当作“对象”，当作实现“人”以外目的的工具。人本主义教育要求正确理解、对待个性。首先，“个性”意味着“个别性”和“多样性”——每个人都是不同的，因而也是必须受到特殊对待的。当教师面对着若干各不相同的“个体”时，“教学”的意义就会发生根本的改变。其次，“个性”意味着“完整性”。把人的智力、身体、情感、价值分割开来“培养”的任何行为，都是一种将要伤害到个性的危险尝试。理解了个性的完整性，教育的“综合化”才能真正获得长久的力量。“个性”还意味着各不相同的“展开过程”。“个性”不是在某个时间段里可以“固化”和“定型”的铸造品，个性本身就是一个不断趋于完善的过程。

6. 终身教育思想

终身教育提倡“无人不学”“无处不学”“无时不学”，根据终身教育思想，我们可以更加清楚地看到基础教育的本质。首先，基础教育只是人的毕生发展的一个阶段。基础教育无法满足人的一生的发展需要，但它的根本在于，能够而且应该为人的一生发展奠定基础。其次，基础教育的真正任务，在于“促进”人的发展。所谓促进，就是要打破一切影响和扼制人的毕生发展的桎梏，使基础教育成为儿童的“尝试”和“积累”过程，为后续发展提供“动力”、创造“机会”。

三、近年来世界中小学课程改革的主要特征

1. 中小学课程改革目标更加明确

20世纪50年代以后，“课程改革”自身的专业化水平越来越高，一个突出的表现就是，课程体系与社会的其他体系，如职业体系、经济体系、文化体系等的关系受到自觉的关注，课程改革的目标得到更加全面的论证。特别是在世纪之交，全球化的社会经济文化转型使每一个国家的教育者都开始认真思考教育的目标、人才培养的改革问题。

2. 政府力量的参与

政府力量的参与表明，课程改革已经不再单纯只是学校当中的事情，课程问题在近年来受到了越来越多的社会关注，即使是像英国、美国这些地方和学校自主性很强的国家，政府也在不断投入巨大的人力和财力，以推进中小学课程的变革。

3. 课程的适应性增强

“自主和计划”“必修和选修”从来都是课程中的“两极”，以往的课程改革也大都会在这两极之间出现“钟摆”现象。近年来世界各国的课程改革开始逐渐试图摆脱这种两极化的摇摆现象，更加强调课程的适应性。课程管理也越来越倾向于采用集权和分权相平衡的模式。

4. 更加强调与生活相联系

20 世纪 80 年代以后，“民主、平等、生存”等成为世界发展的主题。为克服全球性环境恶化、资源的掠夺性开发以及更加广泛的文化冲突问题，中小学教育开始更加关注现实的生活，关注不同人群生活的差异和文化的差异，倡导一种和平共处、相互尊重的一体化的生存方式。人不再被要求抽象地生存，而是要努力实现对于当前生活的回归。

注：本文发表于《现代特殊教育》2003 年第 7—8 期。

在思想的碰撞中前行

关于新课程是否“轻视知识”，学界重量级人士挑头展开了激烈的争论。

关于学生个性的培养，在与公共规范、共同素养的要求之间，怎样准确地定位、有机地融合，理论界见仁见智，实践层面“钟摆”的晃动幅度令人担忧。

关于一些学科课程标准，反对的声音来头之大，措辞之激烈，超乎预料。

关于高中课程改革，有媒体列出思想的碰撞，如：要不要推进课改；高考与课程改革是什么样的关系；怎样创造课程改革的环境；如何化解学生过重的负担；怎样争取社会的支持。

走进学校，从考试的作用，到一节课的评价，一种教学行为的评判，各种争论之声，随时可闻，不绝于耳。

但是，不管怎样评说，如何争论，课程改革还是要往前走，包括批评者在内，大概都不会允许中断课改，重回旧课程。课程改革作为一个庞大的系统工程，一场深刻的社会变革，不仅仅是学校内部的事，不仅仅是课程教材的变化，还涉及制度和文化，涉及社会的方方面面，它注定要引发震动，引起争论，注定会在激烈的思想碰撞中前行。

我们怎么办？我想，首先要有点宏观思维，要从经济社会发展的大趋势看课程改革的必然性，从旧课程的繁难偏旧看课程改革的必要性，从国际竞争的白热化看课程改革的迫切性，从人才培养模式的转型看课程改革的深刻性。跳出旧我，跳出一己，跳出学校，跳出教育，增强使命感、责任感，对课程改革坚信不疑，坚定不移！

我们应该加强学习。课程改革必然伴随着教育思想的大讨论，也应当是一次现代教育思想的大普及。新课程必然会给我们带来某种陌生感，新课程肯定会对我们的本领和底气提出挑战。我们应当认真读书，观察生活，让新的知识、思想、感情，如不断流淌的淙淙小溪充实着思想的江河，逐步取得参与思想碰撞的话语权。

我们应当学会思考。新课程是一个不断面对问题，挑战问题，解决问题，又生成问题的螺旋上升的过程。面对课程改革问题，要勇于直面不同的声音，要学会思考。比如，语文课程，经常讨论工具性与人文性统一的问题，但有的教师一讲工具性，就可能把语文逼死，而有的教师一讲人文性，又可能将语文架空。这就需要我们在学习中思考，在实践中探究，真正把握语文课程的本质规律。什么是工具性？高中语文课程的工具性是指较强的语文运用能力，一定的语文审美能力和探究能力，不能把工具性理解为就是大括号、小括号，加点的字，ABCD，知识短文。什么是人文性？一是指对母语的热爱，把母语作为我们的生命体验、生活方式、生存方式；二是教科书深广的人文内容；三是教学过程中的情感、态度价值观，而不是理论的说教，不是大唱政治高调。如此理解，再看各执一端的争论，是不是会少些烦恼？

我们更应该认真实践。从文本的课程到实践的课程，从理想的课程到现实的课程，从行政的课程到学校的课程，最重要的是广大教师在教学中，在课堂上，走进新课程，建设新课程，创新新课程。许多争论的问题，只有在实践中才能找到正确的答案。课程改革实践要有冲动的激情，课程不是无情物，师生是有情人，有理想，有追求，会创造很多积极的可能性；课程改革实践要提倡科学态度，反对形式主义，反对功利主义，脚踏实地，实事求是，打好持久战，对历史负责；课程改革实践要有理性思考，理性可以使课程改革的热情持续而长久，可以使课程改革的实践更有品位和价值；课程改革实践应当建设共享文化，加强协作，加强交流，相互促进，共同提高。实践出真知，真心实意的课程改革实践，必然会使我们更有思想，更加成熟。在思想的碰撞中，必然会更多地看到我们一线教师的身影。

在思想的碰撞中前行，“路漫漫其修远兮”，让我们共同努力！

注：本文发表于《江苏教育研究》2006 年第 1 期。

样本先行　引领发展

——关于课改样本校建设的实践与思考

普通高中课程改革启动以来，各地教育行政部门普遍采用了“样本引领”的推进策略，样本校的选择，一看代表性，要求在同一类学校中有典型意义，有助于从特殊中见一般；二看积极性，要求学校的办学理想与课改的价值追求合拍，对改革有强烈的内在需求；三看创造性，要求能够不断发现新问题，寻找新策略，创造新经验。由于这些学校原有的影响力，由于“样本校”这个名称赋予的标识性内涵，由于其中的佼佼者已经奋力前行并为人们瞩目，因而，样本校的建设已经成为关乎高中课改全局的战略性命题。笔者主要从江苏高中课改的实践出发，建议样本校在八个方面先行一步，以求真正发挥引领发展的作用。

一、在学习理解方面先行一步

课改的过程是一个不断学习、探索的过程，无论是“为什么”，还是“是什么”“怎么办”，都需要在实践中反复学习、深化理解。仅以培养什么人说，这是新课程的起点，又是前行的目标。不断领会培养目标的精髓，才能从本质上真正把握课程改革的走向。第一，应当了解国际上关于基础教育培养目标的共性追求。这主要集中在：公民的责任感较强；有良好的个性；具有创造性与批判性思维；有交流、合作能力与团队精神；有一定的信息素养；初步具有国际视野。第二，应当认识我国基础教育的培养目标。这主要集中在：政治思想素质较好；社会责任感较强；基础扎实并且可持续发展；具有独立思考、创新、实践能力；科学、人文素养相融共长；身心健康。第三，应当领会普通高中在坚持基础教育培养目标的同时特别强调的内容，这主要集中在国家意志、公民意识、学习品质、生活能力、合作精神等方面一些更高的要求。第四，应当依据办学传统和教育哲学，将培养目标校本化。比如南京师大附属中学的培养目标是：致力于培养未来的社会领跑者——以天下为己任，具有创造性人格特征的人。江苏省锡山高级中学的培养目标是：体貌谦恭，学养厚重，襟怀旷达，志趣高远。这些培养目标在一定程度上体现了这些学校的文化特征。第五，应当把握学科课程承载的具体任务。比如"培养什么人"在语文课程中就集中表现在培养学生的语文素养，这个语文课程最核心的概念反映了语文课程整体目标的追求。第六，应当理解培养目标与具体目标的关系。具体目标回答了怎样做的问题，是围绕培养目标的达成制定的。这些"关系"的规定性提醒我们，认识、讨论课改问题，必须回到"培养什么人"这个最基本的问题上。如是，我们就会少了许多困惑和迷惘。

二、在规范执行方面先行一步

人们在讨论课程改革时经常谈论到"落差"现象。诚然，从理想的课程到现实的课程，从理论的课程到实践的课程，从政府的课程到学校的课程，从官员、专家的课程到教师、学生的课程，其中的"转换"，难免会因为理解力、执行力、创造力不够而形成落差，但我们还应看到另一种情况的存在：主观地故意使课程被肢解，使课程不完整，使课程遭"打折"。比如，一味对准高考科目，任意增删课时；统一"选修"，无法体现多样选择；校本课程、综合实践活动走过场，应景而已。样本校在这方面应当做出榜样。这主要是一个认识问题，一是要强化依法治教的意识，课程方案是国家意志，必须执行；二是要从培养目标出发检讨缺失，有什么样的课程结构和内容，是由培养目标决定的，如果执行走形了，培养目标就难以完整地达成；三是要跳出高考看教学，任何学校都需要考虑怎样激活师生的创造力，激活学习潜能，有些社会实践类课程在这方面的功能是无可替代的。

三、在基础性建设方面先行一步

课改的基础性建设，包括：①场馆、实验室的建设。新课程增加了实验的内容，提高了实验的教学要求，新设了通用技术等课程，都对办学条件提出了新要求。江苏省海门中学以建设数字化实验室、机器人实验室、一体化理化生实验室为主线，以装备文体艺术楼、吉兆电子楼为两翼，建成了3 000平方米的电子科技楼、5 000平方米的多功能艺术楼，改建了理、化、生实验室，新建了数字化实验室、机器人实验室、汽车驾驶实验室，校园网络也遍布了各个教室、办公室、图书阅读室。设备条件的改善，不仅加强了理科教学，而且为通用技术“必修＋选修＋特长”的校本化开发奠定了物质基础。②组织建设。新课程需要新的组织形态、选课、走班、研究性学习，以及新的评价制度，这些都催生学校内部组织的变革。有些学校打破年级、班级界限，围绕专题研究性课程创新组织形式，学生是整体意义上的学校的，而不仅仅是哪个班的，教师也是许多学生共有的，而不仅仅是哪一个或几个班的，其间的收获恐怕远远不是纸笔测量的结果所能涵盖的。有些学校创建课程管理处、资源建设处取代教务处、总务处，组织形态的变化实质上反映了课程思想的更新。传统的一些组织形式，如教研组的建设正在注入新的内涵，也是值得关注的。③制度建设。许多学校已经在选课、学分认定、校本培训、校本教研方面形成了一些新的制度。样本校在这方面还有很多创造空间。④资源建设。课程资源的开发与利用是课程建设的重要组成部分。许多学校近两年都在这方面做出了富有成效的努力，如江苏省南通中学将显性资源与隐性资源相融合，既重视校本教辅资料的编写，又重视“难忘教育”的研究与实施；将校内资源与校外资源相融合，把社区以及省内外、国内外的学生社会实践基地和教育机构纳入课程资源的视野；将个人资源与集体资源相融合，搭建全校共建共享的资源平台。

四、在探索研究方面先行一步

新课程的实施本身就是一个研究的过程、问题解决的过程，江苏省镇江第一中学甚至把课题研究放在“引领”的位置上，以问题引发课题研究，以课题研究引领课程开发，以课程开发促进课程改革，取得了很好的成效。从研究的一般意义上说，我们首先要关注问题的生成，强调基于实际，基于实践，基于实感；第二，关注重点、难点，围绕重点做研究，碰到难点不回避，期待对学校课程实施形成全局性影响，期待通过研究将课改切切实实地向前推进；第三，关注课题的形成，可以将一些有价值的问题提炼成课题，以便进行持续研究；第四，关注理论与实践的联系。努力用先进的教育理论解释教育行为，又善于从丰富的实践中总结鲜活的思想；并不排斥用一般指导、验证特殊，更要注意从特殊出发，从个别出发，从感性出发，去理性思考，去归纳一般；在教育微观层面的研究中，尊重教师们创造的教学经验，又注意把这些好的经验向技术层面提升，以便于更好地推广。

五、在机制创新方面先行一步

首先要认真研究课程改革的内在需求：我们需要创新哪些机制？其次，要认真关注已有的经验。第三，要基于需求、基于经验，构建课程改革顺利运行的基本机制。从江苏普通高中课改实践看，我们已经在以下几个方面有了许多成功的探索：①加强课程领导，促进全面发展。如南京师大附中努力培育学校的课程自觉，培植学校的课程能力，促进学校的课程发展，追求高品位的课程质量。②关注课堂，提高教学效率。如江苏省淮阴中学、江苏省泰兴中学都把“有效教学”作为全校聚焦的研究重点。③重视综合实践活动课程和校本课程的建设，形成课程实施的新亮点。如江苏省扬州中学、江苏省锡山高级中学在百年课程探索的基础上创新开发了高品质的校本课程。④重视校本培训、校本教研，打造学习型组织。如江苏省常州高级中学、徐州市第一中学等都在构建教师专业发展机制方面初见成效。⑤开展校本评价。金陵中学对过程性的评价有基于深刻理性思考的实施方案，江苏省兴化中学实施“教学档案评价”，都有鲜明的校本特色。当前，我们亟须在初步探索的基础上认真总结提炼，形成机制，全面推广。

六、在课堂教学改革方面先行一步

新课程的推进，不能回避教学的问题，应该关注教学，聚焦课堂。课堂教学改革，第一，是要坚持对“知识与技能”“过程与方法”“情感态度与价值观”三维目标的准确理解。以“过程”来说，不等于有了“过程”就有了质量。我们理解的“过程”：①应当是面向全体学生的，而不能让一部分学生边缘化；②应当是共性学习与个性学习统一的，在班级授课制的情况下，全班同学有共性的学习过程，每个同学又能有个性的学习过程；③应当是个体学习与合作学习结合的，个体与个体、个体与小组、小组与小组、教师与个体、教师与群体等合作学习都能成为学习过程的有机组成；④应当是学生有效思维生动展现的，在某种意义上，思维的时间长度决定了教学的效率；⑤应当是与教学、学习方式匹配的，方法决定过程，教与学还应有互相适切；⑥应当是课内课外衔接的，书本知识与生活经验，间接知识与直接感悟，课内学习与课外的学习和运用能够有机结合。这样的“过程”其实是与“知识与技能”“情感、态度价值观”融为一体，可以理解为“新课程的”。第二，要围绕有效教学做足文章，抓住教学设计、教学过程、教学评价三个环节。针对许多教师“备课不够”造成效率不高的情况，当前特别要重视研究“为什么教”“教什么”，要让教学设计成为教学的第一次“生成”，在备课时就能超越教参，超越自我，成为生成性“预设”，这样才能对教学过程有更高的期待。第三，要优化教学管理。首先要强调教学管理是涵盖课程结构中所有领域、科目的，包括研究性学习、校本课程，教学管理应到位。其次，应该旗帜鲜明地反对月考，不要让正常的教学经常被无端地打断，要在建立校本的科学的教学监控体系上花工夫。再次，引导教学走向常态，不因高考和学业水平考试随意调课、加课。最后，管理要以发展性为内核，注意用管理激活教与学的积极性，促进教师和学生更好地发展。

七、在特色创造方面先行一步

在新课程推进的过程中，讨论学校特色建设：第一，要把学校课改方案与学校长期的发展规划整合在一起，在学校的整体发展中，加强以课程教学改革为核心的特色建设；第二，应充分认识到学校的特色建设是规范＋创新、全面＋特长，不能企求“一俊遮百丑”，剑走偏锋；第三，学校特色发展要在历史传统与现代文明的结合点上做文章，如苏州第十中学那样，织造文化传统与时代精神的“双面绣”；第四，加强学校文化建设。学校文化的内涵是丰富的，我的同事孙孔懿先生对“特色”有精彩的论述，根据他的理解，其“特”，不仅在“人无我有”，“人少我多”，“人有我优”，也在“人有我无”，“人多我少”，比如人家布置的作业多，我布置的少，这也是“特”。其色，一在颜色，显见的；二在成色，内在的品质；三是春色、秋色之“色”，弥散性的。因此对学校特色要加以整体的理解，要在创新文化特别是课程教学文化上下工夫。

八、在发挥影响辐射作用方面先行一步

样本校，“先行”“引领”是题中应有之义。怎么“引领”？首先要在区域内打造发展共同体，发挥好示范、引领作用；其次，要加强与本区域内外学校的合作，可以是同类型、同层次学校的合作，也可以研究专题凝聚力量，开展合作，合作的过程本身就是发挥影响、辐射作用的过程；第三，要努力把样本校打造成“教师进修学校”，让学科基地成为骨干教师的“流动站”，在培养学科骨干方面充分发挥作用；第四，对样本校的经验要加强总结，认真提炼，适当宣传。做了就说，边做边说，对更好地“做”是有积极意义的。

注：本文发表于《江苏教育研究》2008年第2期。

学校课程能力“再造”

——基于江苏省若干所学校的案例分析

学校课程能力建设已经成为一个紧迫的时代命题。包括课程改革在内的教育改革推动着学校体制和组织的变革。为适应学校选修课程、个性课程、弹性课程的实施需要，学校教育教学的组织方式发生了重大变化：从单一的班级授课制向小班制、选班制、走班制、年级制等更多样和更弹性的方向发展，以便为学生提供更适切、更个性化的教育。这一深刻变化，不仅要求学校具有更强的课程实施能力，而且要求具有更广泛、更普遍、更具体的课程规划、设计、组织和开发的能力。

随着网络技术在学校的普遍运用，学校的技术化程度和数字化水平不断提高，不仅深刻影响到学校的行政管理和日常生活，而且广泛渗透到课程、教学、学习的每一个方面：普通教室、专用教室、实验室及学校环境的数字化，课程教学资源的数字化，教学流程的数字化(包括预习、提问、作业、训练等)，师生互动、生生交流的数字化等。现代技术已经为学校课程建设提供了充分的手段和保障，为学习方式和教学方式的变革提供了多种丰富的选项。问题是学校能否借助这一手段，变革学校课程与教学的形态，建构更加便捷，更具交互性、个性化和多样化的学校课程。

学校课程能力体现学校的综合实力

从实践角度看，学校课程能力构成了实现学校教育目标的行动能力，具有专业性、个性化和开放性的特点，集中体现学校的办学理念和教育哲学，突出地反映在师生的日常行为之中，因而是一种全面提升学校发展的综合实力。

学校课程能力直接表现为课程规划、开发、实施、管理和评价等学校行动能力，间接表现为内蕴在行动背后的课程领导、整合、协同、创新的理性能力。它指向学生的学习和发展，直接关系着学校教育目标的实现，它既是一种行动能力，也是一种教育和课程的理解能力，更是这种行动力和理解力所带来的实践成效。笔者通过江苏省大规模、大样本的普通高中教学调研证实：学校的课程能力建设与学生学习的满意度、教师教学的成就感、课程管理的有效性、教育质量的排名等具有明显的正相关。

学校课程能力是专业的、校本的、开放的。学校课程能力的主体不属于一个人或个别人，而属于学校这一特定时空范围内，由校长、教师、学生、家长、社会成员共同参与的，“为了学校、基于学校、在学校中”而形成的课程建设“合力”。比如江苏省盐城第一中学的“低碳教育课程”具有极强的专业性。首先，学校与南京大学、清华大学新能源研究中心、华风电研究中心等机构合作建立了碳测量实验室、光伏实验室、风能实验室，设置了空气中二氧化碳浓度、碳循环等 50 项实验。其次，结合低碳实验室建设，编写了符合高中学生能力水平的《低碳实验室实验指南》，开发了 50 多个探究和验证实验。再次，开发了《低碳校本教材》《低碳简明读本》等系列校本教材，包括低碳缘起、环境保护、清洁能源等方面的内容。盐城一中将课程内容的专业性和教学的专业性有机统一和融合起来，而这种统一和融合是在开放的学校环境中，通过个性化的方式实现的。

学校课程能力凝结在学校教育设施和基础条件之中。学校课程能力不仅表现在全校师生的课程与教学行为上，而且表现在为课程教学所提供的基础设施、教学设备和学习环境上。如江苏省锡山高级中学围绕语文学科所提供的课程与教学的基础设施包括：①语文多功能教学实验教室 54 间；②全开放式师生阅览厅 1 个；③200 座全开架阅览室 2 个，电子阅览室 2 个；④影视与实验剧场 1 个；⑤语文学术会议厅 1 个；⑥120 座演讲厅 1 个；⑦120 座辩论厅 1 个；⑧文学编辑室、专业网站、影视制作室各 1 个；⑨专题研究室、社团活动室、作家书房若干；⑩语文教育史专题展区 3 个。

恰恰是这样的基础性条件，从一个很重要的方面体现了学校课程能力的高低。学校课程能力的概念要求重新界定学校发展的基础条件，它不再是一般意义上的学校硬件建设，而是将硬件建设配置到教育教学的核心环节——课程与教学中；不是“普适性”的硬件配置，而是与学校课程规划和课程设计相匹配、相统一的“特色化”的硬件配置；不仅仅着眼于教师教学的硬件配置，更着眼于有利于学生个性化学习、交互学习、共享学习的硬件配置。这样一种渗透了课程与教学“内涵”和“意义”的硬件，能够有效区别于学校大门、大楼、广场等的建设，体现的恰恰是学校内涵与特色发展，全面提高教学质量的“硬实力”。

学校课程能力建设的初步经验

笔者及课题组的部分核心成员借参与省教育厅全省高中新课程实验教学视导的机会，在全省范围内共发放学生问卷 1 500 份，覆盖高一、高三的学生，教师问卷 900 份，覆盖各学科，并对数十所高中进行深度访谈。在此基础上，我们总结了学校课程能力建设的几条经验。但是，必须要指出的是，学校课程能力是一种复杂情境下的专业能力，必须在课程与教学的特定情境中，在不断实践的过程中进行锤炼。

（一）基于学校发展的学校课程规划研制

常州高级中学根据学校未来发展的实际，研制了《江苏省常州高级中学学校课程的设计与实施》作为学校课程的总体规划，全面设计学校的课程建设和发展。学校明确提出“课程统整”的规划思想和思路，“即以学校为单位，对国家课程、地方课程和校本课程进行校本化的重组”，体现了学校对课程的理解力和建构力。学校设计了“以学习领域为主线、学术课程为主体、学术课程与活动课程相结合的学校课程框架”，从而形成学校课程的三大系列：学术课程、活动课程、特别课程，并从类别、价值取向、具体课程、设计意图四个方面进行课程范畴的描述，进而建构不同系列课程的具体形态。如学术课程包括“必修课程”“选修课程”和“自修课程”三类，鲜明体现了学校课程的设计、创新和表述能力。

学校课程规划直接影响学校内涵发展的整体水平，直接关联学校课程发展的方向和基本特色。精心研制学校的课程规划，可以全面提升学校课程的决策、设计和开发的能力与水平，可以说是抓住了课程能力全面提升的核心和关键。

（二）指向学生发展的关键能力和核心素养

南京师大附中江宁分校基于南师附中学校和课程文化的传统，根据对本校学生的认识、理解和研究，明确提出学校课程体系和课程结构着眼于学生发展的六大能力目标，即培养学生较高的身心健康水平、较强的阅读理解能力、较强的表达表演能力、较优秀的思维品质、较强的行动实践能力、较强的交流合作能力，构建以丰富性、选择性和层次性为主要特征的个性化的课程体系，并将学生发展的关键能力和核心素养落实到具体的课程设计中。如把培养较强的阅读能力具体落实在校本必修课程“经典阅读”中，规定非毕业年级开设中文阅读课与英语阅读课，每周一课时并排入课表，学校规定高中三年学生的课外阅读量中文不得少于200万字，英文不得少于40万字，对学生的“阅读量”“阅读面”“阅读的方法与策略”的规定高于课程标准的要求。

一般而言，课程目标指向学生发展目标及其发展的可能性，课程结构指向学生的基本素质结构，课程水平则体现着学生的发展水平。从更深的层次来说，学校课程能力不仅取决于对学生一般发展和国家统一的培养目标的认识和理解上，更建基于对本校学生学习和发展的全面认识、深入理解和准确把握上，建基于对本校学生培养目标的独特理解和认识上。因此，学校课程能力在相当程度上体现在课程与教学中以及课程设计、规划与实施中，是教育者对本校学生的认识、理解、研究的能力。从对学生的一般认识和理解，到对本校学生的具体认识和理解，再到形成课程与教学的具体设计这样三个层次，明确指向形成学生发展的关键能力和核心素养，学校课程能力就具体化地展开并表现出来。

（三）基于课程实践的行动化的开发程序

姜堰二中基于学校“本真教育”的基本理念，开发具有本真特色的校本课程。校本课程开发从大规模的学生需求调查开始，采取分层整群抽样的方法，对4 000名学生进行了调查，问卷回收率为89.23%。学生需求如下表显示：

年级	专题讲座(%)	实践活动(%)	比赛展示(%)	兴趣小组(%)
高一	13.2	38.9	28.7	49.2
高二	17.4	18.2	21.2	43.2
高三	22.3	27.4	22.3	48.0

在个别访谈中，学生能够清晰地认识不同类型的活动具有不同的功效："兴趣小组"追求个体发展，"比赛展示"崇尚竞争取优，而"实践活动"则以共同发展为目标，着眼社会性交往的能力。在问卷的相关选项中，20.4%的学生认为理想的校本课程应"自由选择"，39.3%的学生把"和他人一起思考和探索"作为理想校本课程的首要特征……

学校课程建设应着眼于本校学生的发展实际，以本校教师为主体，以实践为主线，其实质是学校的课程行动研究。姜堰二中的校本课程开发就体现了这一特点，即首先从本校学生的需求调研开始，针对学生发展的实际，建构学生发展需要的学校课程，这是非常典型的学校课程行动研究的开端。

(四) 建设以教师为主体的学校课程开发共同体

太仓高级中学共有十多位教师应邀在全国作了100多场讲座，听课教师超万人；由物理组主持的"物理教材开发与教法研究"项目获江苏省基础教育教学成果一等奖。他们的做法是以省级课题"促进教师专业持续发展的校本培训制度创新"的研究为抓手，建立健全了一系列校本培训制度，组织全校教师制订专业发展五年规划，努力营造了促进教师专业发展的和谐氛围。成立了名师工作室，由特级教师王永元担任导师，吸收有一定发展潜力的中青年骨干教师为工作室成员，提升共同体教师课程领导力和实施力。以课程研修项目为驱动，组织了新教材研究、信息技术与学科整合研究等项目，通过"走近大师，感受经典""同课异构，一课三品""教学展示，经验共享"的系列活动，在同伴互助中提升教师的课程建设能力。教师专业共同体研修经常邀请华东师范大学、上海教科院等课程专家参与活动，借助外力提升教师课程建设能力。

开发学校课程需要建设以教师为主体的学校课程开发共同体。这种共同体目前有三种组织形式：一是学校现存的制度性组织如教研组、年级组等，二是以学校课程开发项目或课题为中心组织起来的教师共同体，三是教师自愿组成的课程研究和开发共同体。制度性的教研组和年级组在传统的学校课程与教学中发挥了重要作用，但具有同质性较强的局限性。而后两种共同体有利于围绕学校课程建设的重大项目，建构跨学科、跨领域、跨学校、跨地域的课程开发共同体，从而避免同质性，保持良好的开放程度。

在学校课程开发共同体中，高水平教师发挥着重要的思想、观念和专业引领作用，地位举足轻重，对学校课程建设意义重大。因此学校课程开发团队要强调合作与竞争的适度平衡，有利于更多高水平教师个体的脱颖而出。可以说，教师为主体的学校课程开发共同体的水平，决定了学校课程开发的水平。学校课程的开发不仅需要教师为主体的广泛参与，更需要多类课程开发主体、多种课程资源（校外）、多种课程要素的共同参与和联合开发，需要形成以学校为中心的教师、学生、家长（专家）、社区等学校利益相关者共同参与研发的学校课程开发共同体。这样才能开发出丰富多彩、类型多样、真正能够满足学生发展需求的学校课程，而在这一过程中则能够有效提升学校课程开发共同体的建设水平。

（五）建设具有鲜明特色的学校课程文化

苏州中学园区校校内保留了一片近万平方米的自然湿地。学校利用这一地域资源优势，依据苏州中学一以贯之的办学理念——“融合东方文化与西方文化，融合现代文化与传统文化”，建设了“学校湿地课程文化”。湿地文化创生与发展的历程也是教师研究从自发到自觉的转变过程。学校所处的“湿地”位于草鞋山、张陵山等良渚文化遗址之间，8年多来师生遍访遗址，开展研究性学习、开设选修课、建立校外活动基地等，带动了“草鞋山文化”的修复。从学校课程建设的基础设施来看，一是建设了湿地生态园，成为引导学生“体验与探究”的大自然课堂；二是建设了湿地文化博物馆——西马博物馆，成为引导学生“质疑与思考”的立体课堂；三是通过多年的研究，开发了教材《湿地》（中英文版）、《湿地文化》杂志，全面覆盖了学生学习、生活、研究的方方面面。学校创办的教师研究社团——“西马学社”，是一个融合自然与人文学科、综合众多教师特长才能的教师学习共同体，社团以课题研究为载体，开展了丰富多彩的课程与教学研究活动，面向国内外学生，开发了湿地游学课程，开展公益性的游学活动。目前共接待了国内外游学师生 5 000 多人次。西马博物馆已被联合国教科文组织亚太地区世界遗产培训和研究中心授予了“世界遗产青少年教育基地”的称号。

学校课程文化是学校文化的重要组成部分，也是学校课程所体现的价值观念、思维方式、行为方式的体现。学校课程建设如果能够体现出某种课程文化的格调和气韵，就达到了课程建设的较高水准。从学校课程文化建设的普遍特征而言，新型的学校课程文化要超越“知识本位”和“学科中心”，形成以“学生发展为本”的文化追求，超越“权威主义”和“普遍主义”，形成合作、对话、创新的文化取向，超越刚性的、静态的、封闭的课程与教学，形成弹性的、动态的、开放的文化品格。无疑，苏州中学园区校的湿地课程文化已具有上述品格。

然而，即使将上述课程文化的普遍特征全部建立起来，也不是学校课程文化的全部。学校课程文化要既基于这一普遍特征而又超出这一普遍特征，形成独特的气质，如南师附中的课程文化是基于几百门选修课程的“大气”特质，南京金陵中学则是基于研究性课程和学习所形成的“求真”特质，而苏州中学园区校则通过湿地课程文化的建设，形成了课程文化的“诗—思”特质，将湿地研究的“诗意”与课程开发的“思性”统一起来。如果说“特色”也是一种“质量”的话，那么具有鲜明特色的学校课程文化则对学校发展形成内在的、长远的、整体的影响，并以浸润和濡染的方式具体而深刻地影响师生外在行为和内在气质，使学校具有一种独特的文化气场和气韵。

注：本文系与彭钢同志合作，发表于《人民教育》2016 年第 1 期。

学校个性、文化传承与校本课程

今天论坛讨论时出现了一些热词，第一是“学校个性”，第二是“文化传承”，第三是“校本课程”，我在这里回应一下。这三个热词当然是有关系的，因为今天论坛的主题就是指向学校文化个性——文化个性很重要，它包含了文化的传承；而文化传承、文化个性在很大程度上又是通过学校的课程来实现和彰显的。

一、学校个性

关于学校个性，我曾经借用海明威的一句话来表达我的理解。海明威说：“作家写作其实就是寻找属于自己的句子。”正如刚才一位校长所讲，每个人个性化的表达都有共同的东西。共同的东西就是，你讲的这个句子人家要懂，要可以和别人交流。我把它概括为三个“合”。第一是“合法”，符合国家的法律法规；第二是“合理”，符合教育的基本规律；第三是“合时”，符合时代精神的要求。有了这三个共同的东西，“寻找属于自己的句子”，追求个性之“个”，就不会有问题了。个性怎么能够彰显，我也给过一些建议。

首先要认识自己。认识自己，就是要回过去看，我从哪里来的？我是谁？认识自己很重要。

其次是文化立校。我把学校文化解读为四层结构：一是校容校貌，你走进苏州平江实验学校，马上就有一种古朴甚至庄严的感觉，这说明学校文化已经借助特有的建筑外显出来；二是组织行为，文化是学校组织实施的课程，开展的活动，制定的制度；三是核心价值观——这些人为什么这样活动，这可以表达为培养目标，也可以表达为学校教育哲学、办校理念，甚至一种教育口号，在平江就是大成殿匾额上所书的“德润文光”，在苏州景范学校就是范公的“先忧后乐”；四是生活方式，学者们说，基于一种文化假设，在一种情境中，这个组织的人在潜意识、下意识、无意识所做出的反应，就是文化，就是生活方式。杨绛先生讲，振华学校的学生都有一种味儿伴随终身，说的就是这个意思。文化最终追求的就是我们的孩子有那样一种味道，有那样一种你想培养的生活方式，这是需要慢慢做的。

上述这四个层次，从文化主题来说，就是核心价值观。核心价值观怎么来，大概有四种情况：理想的追寻——想把孩子带到什么地方去，把学校带到什么地方去；现实的反思——现实生活当中哪些做得不行的，我就是想做好；文化的传承——学校文化的根在哪里，要传承什么；性格的使然——苏州十中的校长柳袁照是诗人，苏州十中的文化建设是践行诗性教育，如果让他去做责任教育，他肯定感到不是很自在。景范学校的顾苏云校长内心深处追求做最好的自己，所以对范公的“先忧后乐”精神可谓正合我心，非常乐意地传承，说的都是这个意思。

二、文化传承

学校个性很重要的一个方面就是文化传承。文化传承可以是传承自己学校的文化传统，也可以是对区域文化加以传承，甚至也可以是对民族文化、世界上其他的优秀文化进行传承。但是在百年老校，我们讨论的文化传承，可能主要是向历史致敬，有缅怀前贤的意思。我认为从这些学校所做的看，要解决三个问题。

一是要研读、梳理、凝练学校的文化传统。学校的文化传统中最宝贵的东西究竟是什么，要去反复读，要理解精确、理解充分。

二是向往未来。我们在继承文化传统的时候，还要思考“为什么”的问题。我经常强调一个东西，就是向往未来。我们向过去看，不是为了回去，而是为了往前走，是要向往未来，是要把学校带到一个新的地方，把孩子带到一个新的地方。那么向往未来与回头张望，又有什么关系呢？向往未来其实包含教育者的教育理想追求，然后或是早有领悟，或是豁然开朗，看到自己的学校、自己所生活的社区，就有这么多好东西。这么多好东西其实是事物发展的基本规律，就是文化传统的精髓，它在不同的历史情境当中都是有生命力的，过去、现在、将来，都是如此，这就是人类文化为什么越积累越深厚的原因，人类文化越来越走向一个文化高度的原因。

三是激活历史文化。一是要“化”，把文化“化”在我们今天的生活当中，特别是“化”在课程当中。很多学校都在非常努力地这样做。二要有批判意识。历史的东西，不都是好东西。比如说起平江学校来，一听就是这个地方出了那么多状元，如果不批判地继承，就容易生成精英教育的思想。平江的艺术教育就体现了从精英教育走向大众教育的转变，包含了对传统的扬弃。另外，对范仲淹这样伟大的人物，用今天的观点来看，我们仍然要重新审视，着眼我们的教育目标，着眼我们的教育理想是不是一致。有人认为知识分子有三种，一种是陶渊明这一类的，什么事情都不问，不关我的事，我自己过，闲适一生。另一种是范仲淹、胡适，我在台上，在庙堂之高，在乡野当中，我都是忠君的，都要为国家、为领袖、为民族做些事情。还有一种是鲁迅这样的，既不是把自己放逐在山林当中，也不是整天考虑庙堂之上的人在讲什么，而是为苦难深重的人民、为劳苦大众去思考去奋斗去呐喊。我们在继承传统的时候要考虑到这些，要考虑到为了每一个学生，考虑到时代的进步，有更好的引导。

三、校本课程

挺有趣的是，刚才各位校长在台上讲的对校本课程的理解，其实是不一样的，有的校长在不同的场合，不同的话语当中，使用的校本课程概念，也是不一样的。讨论问题有三种话语体系，一是理论话语体系，二是政策话语体系，三是实践话语体系。我们现在使用的校本课程这个概念，它是由政策话语体系主导的，《基础教育课程改革纲要》等文件提出了国家课程、地方课程、校本课程等。这样一种政策话语体系，也是被理论话语体系和实践话语体系认可的。因此，跟国家课程、地方课程组合在一起的校本课程，必须在课程表上把课时落实下来。在实践话语体系当中，对课程有一种泛化的理解，把所有看到的、听到的都叫课程，都叫校本课程。我个人是不赞同的。如果认可这种泛化的理解，那么学校只有课程，其他都没有了。今天我们讨论这个问题，是在大家认可的话语体系这个意义上来讨论的。

首先是为什么要有校本课程。校本课程的设置是为了适应不同的学校、不同的学生，如果不要考虑适应性，国家课程都给你规定好了，那么不是省事吗？因为不同的地区有差异，所以要有地方课程；因为不同的学校有差异，所以要有校本课程。校本课程应当有哪些特点呢？基础性，中小学是基础教育，所有课程都要服从服务于这个特性；全体性，校本课程应该面向全体学生，但是面向全体学生，不是所有的学生都选一门校本课程，而是指所有学生都应该接受到校本课程的滋养；选择性，全体性是靠选择性来体现的，也就是说你要给学生提供课程机会，课程机会就是选择性。

怎么开发校本课程呢？每一门校本课程都要关注四个关键词：目标、内容、实施、评价。如果一门课程的课程纲要把这四点说清楚了，就表明这门校本课程的设计已经到位了。从学校整体的校本建设看，也有四个关键词：分类，把校本课程的类别分清楚。分层，不同的年级开设同一门校本课程。这是从课程设置角度说的。那么怎么在学生那里落实呢？这就涉及另外两个关键词："必选"，规定哪些课程是学生必选的，必选包括两方面——一是这门课程你必须选，比如有的德育课程；二是在课程群当中，必须选一个，比如说，艺术类的必须选一个，体育类的必须选一个。"任选"，就是放开让学生选，让学生根据兴趣爱好选。给了学生课程机会，其实也是在更深刻层次上体现了教育公平和教育质量的内涵。

校本课程是彰显学校文化个性的一个重要方面，是学校校本化培养目标达成的重要途径。这次活动以此为一个主题，是很有必要的。

注：本文源于相关主题论坛的现场点评，发表于《江苏教育》2016 年第 4 期。

课程改革实验的推进策略

从国家和省级课程改革实验区的情况看，课改的工作策略正在成为影响实验质量至关重要的问题。本文拟从共性的角度，归纳总结课改实验区见出成效的若干工作策略，以供即将进入实验的地区、学校和教师们参考。为了讨论问题的方便，这里仅在相对意义上把迄今为止的实验工作划分为准备、启动、深化三个阶段。事实上，有些工作策略是贯穿始终的，只是在某个阶段成为更应关注的重点。

一、课程改革实验准备阶段的工作策略

1. 建立组织机构

实验区地方政府特别是教育行政部门，把基础教育课程改革作为促进当地基础教育发展，取得素质教育突破性进展的难得机遇，用极大的热情投入到课改的组织领导中去。

除成立领导小组、工作小组外，各地实验区还普遍成立了“基础教育课程改革实验专家指导小组”，对实验提供具体的咨询和指导。各乡镇、学校都成立了课改工作小组，负责具体实验工作。

2. 制订实验规划

制订规划一般考虑四个“点”：一是明确“起点”，即根据课改精神，总结本地本校多年实施素质教育，特别是课程教学改革方面的经验，以求顺势而进，减少改革成本；二是体现“亮点”，即在规划课改目标时，从本地区经济社会和教育发展全局

出发，从教育改革的起点出发，提出可能先行一步、形成特色的基本目标；三是突出“重点”，即明确要抓哪些重点工作；四是强化“支撑点”，即在制订规划时充分考虑到推进课改的支撑保障条件，以确保课改的顺利推进。

3. 组织学习培训

①培训原则。为使课程改革实验从一开始就走上健康发展的道路，教育部要求各地坚持“先培训、后上岗，不培训、不上岗”的原则，确保新课程师资培训工作与新一轮课程改革的推进同步进行并适当超前。不少地方还在每一次的集中培训之后，及时进行考核，提高对教师学习的要求，有效地保证了教师在较短的时间内进入角色。随着实验工作的大面积推进，客观上会有少量教师不能参加集中培训，教育行政部门一定要加强督查，并做好“补课”工作。②培训内容。主要的内容是“通识培训”。利用“通识培训”让实验者了解课程改革的指导思想、教育观念、改革目标以及相关的政策措施。“通识培训”的根本目标，是要解决实验者认识上的问题，激发他们对课程改革的紧迫感、责任感。在做好“通识培训”的同时，还要分别组织相关的“学科培训”。其内容主要是学习各学科的课程标准，了解实验教材，交流学科教学改革的动向，开展课堂教学研究等。③培训对象。在确定培训对象时，既要注重对骨干教师的培训，充分发挥他们的辐射和影响作用，更要保证全员参与。一是学校领导特别是“一把手”不能成为“局外人”。要通过学习培训首先取得课改“话语权”。二是非实验年级的教师要参与培训，以形成课改的氛围，同时还有助于非实验年级教师“穿旧鞋走新路”。三是中老年教师，不能成为被遗忘的群体。有些地方按照45岁或40岁切一刀，一下子就把中老年教师排除在外。这种做法负面效应明显，是不可取的。④培训方式。除集中讲座、报告外，各地还采取了“现场观摩”“专题研讨”“案例评点”等多种形式。在本次课改培训中，“案例式培训”“参与式培训”受到了各地的重视和欢迎。

4. 明确保障措施

改革会形成压力，改革的成败在很大程度上取决于我们为改革建立起来的支持系统的完善水平。这种支持系统既包括对教师个人、学校的支持，也包括对地方的支持。在课程改革的准备与启动阶段，各地都应十分重视保障体系的建立，动员教育社会各方面的力量，关注课改，支持课改。①经费保障。课程改革实验与推进需要有一定的专项经费投入。目前，我国基础教育财政性支出水平较低，教育部在课程改革方案和框架设计阶段有一些专项投入，但在方案的实施过程中，主要依靠地方解决。②政策保障。建立考核激励机制。随着改革的深入，各种“制度”“计划”的落实情况，就会成为关键性问题。比如，为解决好这个问题，各地实验区和学校需要建立配套的考核激励机制，经常性地检查制度和计划的落实情况，对课程改革中涌现出来的先进个人和学校进行及时的表彰奖励，调动学校和教师的改革积极性，交流和推广他们当中的经验，使一大批学校和教师与课程改革共同成长。建立奖励制度就是明确责任与利益的关系，以调动改革者的积极性。再比如，很多实验区十分重视考试评价制度的改革，以解决教师进行课程改革的后顾之忧。③舆论宣传保障。做好舆论宣传工作，积极争取家长和社区的参与基于两方面的考虑：其一，新课程本身具有开放的特点，社区环境也必然成为学生学习的基本场所；其二，课程实施是由学校、家长、社区共同完成的事情，课程改革的目标、操作方式和可能引起的学生生活的变化，应该让孩子的家长了解，并争取他们的支持和配合。

二、课程改革实验启动阶段的工作策略

1. 建立月报分析制度

这种制度要求实验学校每个月都把实验中的主要进展、经验和感受以及存在问题，以书面形式报送到乡镇（学区）或县（市、区），或由乡镇（学区）汇总后报送到县（市、区）。在此基础上，各实验区每个月都要对课改情况进行汇总、分析，全面了解实验进展情况。实验区可以对月报的重点内容提出一些富有本地特色的要求，以此来引导各学校实验工作的方向。

2. 建立课改实验专题活动制度

课改实验中有很多问题需要解决，解决这些问题，必须通过专门的活动来完成。开展实验专题活动要有方案、有规划、有制度，这样才能保证通过专题活动系统解决实验推进中的各种问题。很多实验区定期举办沙龙、论坛等活动，从不同方面提供舞台，研究问题，展示课改成果。不少实验区还明确提出，每个学校一周至少有一次专题教研活动，每个乡镇两周有一次活动，每个片（学）区一个月有一次活动，每个县（市、区）两个月有一次活动。实践看来，凡是活动经常化、正常化的地方，教师们的反映都很好。专题活动可以保证教师、校长们行动起来，并为教师提供相互学习、相互借鉴、相互启发的机会。

3. 典型引路，以点带面

为解决课程改革当中的一些重点、难点问题，实验区采取了典型引路的办法：

先确定一些实验学校，让他们先行研究、先行实践，然后在实验区中向其他学校进行介绍和示范。实验学校的确定可以是指令性的，也可以鼓励学校根据自身特点选择实验的突破口，以形成典型经验。实践看来，典型引路的做法能够避免各个学校在实验探索中低层次重复，提高区域实验推进的效率。

4. 加强校本培训

校本培训是新课程培训的主体形式。

教育行政部门组织的集中培训数量有限，主要起一种宣传发动的作用，大量的培训任务还需要在学校日常的教学过程中完成。校本培训所要解决的，不仅是学科教学当中的具体问题，观念转变也主要应该通过校本培训完成。人的观念的转变不仅要解决从“不知”到“知”的问题，更重要的是要建立起相应的信念，形成个人的教学新主张。新的课程理念内化为个人的行为准则，需要有一个过程，需要有若干个教学细节的变化作为形成新体验的基础。只有校本培训才能提供这样的保障。学校开展校本培训一方面要在集中培训的基础上，继续加深教师对课改基本内涵的理解。另一方面，校本培训要以学校原有的经验为基础，继续发挥“以老带新”“师徒结对”“名师指导”以及“走出去、请进来”等培训方式的作用，完善培训机制，为教师提供更多的机会研究新课程，建设新课程。

5. 组织集中备课

集中备课的范围可以是一所学校、几所学校或者一个乡镇（学区）。集体备课的形式很多，比如，可以让所有同轨同学科的教师分别备课，然后再集中备课时间，相互交流，相互启发；开始阶段也可以以学科骨干教师先行备课为主，在集中备课时间由全体教师进行研讨和评议；还可以把教学任务分配给全体教师，每次集中备课时间，以得到相应任务的教师为主，提出教学设计方案，由全体教师研讨和评议。

学校和教育行政部门的管理者要对集中备课进行有针对性的管理，把集中备课与培训、反思、研究结合起来，改变备课方式，以防止集中备课教师演变为“互抄备课笔记”。同时要保证每一所学校包括最基层学校、教学点的教师都能参与进来，以实现共同发展的均衡化目标。

课程改革最终的目标和动力，在于每一个教师教育创造性的发挥，因此，组织集中备课要处理好“提高效率”和“发挥创造性”之间的关系。要保证每一位教师在集体备课的基础上，有足够的空间调整并具体实施教学设计方案，尊重并鼓励教师的教学个性，保证使这种活动形式成为对教师的“支持”而不是“强制”。

6. 建立督导调研制度

督导、调研是建立课程改革实验反馈机制的重要手段，它对于课程改革的促进作用表现在，它的根本出发点在于发现和解决实践当中的问题，而不是泛泛的行政性检查。因此，督导和调研的组织要有一定的计划性，要能够贴近课程实际。

从督导调研的制度上看，要努力形成一些具有可持续性的工作机会。为做好督导调研工作，不少实验区建立了“定点挂钩联系制度”，明确把教育行政各部门领导、教研人员等定点安排到各实验区和实验学校，分片负责，承担联系、指导、服务等任务。

从工作方式上看，行政部门可以进行一些随机性的调研，也要有专题性的调研。比如说，有些实验区就在一个学年中，系统地组织了学生的学习方式变化情况、综合实践活动课程的开设情况、校本培训落实的情况、小学小班化推进的情况、初中课改推进的困难及原因分析等专题调研。

从工作规模上看，督导和调研可以针对部分地区或学校，也可以针对整个实验区进行，比如，镇江市在全市组织了“课改校校行”活动，对所有中小学逐一进行督导调研。还有很多实验区组织了全面的“课改展示周”活动，对课改实施和进展情况进行全面检查监控、反馈调节，有力地保证了新课程的实施。

三、课程改革实验深入推进阶段的工作策略

1. 坚持以课堂教学改革为中心

制订课程改革的方案、政策、推进策略等，在很大程度上是为了引起课堂的变化。推进课堂教学改革，应该注意解决好四个方面的问题。①观念与行为的关系问题。在新课程体系当中，教师的教学行为要围绕一个核心观念展开：教学是否促进了学生的发展？教学当中会面临种种问题和矛盾，解决这些问题和矛盾，应该服从“怎么做才能更好地促进学生发展”这个根本。②传统经验与课改新要求的关系问题。课改要改掉的是与新东西不相适应、格格不入的旧东西。但是，旧的不等于都是不好的东西。不能形成“课改统统是另起炉灶”这样的假设。我们过去的很多经验、很多做法都是十分珍贵的，学校、教师在教学改革的过程中要很好地去总结，只有这样，课堂教学的改革才可能在较高的起点上展开。③预设与生成的关系问题。新课程强调教学目标的动态生成，因此，教师在教学的过程中就应该成为一个临场的智者，能够充分利用动态生成的教学情境、资源和时机，提高课堂教学的

效率。但同时，课堂教学中也不可能缺少预设的东西，只有加强备课环节，在课前充分考虑到教学当中的各种可能结果，在实际教学中，才可能产生真正合理的生成目标和教学行为。④教学的组织形式和教学内容的关系。课堂教学强调要发挥学生的积极主动性，要让课堂活起来，让学生动起来，但更重要的是教学质量的提高，不能为动而动。表面上的热闹，可能会掩盖一部分学生实质上思维停顿，只有玩乐，只有肢体活动，没有教学，没有思维。这种现象要坚决加以克服。高效益的课堂，就是要能够激发学生更多的有效思维活动，让学生能够愉快地享受酣畅淋漓的思维快感，促进学生个性的发展。因此，如何合理、有分寸地把握好教学组织形式的变化和教学内容深化之间的关系，是促进学生在课堂中获得发展的最根本的问题。

2. 在课改实验的难点问题上形成突破

新课程当中的难点问题包括课堂教学改革、综合实践活动课程设置、教育资源开发和积累、评价考试制度改革、信息技术与课程的整合、综合课程探索、校本课程建设，等等。

突破难点首先要从问题出发：难点是什么？偏差在哪里？然后才能寻求突破。比如校本课程指向增强课程的活力和适切性，是以学校为基础，以学校教师为主体的，以满足学生发展的兴趣和需要为主要宗旨的，但在实验区调研时我们发现校本课程的开发和实施出现了几种不好的做法：一是单一化倾向，学校开设校本课程整齐划一，只有或主要就是一种，这样学生只能有学校规定的一种“兴趣”；二是精英化倾向，过分强调考级、得奖，津津乐道于培养了某个方面的专业人才和杰出人才；三是学科化倾向，绕来绕去还是学科中心主义，使校本课程仅仅成为某些学科课程的延伸，或者过分强调规范化，动辄就要编写教材，要列入必修课课表，等等。显然，只有发现了这些问题，有的放矢，再去组织学习、讨论、实验、研究，才会促进问题真正地解决。这就需要课程实施的组织者、指导者真正沉下去，了解、把握课程改革的真实情况。

发现问题以后怎么办？科研带动、课题拉动已被实践证明是行之有效的一种策略。很多地方在课改实验的启动阶段，就向学校和教师提供了“课题指南”，组织教师针对课改中的问题进行研究。随着课改实验工作的深入开展，这种推进策略应更加受到重视。因为解决课改难点是在探索未知领域的规律，立足科研的高度，组织攻关，无疑有助于难点的突破。同时要十分注意“实验”，要组织一批学校先行探索，形成初步经验，再加以总结推广。

教育行政部门和教科研部门在解决实验难点问题上应该为基层学校提供更多的指导和服务，同时要抓紧完善有关课程设置与管理、评价考试制度特别是升学制度改革等相关政策，为课改难点问题的解决提供基本保障。

3. 建立以校为本的教研制度

课程改革不是一件事，而是一个过程。我们一方面要对改革过程的长期性有充分的把握，另一方面，还要看到，在这个过程的不同阶段，我们的中心任务会发生转移。在实验启动和课程实施的初期，中心任务是做好行政组织、广泛宣传和教师的集中培训工作。随着改革的深入，这种自上而下的推进模式必然会发生根本的变化，改革将更加关注学校和课堂当中实际发生的事情，更加关注教师行为实际变化。改革的重心正在“下移”，教师和学校的实践将为改革带来真正持久的动力，使改革的推进呈现出“自下而上”的模式。

第一，要把建立学习型组织作为学校发展的目标。促进教师的专业成长和终身发展，光靠几次集中培训是远远不够的。只有把学校建设成学习型组织，教师的教学过程才能同时成为更加具有人文色彩的生活过程，成为自然而长久的专业发展过程。以校为本的教研制度也才能真正“生根”。

第二，要让教师在教研活动中获得“充实感”。教研的问题一定是要“解难解渴”，是教师在实践中感到迫切需要解决的问题；要让教师成为研究主体，自己能够提出问题，设计研究；研究的成果要能应用于教学实践，要通过研究有效促进教学效果的提高；要把校本培训、校本科研、校本教研有机整合起来，使教师更加明显地感受到自己的发展；要引导教师增强团队意识、合作意识，充分认识到同伴互助的价值，促进共同成长。

第三，建立以校为本的教研制度，还要求教育行政部门特别是教科研部门、社会学术组织与机构、学校所在社区等，形成协调一致的力量，加入到学校的课程改革实验与推进当中。建立以校为本的教研制度，标志着课程改革实验工作重心和基本策略的转移，它一方面需要得到更多力量的支持，另一方面也预示着我国基础教育文化发展开始走向一个新的方向。

4. 教育管理制度创新

新的课程体系本身要求新的制度体系与之相适应。结合实验区的探索看，课改实验真正成为制度生成的过程，创造适应新课程要求的管理制度，应当注意：

(1) 激发每个单位、机构甚至每个教育工作者制度创新的热情，鼓励他们从各自不同的层面和角度有所创造，自觉为课改作贡献，这样也才能真正促进学校内部文化的改变。

(2) 要防止制度建设中出现千篇一律、缺乏个性的现象。制度层面的千篇一律，其实质就是没有创造。这是一种反常的现象。因为每一个地区、每一所学校都有自身特殊的环境、资源、教学优势，也都面临不同于别的地区和学校的特别困难和问题。只有地方化、校本化的制度建设才具有真正的活力。制度建设方面是可以有所模仿的，但模仿仅仅是制度建设的第一步。创新的制度体系必然是独特的。

(3) 随着课程改革和基础教育事业发展的深入，今后一个时期，制度建设必须从广度走向深度。制度体系从广度走向深度，就是制度的“简约化”过程。制度体系越简约、越具有整合的特点，越能保证课程、教育管理体系的进步、高效。在当前阶段，制度的简约化要求我们在制订新制度的同时，对原有的制度进行修改和完善，保证制度的连续性。比如，常州市为深入推进课程改革，一方面新出台了《中小学课程实施水平评估指标体系》《全市新课程定期调研汇报和联络员制度》《学生成长记录袋制度》《校本课程开发与实施评价制度》等，这些制度都是针对课程改革中的新内容而制订的。另一方面，他们还对原有的各种制度进行修订与调整，如原有的《中小学课堂教学常规》《教师管理与职称评审制度》《教师的专业发展和培训制度》等，在坚持执行原有制度的同时，实现了原有制度与新课程要求的对接。

5. 推进均衡发展

基础教育课程改革中的不均衡问题十分突出，这与我国中小学原有的事业发展水平有关。课程改革中的不均衡性主要表现在四个方面：一是城乡之间不均衡，城市学校的办学条件、教师的专业基础等明显优于乡镇特别是农村学校。村小特别是地理位置比较偏僻的村小，办学条件差、教师工作负担重、学科基础和教育专业基础非常薄弱，很难适应当代社会条件下课程改革的要求。二是学校之间不均衡。同一个实验区当中，学校不均衡的现象仍然比较突出。三是学段不均衡，小学课程改革的实验与推进情况明显好于初中。初中阶段的学校和教师长期以来受到的升学压力更大，他们对课程改革的顾虑和担忧更多。四是学生发展的两极分化现象加剧。这是由两方面原因造成的。一方面是新课改给学生的空间更大，刚性限制大大减少，学生会由于家庭文化背景不同导致两极分化。另一方面是一些教师在课堂上盲目追求互动，结果课堂为精英学生所主宰，如有些同志调侃的，学生或“一路高歌到天亮”，或“默默无语到永远”，分化趋势初步显现。有些专家在调研中发现，“默默无语”的群体至少在三分之一。

课程改革不是要在少部分地区、少数学校改变课程教学的现状，而是要惠及所有的中小学，关注每一个学生的成长，因此，均衡推进的程度是评价一个实验区实验工作的重要指标。为实现这样的目标，不少实验区从建立均衡推进的制度入手，采取了许多针对性措施。比如，为解决村小这一薄弱环节的课改问题，很多实验区都强调，由乡镇中心小学直接负责村小的课改实施，形成“联动”的整体。村小教师与乡镇中心学校的教师共同参加教研活动，实行统一的管理。有些乡镇采取中心学校教师和农村学校教师定期“轮岗”的方式，加大对农村学校的扶持。惠山区教育局规定，中心小学教师职称晋升必须到村小任职一年，评选课改先进为村小单列指标。这些制度对缓解实验中的矛盾，实现均衡推进都起到明显作用。

6. 以课改为中心提高基础教育的整体水平

课程改革是实施素质教育的核心问题和关键环节，对此，各实验区教育行政部门领导和学校教师都有了比较深刻的体会。但是，要进一步明确本地区、本学校课程改革的发展方向，最大限度地通过课程改革促进基础教育事业的发展，还要能够做到“跳出课改看课改”。

“跳出课改看课改”，就是真正发挥课程改革的核心作用，利用课改机遇，促进基础教育事业的整体发展，并通过事业的整体发展，反过来支持课改，促进课改走向深入。

比如，中小学布局结构在很大程度上影响着课程改革的深化。苏南的金坛、苏北的大丰等地，这些年来加大中小学布局调整力度，使中小学布局结构发生了根本的变化。这种结构变化对课程改革意义十分重大。要提高新课程的实施水平，基础教育就要扩大优质教育资源的规模，发挥条件较好、基础较扎实的中小学的辐射作用。布局调整后，相对薄弱的学校特别是村小、办学点合并到中心学校以及其他实力较强的学校中，或由这些学校对他们实行统一管理，整体上提高了课程实施的水平。惠山等地从课改中发现问题，颁布了村小新的建设标准，要求各乡镇在布局调整的基础上，把定点学校建设好，其积极效应当然也包括了课改的推进。

再比如，教育信息化对新课程的实施起着至关重要的支撑作用。江苏在20世纪80年代后期，就开始实施“教育现代化建设工程”，信息化发展是其中的一项重点内容。在课程改革实验全面展开以后，原有的教育现代化、信息化建设获得了新的动力。像无锡市锡山区、惠山区等地，旗帜鲜明地把教育信息化发展纳入课程改革的目标中，拨出专款，加快建设，提高中小学教育信息化水平，以此作为实施新课程的平台，有力地保证了新的教育教学理念在实践中的体现。

促进基础教育课程改革的深入发展，就是要抓住对基础教育课程体系有着贯穿始终的影响力的因素。只有这样，课程实施才能成为需要我们不断建设的过程，课程进步才能融入基础教育的发展中，成为一项长久的事业。

注：本文发表于《江苏教育》2003 年第 13 期。

激活“准主体”

在学校听课，发现的基本问题之一，就是教者没有吃透教材。反思自己当年在中小学教学，许多的遗憾，根子也是对教材理解不到位。这里借用美学家的说法，把教材当作审美对象，语文教学首当其冲的，应当激活“准主体”。

通透性。顾泠沅教授说，教学就是“明白之人使人明白”。“明白之人”首先是对教授的知识明明白白。如果自己面对知识，似乎戴着多重墨镜，知识世界混沌一片，随你怎么玩弄教学手段、教学技巧、教育技术，都无济于事。我 1971 年以民办教师的身份开始从事语文教学，一位复旦中文系毕业的老师听了我的课，认为孺子可教，就给我指了一条路。他说，你就做好一件事吧：把课文玩得像烧饼师傅手中的面团儿。看着我一脸的惶惑，他进而启发：你看烧饼师傅揉面、搓面、捏面，面团儿在他手中，仿佛有了灵性。想做烧饼，巴掌一拍就是一个烧饼；想做油条，两手一拎，下去就是一根油条；想做麻团，一搓一抓就是一个麻团。后来，我上了大学中文系，学着用比较文气的语言来概括这位老师的要求，那就是：通体透明，形神兼备，通体都是透亮的，但又是鲜活的。人们欣赏《庖丁解牛》描述的意境，孙维刚老师谈对数学教材的理解要达到“漫江碧透，鱼翔浅底”，帕克·帕尔默认为教师“要在个人意义上出神入化地理解学科”，大概都在倡导教材这个“准主体”应当体现通透性。

整体性。分析文本，一般经过“初识整体——局部分析——整体升华”三个阶段。经过分析，文本结构的各个部分，内容上的各个方面，思想意义上的各个层次，艺术表现上的各个侧面，都变得清晰而明确了，但同时，原本生动形象、有血有肉的整体也变得分散而抽象了。因此，“准主体”的激活，是作为一个整体的激活，文与道、分与合、表与里、主与宾、虚与实、动与静等，都应当重归一体，以通体透明、形神兼备的完整体貌呈现在学生面前。有了这样的整体观照，在教学时整体感知才能得以落实。木心说，《红楼梦》里的诗如水中的水草。水草放在水中，好看；离开水，即不好。游览丽江旁的束河小镇时，想起木心的话，确实感到妙不可言。在束河，雪山融化的溪水，穿镇而过，蜿蜒流淌，碧绿的水草，有的一两米长，摇曳多姿，楚楚动人。但偶尔也见到被捞上岸的一坨，死蛇一般的模样，谁还会欣赏呢？语文教学亦然，其基点还是对课文的整体理解。当然，对文章的整体性理解，还应注意从知人论世的角度，把握作品整体的情感基调。读李白的诗篇，如林庚先生所说，李白是向着盛唐的山峰走，一路高歌，“欲上青天揽明月”，这样的基调有助于人们走进李白的诗歌世界。读鲁迅的《两棵枣树》，读艾青的《大堰河——我的保姆》等，把握情感基调，都有助于从整体上感知、体悟作品的意蕴、意味。至于从教学系统性角度体现知识的整体性，则需要另外加以讨论了。

鲜活性。说通透，说整体，都包含了对鲜活性的要求。这里还要强调原初性。对文本的认识、理解，有一种新鲜感，好像初见相识，于是就有了惊奇感，就有了生动性。按照派纳的观点，如果把课程理解为美学文本，我们就应当对知识不断地去审美发现，不断生成伴随有新奇感的原初性。而且，这自然是个性化的。还要强调生活化。语文教学应当面向生活，还原生活，创造生活，在理解的意义上，主要是还原生活。回到生活情境之中感知、体验，就有了现场感、烟火气。最后是生命态。具有生命的姿态，才真正具有鲜活性。叶澜主张，教学应该“使知识恢复到鲜活的状态，与人的生命、生活重新息息相关，使它呈现出生命态。具有生命态的知识，最能激活、唤起学生学习的内在需要、兴趣、信心和提升他们的主动探求的欲望和能力。”（叶澜《重建课堂教学价值观》，《教育研究》2002年第5期）

姻亲性。杜夫梅纳认为审美主体与审美对象的关系，是“姻亲”关系。这个比喻很有意味。审美主体与审美对象没有血缘关系，由于某种机缘、因缘、情缘，产生了联系。于是，审美对象“不再是世界的一个事件或一部分，而是万物中的一物；它深含世界，世界也含有主体。它通过作为物体的动作认识世界，世界在它身上认识自己。”（[法]米盖尔·杜夫梅纳《美与哲学》，中国社会科学出版社，1985年版第58页）由于有了“姻亲关系”，学生、教师、审美对象也就有可能融为共同体，“在真正的共同体中，我们人类与非人类形式的事物互动”，帕克·帕尔默借里尔克的说法，认为“非人类形式的事物”具有“伟大事物的魅力”，并且认为伟大事物是教育共同体的焦点，“以主体为中心的课堂是以这样的事实为特征的：这第三事物真正地存在，且生动活泼，有声有色，以至它能令教师和学生都要为他们所说和所做的一切负责。”（[美]帕克·帕尔默《教学勇气——浸染教师心灵》，华东师范大学出版社，2005年版第107、108、118页）要实现师生关于文本的对话，要引导学生与文本对话，其前提是教者首先实现与文本的真正对话。正是对话，使我们生成了“姻亲”的关系，相互融合、相互映照。于是，在课堂里，多个主体构成了共同体，就自然会迸发出活生生的主体力量。

注：本文发表于《语文教学通讯》2015年第12期。

语文教改热点问题的回应

随着基础教育课程改革不断向纵深推进，语文教学出现了前所未有的积极变化，形成了令人鼓舞的生动局面。但在前进的过程中，不同声音不绝于耳，一线教师困惑多多。为了有助于课改的持续推进，我们有必要对老师们普遍关注的一些问题展开深入讨论。

怎样在教学中突出学生的主体地位

课程改革是伴随着解放思想、更新观念前行的，观念更新最核心的问题就是要牢固树立以学生发展为本的基本理念，但说来容易做来难，仅以笔者亲历的几件事情为例：

——一位老师教《再见了，亲人》，围绕中朝人民的友谊，大段大段地进行“独白”，字正腔圆，慷慨陈词，即使朗诵课文，基本上也是自己包干（这位老师普通话水平、嗓音均佳）。孩子们一开始不知道该干什么，不一会儿他们找到了自己的位置，老师读一段或讲一段后的间歇，他们为老师鼓起掌来。学生一鼓掌，老师更带劲，于是又讲（读）起来。指导那位老师备课的教研员喜形于色，一遍遍地问同行：“怎么样？”其实，这里应当问的是：“掌声为谁而响？”

——一位初中语文教师教《天上的街市》，初读课文后，引出诗中的一些词语，老师要求：“请大家将这些词语分类。”我很惶恐，因为不知道怎样分类。全班同学也都是“启而不发”，于是老师只好自己讲解：“请看，这里有些词写的是实景，有些词写的是虚景，从实景到实景叫联想，从实景到虚景是想象。我们学习郭沫若《天上的街市》，就是要搞清楚什么叫联想，什么叫想象。”课上完后，学校一定要求“讲真话”“留下宝贵意见”，我说的是：“这是旧课程的课，因为是围绕知识点教学，一下子就把学生排斥在诗歌的情境之外。用旧课程的标准看，也是不成功的课，因为对整个课堂结构起支撑性作用的问题，所有的学生都答不上来。”

——一位老师教《滴水穿石的启示》，感到课文阐述的道理过于直白，是“告诉式”的，很难打动学生，于是就自己找来一篇描述滴水穿石这一自然现象的文章，先让学生通过感性的材料体悟水滴石穿的力量，再将课文引入，作为前文的自然延伸。我在介绍这个教例时，不少老师认定这是“用教材教”，但也有老师疑惑：怎么能这样对待课文呢？课文在这里不就成了“二等公民”了吗？

以上数例，反映了语文教学仍是以教师为中心、以知识点为中心、以教材为中心，而这些问题都发生在公开课、研究课中，那平时的家常课便可想而知了。在调研中，不少老师有一个同感，就是语文课改的基本问题，是“穿新鞋走老路”，“涛声依旧”，以学生发展为本的理念远远没有落实到位。

怎样在教学中突出学生的主体地位呢？

第一，语文课堂必须是学生真正的生活。这种真正的生活首先是人的生活。传统课堂是生活的异化，学生根本没有主体地位，甚至被“非人化”，成为装载知识的容器，或者是分数与成绩的符号。新课程强调以人为本，强调学生是学习的主体，这就要求老师心中装有学生，坚持教育民主、教育平等。这种真正的生活应当是孩子的生活。正如卢梭在《爱弥儿》中所说：“在万物的秩序中，人类有他的地位；在人类的秩序中，童年有他的地位；应当把成人看作成人，把孩子当作孩子。”应当提倡用儿童的眼睛去观察，用儿童的心灵去体验，用儿童的方式去研究，而不是把孩子当作成人。这种生活是真实可感的生活，而不是“造假”。比如语文教学中关于应用文的写作就应是真实可感的生活，但是在实际教学中往往又违背了生活的真实，表现出明显的“造假”痕迹。像写信练习，教师关注的往往是信的写作形式训练。不论学生写给谁，也只将其视为一次作文，认为信是写给语文老师看的，自然缺乏真情实感。训练的结果是学生不会写信，也不愿意写信。如果让学生从交流的需要出发给特定的对象写信，并寄给收信人，教学生活才是真实的。

第二，语文教学中，学生呈现的应当是完整的生命。基础教育新的培养目标强调人的素质的全面发展，提出知识与技能、过程与方法、情感态度与价值观的三维目标，《语文课程标准（实验稿）》提出语文课程必须面向全体学生，使学生获得基本的语文素养，指出"工具性与人文性的统一，是语文课程的基本特点"，也是强调要培养全面发展的人。在讨论什么是"学习"时，我的一位同事下过这样的定义："学习就是人的生命内涵的充实与扩展。"诚哉斯言！我们过去更多的是关注可记忆、可量化、可考核的一些知识、技能，使学生变成了"工具人"，新课程就是要从根本上改变这种状况。前不久的一次语文活动中，一位老师针对执教者"再等待一下""相信你一定会读好"，并取得成功的现象，批评这是为了一个学生浪费了全班同学的时间。可见，不少老师关注的仍然是"知识与技能"这一维。我们应当真正根据语文课程特点，坚持三维目标的统一，坚持工具性与人文性的统一。如果学生呈现的是一种完整的生命，那么主体性就得到了保证。

第三，语文学习中学生应当体现主动的状态。新课程中语文学习的价值取向是素养本位。这就要求教育的主要方式不再是知识本位的灌输、能力本位的训练，而是引导与建构的统一，这种统一在学习状态上表现的就应当是主动。叶澜教授认为主动"是对现在已十分流行的'教育要以学生发展为本'的提法进一步聚焦"。主动"既体现了活动状态，又内含了主体自觉，还指向了关系事物，且道出了追求期望。"（叶澜《重建课堂教学价值观》，《教育研究》，2002 年第 5 期）引导学生主动学习，教师应做的是：尊重学习主体的独特性，独特，才有个性，才是真正的主体；关注学习过程的生成性，只有主动学习，才可能有积极的生成，生成才有意义；重视学习方式的自主性，无论是方法的选择，还是方式的运用，都应有自主意识。

第四，学生也应该成为语文课程的开发者。以课程意识看语文，学生应该成为课程的开发者。我们不妨来看一看一位小学生写的日记。

明天我们要学习《美丽的丹顶鹤》。老师布置我们回家预习课文。预习是我最感兴趣的作业，因为可以按自己喜欢的方法学习课文，然后带着问题去听课，每次收获都特别大。记得老师第一次让我回家预习课文时说过：学习是为了学到一种方法，让我们学会怎样学习的方法，而预习又是最基础的环节，让我们能自主地学习，带着问题去听课。

回到家，我就打开课本读起了课文……多么美丽的鸟啊！我真想亲眼看一看它们。爸爸说："那很容易，打开互联网就行了。"我连忙坐到电脑前，打开网页，啊，丹顶鹤的信息真多！我点击其中一个：丹顶鹤的家乡在齐齐哈尔，每年的冬天，丹顶鹤都会飞到南方，在那里度过一个温暖的冬季。我国是丹顶鹤数量最多的国家，占了世界总数的60%，丹顶鹤是我国的一级保护动物。打开一张张图片，我看到了丹顶鹤各种优美的姿态，真美啊！据说在多年以前，曾经有一位女孩，为了救一只陷入沼泽地的丹顶鹤献出了自己年轻的生命。我想：我们现在能看到这么多美丽的动物，是人们在共同保护着它们，我们长大以后，也要尽力保护好我们的环境，让更多的生灵和我们共同生活在这个美丽的地球上。

听完了那首流传至今的《丹顶鹤的故事》，我更加明白了丹顶鹤的珍贵。我把丹顶鹤展翅高飞的图片打印下来，贴在剪贴本上，在旁边认真地抄上优美的词句。看着这满满的剪贴本，我的心中充满了自信，明天的语文课上，我一定会比别人学得更带劲。

执教的教师在课前对学生预习的情况做了了解，适度调高了教学起点，课上得很成功。在这个案例中，学生已经成为课程的开发者：从教学目标的确立看，语文教学不再是从学科知识体系出发，而是从学生的经验、语文积累、生活积累出发，这样制订语文课程目标，学生的主体性就凸显出来了；从资源构成看，学生也成为重要的学习资源，学生的视野、经验本身被作为资源整合进教学，在这位小朋友那里，教科书的文本变厚了，学习的情境已经初步建构了，就主题而言是"未成曲调先有情"，学习效果必然会很好；从教学过程看，语文学习不再是灌输与接受，而是体验、感悟、理解、应用；从学习结果看，不再是被告知，而是自主建构所得。

文本的轻与重该如何拿捏

旧课程中，教材处于不可动摇的中心位置。走进新课程，教材的中心地位正在消解，但处理不好，又会出现教材的文本淡出，甚至边缘化的情况。解决这个问题，关键是处理好三方面关系。

一、"教教材"与"用教材教"

笔者在调研时,发现一些优秀教师已经实现了"教教材"向"用教材教"的转变,难能可贵的是,他们对这个问题的理性认识也具有相当的深度。先来看一位老师是怎么说的。(李勤《"教教材"与"用教材教"》,江苏省无锡市惠山区洛社中心小学内部资料)

> 首先,"教教材"是以书为本的教学,它以教材为中心,教材怎么说,老师就怎么讲,这种教学以教材为唯一的"孤本"和"圣经",重视的是相对固定的结论和教材规定的任务,这样的教学归根结底是对教材负责;而"用教材教"是一种以学生发展为本的"人本教学",在这里,教材是"范本",是"凭借",教学讲究的是以教材为载体,从学生的知识与技能、过程与方法、情感态度与价值观等多个维度去考虑发挥教材对于促进学生发展的最大功效。这种理念下的教学,教材既是知识之"舟",也是能力之"桥",还可以是心灵洗礼之"池",因此,"教教材"和"用教材教"实际上有着"以书为本"还是"以人为本"的质的区别。
>
> 其次,从教学方式来看,由于"教教材"是以传授知识为本位的,所以方式采用往往更多地从教师执教的角度来考虑,看重的是教师知识传授的到位与技巧;而"用教材教",立足点在于学生,因此在方式采用上必须更多地考虑学生的需求、学生的原有基础、学生的已有经验,力求教师的教学行为与学生的学习行为同步相谐,这时的方式采用就不再仅是简单的静态的"传授—记忆"了,而是一种充分考虑学习者因素之后的既有预设又充满生成的动态的过程。
>
> 再次,从教育的效果看,"教教材"让学生获得的主要表现为教材所呈现的知识结论,它是一种单一的线性教学;而"用教材教"在让学生获得知识的同时还有可能获得潜能的激发、方法的领悟、思维的启迪、智慧的生成、情感的熏陶,它是一种综合性的球状教学。

这位老师列举过一些课例,从中可以看出她和同事们是如何活用教材的。但我们也经常看到，在有些老师的课堂上，与文本真正的对话难以形成，这反映出一些老师对于“用教材教”中的“教材”究竟怎样把握，认识是模糊的。理解、处理文本，是语文教师最重要的基本功，而基本方法是“入乎其内，出乎其外”。南宋学者陈善在谈读书时说过：“读书须知出入法。始当求所以入，终当求所以出。见得亲切，则是入书法；用得透脱，则是出书法。”在语文教学中，对待文本要能“入”，如叶圣陶先生主张的“入境始与亲”，方智范老师倡导的“语文教师要做文本的知音”，又要能“出”。这种“出”一是在研读文本的基础上，通过对作家、作品相关背景材料的阅读，从文本之外透视文本，使文本以通体透明、形神兼备的完整体貌呈现于眼前；二是要充分认识文本在教科书体系中的位置，不仅理解“文路”，同时要掌握“编路”，这样才算是吃透“课文”，特别要把一个单元、一个专题作为整体研究，找准课文特有的位置；三是要从教学的实际出发，根据具体情况活用文本，创新文本，超越文本，在“用教材教”的意义上更好地发挥文本应有的作用。

二、多元解读与价值引导

苏北农村的一位小学教师告诉我，她的语文课“放开些”了，学生对文本的解读也多元了，但是她在犹豫，是否在多元解读时告诉（其实是指定）哪一种是对的，是否还是让学生的讨论回到教参。我问其所以然，她的回答是，因为考试的标准答案只有一个。她的认识有一定的普遍性。在实际教学中，许多老师仍然习惯文章主题的唯一性，文本解读的同一性；另一方面，也确实存在多元解读与文本价值取向相悖的情况。讨论这个问题，需要明确以下几点。

多元解读本身就是一种价值引导。首先，这是对学生的尊重，《语文课程标准（实验稿）》强调，“解读是学生的个性化行为”，要“尊重学生的独特感受、体验和理解”，正是这种尊重，才会有多元解读。多元解读也正能体现出学生成了课程开发的主体，成了知识、情感的建构者。其次，这是对文本的尊重，按照接受美学的观点，文本有许多空白和未定点，文本的内涵往往不是唯一的，而是多义的。在文学作品中常常是形象大于思想，阅读文本应当由读者与作者共同建构。多元解读丰满了文本，创新了文本，给了文本真正的地位。作家王蒙有一篇小说被选作教材，写的是作者从新疆回北京探亲，当时北京的孩子时兴玩羊拐，女儿因没有羊拐而叹息，“我”铭记在心。后来又回北京探亲，带来了用心积攒的多半口袋羊拐，可是这时女儿却不屑地说:“早过了玩羊拐了,我不玩羊拐了,玩皮筋了。”课文后面有一道题,要求选择小说的主题:可怜天下父母心;父母心疼孩子,孩子不知道心疼父母;一切事物都在不断变化,人应该与时俱进。标准答案是最后一个。王蒙对此就不以为然,他认为小说有多层意思可以回味:“既有想得到时没得到,得到了不珍惜的意思,也有小小的时间差带给人的各种遗憾,还有可怜天下父母心,等等。”第三,多元解读也是对教师自我的尊重。课堂上精彩纷呈的阅读对话,往往是以教师作为阅读主体,对文本的深入解读为前提的。如果教师只是文本的奴仆、教参的执行者,就难以与文本真正对话,多元对话的教学情境也就很难形成。

价值引导要基于文本。“一千个读者有一千个哈姆雷特”,但一千个哈姆雷特还都是哈姆雷特。这里说的价值引导不是随机渗透的思想道德教育,而是围绕对文本的阅读理解进行的。一要基于文本基本的价值取向理解文本。比如有的同学对《狐狸和乌鸦》的理解是:要想得到别人的东西,就得骗。老师就应当引导学生领悟文本的基调,引导学生体会坏人说好话往往是骗术的一种,要特别警惕,这样让学生在感情判断中明白文本所说的道理。二要基于文本的历史规定性。有学生对作品的曲解,往往离开了具体的历史规定性。比如,学习朱自清的《背影》,认为“父亲”翻越栅栏是违反交通规则;欣赏中外爱情名作,研究的是堂兄妹、表兄妹恋爱违反婚姻法,等等。三要基于文本丰富的内涵。多元解读的根应当生长在作品中,哪怕是“空白”也是属于具体文本的,是此情此景,不能不着边际,胡乱猜想。

价值引导要讲究方法。教学过程的价值引导应当指向明确,不能含糊其辞,是非混淆;应当讲究方法、技巧,顺乎自然;应当辩证分析,不能碰上与预设不同,就当头一棒,要充分肯定可能存在的合理性;应当宽容理解,不同声音是教育民主的温床孕育的,学生出错是正常的,即使是真的错了,也应该宽容。

三、课文情境与教学情境

很多老师都重视教学情境的创设,但有时情境有了,学生动了,课堂活了,质量却没有提高,其中一个重要的原因,是对课文本身的情境重视不够,力气主要花到了文本之外,事倍而功半。这里要注意的是:

课文情境就是教学情境。有些老师一谈到情境教学,想到的是很多外在的东西。其实，最重要的情境就是课文的情境。比如，有的小语教材，一改过去识字教材单调枯燥的面目，而是串词成句，构成了内涵丰富的情境。如：

骏马　秋风　塞北

杏花　春雨　江南

椰树　骄阳　海岛

牦牛　冰雪　高原

这是二年级上册的一篇识字课文，分开来看，是一个个相对独立的词语，连起来读，又像是一首音韵和谐的描写诗，勾勒出一幅气势恢宏、景象万千的中华大地的长卷图。有的老师在导入阶段，先展示图片或用多媒体演示，就是为了“引出”一个个词语，美其名曰“情境导入”——这不是多此一举吗？

问题的探讨和情感的体验要立足于文本情境的规定性。比如一位老师教《雪儿》，多媒体出现了课文的第一小节：

我的腿跌伤了。爸爸妈妈每天要去上班，家里就剩下我一个人。冬天过去了，我多么向往外面那明媚的春光啊！

老师组织学生围绕这段话讨论。

师：你们有没有碰到爸爸妈妈都不在家，就你一个人在家的情况？

生：有。

师：你们是不是感到很寂寞，很难受啊？

生：不是！

生：星期六，爸爸妈妈都不在家，我一个人做做作业，看看书，很舒服的。

生：爸爸妈妈不在家才好呢！在家老是管你，烦死人了！

教师的本意是让学生体验课文中“我”的孤独、寂寞，恰好“雪儿”飞来了，同病相怜，并且产生了一段令人难忘的故事。但因为问题的讨论离开了规定的情境，于是学生的讨论成了断线的风筝，放飞了。

教学情境应该依据学生学习文本的需要而创设。请看李吉林老师教《小小的船》：

情境1：出示蓝天、星空、新月，教师语言描述，创设“我”在院子里观看月亮的情境。

情境2：随着课文的学习，“我”在院子里看着月亮，看着看着，想飞上蓝天，到月亮上去的想象情境。

情境3：随着音乐和教师语言描述，进入“我”已坐上月亮的想象情境。

情境4：出示“我”坐上月亮的剪贴，再通过音乐的强化，进入“我”在月亮上放眼望去的情境，于是看到“闪闪的星星”“蓝蓝的天”……

李吉林老师根据小学生易受心理暗示，想象力丰富的特点，运用图画、音乐与语言描述，引导小学生走入生动的情境，而串联情境的是文本的线索，呈现的画面是文字描述的画面，产生的情境也是由文本情境生发的，只是更直观，更生动，更吸引孩子，更有助于孩子对文本情境的体验、理解。

究竟该用什么方式教语文

学习方式的背后是思维方式和生活方式，学习方式的变革，其实质是在变革思维方式与生活方式。自主、合作、探究的学习方式体现的一些积极的价值取向，是我们面向新的时代，在人才培养中应当提倡的，应当影响、引导所有学科的教学。

一、自主、合作、探究的学习方式应当有“语文化”的解读

曾经有老师向我直言：“自主、合作、探究的学习方式不适合语文教学。”我和老师们讨论后达成的共识是，现在讲自主、合作、探究的学习方式太“教育学”了，太通用化了，我们必须研究的是自主、合作、探究的学习方式怎样“语文化”。比如“合作学习”比较经典的定义是：“合作学习是一种旨在促进学生在异质小组中互助合作，

达成共同的学习目标，并以小组的总体成绩为奖励依据的教学策略体系。”这个定义的前提是：合作学习是小组共同解决某个问题的。但语文的学习有其个性，语文教学中的小组学习可能在揣摩怎样朗读更好，可能分小组进行鉴赏，可能在讨论某个问题，可能在分小组进行角色表演，合作的结果有时是“达成共同的学习目标”，有时是存异的，有时出现了“总体成绩”，有时就是一种体验，等等。这种理解可能更有助于在语文教学中引导学生“学会合作”。

再如探究性学习，比较“规范”的程序有：①明确问题，辨别并界定问题。②确定探究方向，形成预测或假说，包括广泛搜集有关问题，辨别并提炼出主要问题，从中选取中心问题。③组织探究，设计、制订探究方案。④搜集资料。⑤整理资料，进行数据资料的筛选、归类、统计、分析、比较。⑥提出结论，要求学生表达自己在探究过程中形成的见解，并且和别人进行交流，包括解释获得的信息，形成并修正判断，决定、抛弃或改变假说与预测（如果结论与预测不吻合，应重新确定探究的方向，拟订方案，组织探究）。⑦考虑社会活动，要求学生根据调查结论积极参与有关问题的社会决策。显然，这是一种模拟科学研究的探究性学习。对于语文课程在一般意义上是不适合的。我们所说的探究性学习，可以理解为就是在问题情境中发现问题、解决问题并生成新问题的学习，注重培养学生探究意识、探究精神和理性思维的能力。

二、应当正确认识接受式学习

新课程倡导学习方式从单一走向多元，针对过去接受式学习一统天下的状况，特别倡导自主、合作、探究的学习方式，但这并不意味着拒绝接受式学习。接受式学习从形成到发展，经过了一个漫长的历史阶段，现在大家所依据的主要是美国心理学家奥苏贝尔的研究。奥苏贝尔为接受式学习“正名”，明确提出“有意义学习理论”，对人们正确认识接受式学习作出了很大贡献。可以认为，接受式学习是人类认识世界的基本的学习方式之一。新课程包括语文学科不应排斥接受式学习。

然而，现在有些教育理论界的专家根据奥苏贝尔的观点，认为接受式学习应成为主要的学习方式。语文教育界也有专家从此说，主张语文学习应以接受式学习为主，这似乎有些人云亦云的味道。什么样的学习方式应成为主要的学习方式，应视具体学科而言。接受式学习的学习内容往往是以定论的形式直接呈现的，不鼓励学生通过独立的探索去发现知识。而语文课程是实践性很强的课程，语文知识往往是通过大量的语文实践积累的，语文能力是在语文实践中逐步形成的。“告诉”学生写作要诀，并不能使他学会写作。把语、修、逻、文那一套知识体系背得滚瓜烂熟，并不表明语文素养就获得了，更可能的是，这样的学生太在意“定论”“系统”，反而影响了语文素养的形成。语言课程应当更加注重感性的学习，注重体验、感悟、理解、应用，而不应以接受直接呈现的定论为主。

三、学习方式的选择要从学生出发

学习方式的选择要超越方式，教学技术的运用要超越技术，这个“超越”，就是要心中真正有学生，就是要着眼于培育、发展学生的主体性，在超越的基础上研究、把握语文学习的规律，才能择善而从得其法。

比如薛法根老师通过研究认识到文本的语言有三个层次：一是适合儿童现时交流的伙伴式语言，学生能听懂，也能自由运用表达；二是适合儿童发展的社会生活中通用的日常语言，学生经过学习、模仿就能学会的语言；三是文学性语言，这样的语言典范、优美，蕴含丰富的思想和语言的表达艺术，具有言语智慧，但需要学生具备足够的生活积累、知识积累和情感积累，才能逐渐体悟到，富有言语智慧天赋的学生可能会对这样的语言产生敏感，学习得也会更容易一些。用这样的眼光来审视课文，就会发现有些文本的语言是伙伴式语言，无需我们过多地讲解，只要学生自己阅读、体会就可以了。有些文本更多的是适合学生学习的社会生活中通用的日常语言，我们要通过语文实践活动，引导学生学习、模仿、运用，化为自己的语言。而对于文学语言，需要教师进行必要的点拨、引导，甚至更多的是讲解赏析。这样的语言适合学生整体的朗读、积累，存留在学生的记忆里，留待今后在成长的岁月中慢慢融化。（杨伟《走向充满智慧的语文教学——特级教师薛法根与他的语文组块教学访谈录》，《中国小学语文教学论坛》，2004 年第 11 期）

薛法根老师在这里体现的是儿童的主体性、语文的独特性、教师的创造性，这种认识和他的课堂教学一样是值得击掌称道的。但我们经常看到一些老师，方式、技术的意识太强，走向形式化。比如多媒体的运用，在有些老师那里比传统还传统，学生的回答正好“预设”了，就点击出来，学生的回答预设中没有，就置之不理。

有时学生的思维刚要打开，老师却把多媒体打开了，画面的呈现替代了学生的思维。提倡活动、合作，有些老师得其形忘其神，组织学生一会儿小组讨论，一会儿表演，一会儿看多媒体演示，忙个不停，造成教学情境的过分晃动，影响了教学的效率。这些都是应当克服的。

四、语文教学中三种基本的学习方式

结合语文课程的特点，整合教学与学习的需求，我们在研讨普通高中语文教科书编写时提出了文本研讨、问题探讨、活动体验等三种基本的语文学习方式，供老师们参考。

文本研讨：提供经典的阅读文本，创设阅读对话情境，引导学生参与阅读对话，表达交流阅读的体验、感受和思考，侧重提高学生解读文本、鉴赏作品的能力。

问题探讨：着眼于培养发现问题、探讨问题的意识，引导学生发现问题，分析问题，解决问题，进而能提出有价值的问题，在问题驱动下进入学习，在探讨中发展理性思维和批判意识。

活动体验：引导学生围绕学习要求，结合学习材料，开展丰富多样的语文活动，在活动中体验，在活动中思考，在活动中探究，在活动中提高语文综合素养。

注：本文发表于《人民教育》2005 年第 Z3 期。

预设与生成的辩证思考

"动态生成"是新课程课堂教学的重要特征。这个"生成"是相对于"预设"而言的，那么，我们应当追求什么样的生成？期待理想生成的预设有什么要求？怎样对课堂生成进行有效调控？这些都是值得我们关注和探讨的问题。

一、理想生成的主要类型

1. 生成是预设的生长、形成

这是最常见的情况，是指预设的思路、设想，在具体的教学情境中，在师生的交流对话中生长出来。预先的设想变成现实的情境，这说明预设是准确的，教学过程中老师的引导、调控是成功的。顺乎自然，自然而然，水到渠成，教学本身就表现出流畅的美。这类生成工夫在课前，没有精心的预设，就没有精彩的生成。以薛法根老师执教《我应该感到自豪才对》（苏教版第六册）的一个片段为例：

师：儿子说了那么多理由，爸爸为什么还要坚持让儿子把鱼儿放掉呢？让我们一起读读爸爸的话。

生齐读爸爸的话：不管有没有别人看见，我们都应该遵守规定。

师：喜欢这样的爸爸吗？为什么？

生：我喜欢这样的爸爸，他有爱心，教育我爱护野生动物，在爸爸的影响下，我也会成为一个有爱心的人。

生：我喜欢这样的爸爸，因为他无论什么时候，都严格遵守规定。

师：汤姆有遗憾吗？后悔吗？（不）

师：一条鱼和做人的道理哪个更重要？（做人的道理）

师：哪一句话会铭刻在汤姆的记忆里？（板书：铭刻）

生：不管有没有别人看见，我们都应该遵守规定。（板书：不管……都……）

师：生活中我们要自觉遵守哪些规定，请你用上"不管……都……"这组词语说说。

生：过马路的时候，不管有没有警察看见，都不能闯红灯。

生：在校园里，不管有没有老师看见，都不能随手乱扔垃圾。

生：在公园里，不管有没有人看见，都不能随便摘花。

生：喝了酒，不管有没有警察发现，都不能开车，否则，后果自负。

师：生活中有许多规定，不管有没有人看见，都应该自觉遵守。

"不管……都……"是课文中起概括中心思想作用的关键句，教者紧扣这个句子，把工具性与人文性有机地结合在一起，又由课堂拓展到课外，把书本与生活很好地联系在一起，是一个非常精彩的教例。它的精彩是因为薛老师在预设中就抓住这个关键句，设计的两个提示句（"哪一句话会铭刻在汤姆的记忆里？""生活中我们要自觉遵守哪些规定，请你用上'不管……都……'这组词语说说"）导向明确，课堂的有效生成尽在意料之中。

2. 生成是预设的丰富、拓展

这类生成并不改变教师思路，而是比预设的更丰满、更丰富。这是由于教学现场中，理想的氛围已经形成，学生的思维已被激活，对话交流渐入佳境，可能学生灵光一闪，就会把老师的预设拓宽，使教学情境更为丰富、更添情致。且看周益民老师教学《去打开大自然绿色的课本》的片段：

师：想想，诗人为什么说大自然是绿色的呢？

生：因为大自然里有绿树、翠竹、碧草、青山，它们都是绿色的。

生：不对，大自然里也有红花、彩霞呀，并不完全是绿色的。

师：说得有道理！那么诗人为什么偏要说它是绿色的呢？想想，绿色是不是有着某种……

生：我明白了，绿色是生命的颜色，象征着活力。

师：好啊，正是人们常说的"生命之树常青"。

生：确实，在沙漠里，只要看到了绿洲，就等于获得了生命的希望。

生：因为绿色充满活力，像一个少年，朝气蓬勃，热力四射。

生：王安石"春风又绿江南岸"中，"绿"的运用被历代称颂呢！

生：绿色还是环保的同义词，现在人们要吃绿色食品，要住绿色住宅。

师：是的，有人甚至把充满温馨的课堂叫做绿色——（生：课堂）总不会说是到了植物研究室吧。（生笑）

生：我就不同意，难道其他颜色就不能代表大自然的色彩了？

师：好啊，那你说说看，你认为大自然是什么颜色的？

生：我认为大自然是红色的，红枫、红花、红云，万紫千红。红色代表着喜气洋洋，象征着红红火火。

师：红色的大自然，好！蕴藏着热烈，昭示着兴旺，传递着幸福。古诗中对"红"的吟咏也很多，像……

生：霜叶红于二月花。

生：人面桃花相映红。

生：日出江花红胜火。

生：映日荷花别样红。

生：我认为大自然是白色的。白色象征着圣洁、高雅，雪花就是那美的精灵。

师：不错，民间有谚语：瑞雪兆丰年。

生：我觉得大自然是彩色的，人们不是常说"绿树红花""五颜六色""五彩缤纷""橙黄橘绿"吗？你们想，如果只是一种颜色那多单调啊！

师：大家说得可真好。不过我也发现了一个有意思的现象，同一个大自然，怎么各人的体会就不一样呢？

生：肯定不是红绿色盲呗。（笑声）

生：是因为每个人的喜好不一样吧。

生：我想，是每个人对大自然体会的角度不同。

师：精辟！你的发言让我想起了苏东坡的名句——横看成岭侧成峰。刚才我们的讨论是否就是现实的自然和心中的自然的关系？（生点头）那么，现在，让我们一起走进诗人的内心，来体会他心中绿色的大自然吧。

从“绿色”到“红色”，到“白色”，到“彩色”“五彩缤纷”，“想”是超出了预料，而这种意料之外对于执教者也是一种喜出望外，其原因就在于平等、民主的多重对话的情境已由师生共同建构形成，这就容易使学生迸发出求异、创新的思维火花。

3. 生成是预设的批判、改变

叶澜说：“课堂应是向未知方向挺进的旅程，随时都有可能发现意外的通道和美丽的图景，而不是一切都必须遵循固定路线而没有激情的行程。”课堂中的“未知”“意外”，大都来自学生这个最大的变量，在某种意义上，课堂是不可能完全预设的，而这种“未知”“意外”，最为突出的，是对预设的否定、批判，它也可能导致教学思路的改变。但讨论这个问题需要认识到，所谓“预设”，不仅仅是来自教者，课程标准、教材、教参实际上都包含了对学生学习的预设。因此，这里的“批判”“改变”，也是有多个指向的。

比如，面向教材的：

《鹬蚌相争》（苏教版第七册）的故事学起来可真带劲，孩子们诵读着，表演着，乐不可支。奇怪的是，每逢这种时候就分外活跃的小常今儿个似乎游离在外。

我正待悄悄过去看个究竟，他已经高高地举起了小手。

“老师，我觉得课文有问题！”语气是那般的兴奋，“你看，书上写鹬威胁蚌说：‘你不松开壳儿，就等着瞧吧。今天不下雨，明天不下雨，没有了水，你就会干死在这河滩上！’你想呀，鹬的嘴正被蚌夹着呢，怎么可能说话呀？”

“是呀是呀，这样想来下面也有问题。下面课文又写蚌得意洋洋地对鹬说：‘我就夹住你的嘴不放，今天拔不出来，明天拔不出来，吃不到东西，你也会饿死在这河滩上！’蚌正夹着鹬的嘴呢，怎么说话呀，一开口不就让鹬拔出嘴了吗?”其他同学受到启发,也有了新的发现。

这不就是新课程提倡的“生成性资源”吗?我抑制不住内心的欣喜:“同学们不迷信书本,善于思考,勇于发表自己的想法,真是好样的!这样吧,大家就这个问题小组讨论讨论。另外,还可以参阅老师课前发下的这则寓言的古文。”

教室里立刻安静下来,片刻又是唧唧喳喳的一片。

“我同意开始几位同学的意见,课文这样写不妥。”

“我觉得那不能怨编者,古文就那样写着呢,课文是根据古文改编的。”

“不对,古为今用,可并不是照搬照用,不正确的也要修正。”

“要我说,课文是寓言,你想想,鹬也好蚌也好,其实哪会说话呀,那是人们借这么个故事说明道理呢。所以我觉得课文这么写是可以的。”

“我不同意,尽管是寓言,可是想象也要符合实际情况呀。譬如总不能说鹬夹住蚌的嘴吧!”

我乐了:“那叫要符合事物的物性特点。”

“同学们讨论得真热烈,也很有水平。不过咱们不能光停留在发现问题上,我建议,同学们一起动动脑筋来改改教材,再动动手给编辑爷爷写封信,如何?”

“好……”一致通过。

下面是“柠檬酸”小组的一封信。

敬爱的编辑爷爷:

您好!

您组织编写的语文课本真是太棒了!这一本本语文书就像一艘艘小舟,带着我们在知识的海洋里遨游。每次新学期开学发新书,我们总是抢先翻看语文书。

今天上《鹬蚌相争》时,我们觉得有个地方有点欠妥。我们读到“鹬威胁地说”和“蚌得意洋洋地说”这部分内容时,脑子里闪出了疑问:蚌用外壳把鹬的嘴夹住,鹬怎么能说话呢?而蚌一旦说话,鹬不就可以趁机拔出嘴巴逃走了吗?我们想是不是可以这么改:

“鹬用尽力气,还是拔不出来,它狠狠地瞪了蚌一眼,心想:哼,等着瞧吧，今天不下雨，明天不下雨，你就干死在这河滩上吧。蚌好像看透了鹬的心思，得意洋洋地想：哼，我就夹住你的嘴不放，今天拔不出来，明天拔不出来，吃不到东西，你就会饿死在这河滩上！”编辑爷爷，您觉得我们的想法有道理吗？

海门市实验小学四(6)班柠檬酸小组

正当想着为这次讨论画上句号时，又有一位同学要求发言：“我觉得我们刚才的讨论有问题。鹬的嘴被蚌夹住了确实不能说话，可是蚌就不一定了。它是软体动物，嘴应该在壳里，也许不用开合壳就能说话呢？”

呵，链接到生物学上了！“你们说怎么办？”

“上网或去图书馆查资料。”

“请教自然老师去。”

“不，设法弄只蚌来自己观察。”

呵呵，看来这一课还没结束呢！

这是周益民老师所写的《未曾预约的精彩》（海门实验小学内部资料《我们，诗意地生活》）。周益民老师在教后记中写道：在课堂的实施过程中，预设的教学计划同课堂的真实情境经常性地存在某种偏轨。这种“偏”正是学生个人知识、直接经验、生活世界等“儿童化”的外显，正是学生对教材文本碰撞的自我解读。在这样的过程中，学生的智慧正在催放，情感正在撞击，视界正在敞亮，这是比任何设定的所谓知识的目标更可宝贵的。

比如，面向教参的：

《师恩难忘》一文中有这样一首诗：“一去二三里，烟村四五家，亭台六七座，八九十枝花。”我在全班学生一齐朗读完短诗后，正准备往下讲课文时，一位学生站起来问：“以往我们学的诗，第二句后面都是一个句号，可这里为什么是个逗号呢？”我愣住了，这可是我看了好几遍的课文，我怎么就没发现这个问题呢？教参上也没有提到这个问题啊！我不知道怎么回答。课堂一时静了下来，我想，这正是学生敢于向教材、向老师挑战的思考，应该抓住契机，引导学生讨论。过了一会儿，教室里陆续举起了几只手，有的说：“这首诗写的是一路上看到的风景，山村、亭台、花儿都是路边景物，地点没有发生转移，前后意思完整，不能停顿，所以第二句话后不需要加句号。"还有的说："这首诗的每句中都出现两个数字，整首诗一到十10个数字一气呵成，读起来比较连贯，如果第二句句末用句号，就影响了这种效果。"……

这是一位老师的教学手记。我们认为，诗本身没有问题，关键是教学参考资料忽略或回避了这个问题，学生的解读，形成了对短诗的再创造，不仅超越了执教的老师，也超越了编写教参的老师。

比如，面向执教老师的：

一位老师执教《放弃射门》，预设和教案中有一个环节是以"福勒放弃射门，你认为他这样做对吗"为题，让学生讨论。原先的预料是学生会产生两种意见，然后让持相同意见的学生各为一组，双方进行辩论。每一方都要从课文中找出支持本方观点的依据，驳倒对方。

可是始料未及的情况出现了——教师刚一提出"福勒放弃射门对吗"，学生们异口同声地回答："对！"教者预设的教案被打乱了，未免有点慌神，进一步问道："想好了再回答我，你认为福勒放弃射门，对吗？"学生们好像故意与老师作对似的，依旧不约而同地回答："对！"

面对此种情况，怎么办？是坚持预先的教案，还是"弃旧图新"？教师选择了后者，富有成效地完成了这篇课文的教学。

二、新课程课堂教学预设的基本要求

1. 预设要有规律意识

哪怕是面对一个新的班级，我们都有可能进行比较成功的预设，这是因为我们可以遵循基本的规律，比如某年龄段学生身心发展的规律，相关的教育规律和认知规律；某一学科课程知识体系构成的规律和学生学习的规律；时代对培养目标、培养模式的要求和学生共性的知识、情感的经验，等等。就语文课程而言，无论是"教什么"，还是"怎样教"，也都有规律可循。比如：

工具性与人文性的统一，是语文课程的基本特点。（课程性质与地

位）

丰富语言的积累，培养语感，发展思维，使他们具有适应实际需要的识字写字能力、阅读能力、写作能力、口语交际能力。语文课程还应重视提高学生的品德修养和审美情趣，使他们逐步形成良好的个性和健全的人格，促进德、智、体、美的和谐发展。（课程的基本理念）

语文课程丰富的人文内涵对学生精神领域的影响是深广的……应该重视语文的熏陶感染作用，注重教学内容的价值取向，同时也应尊重学生在学习过程中的独特体验。（同上）

关注学生的个体差异和不同的学习需求，爱护学生的好奇心、求知欲，充分激发学生的主动意识和进取精神，倡导自主、合作、探究的学习方式。（同上）

阅读教学是学生、教师、文本之间对话的过程。（教学建议）

阅读是学生的个性化行为，不应以教师的分析来代替学生的阅读实践。（同上）

抓住这些，有助于对学科课程内在规律的把握，对于课程实施又有很强的针对性和操作性。

2. 预设要有宏观视野

预设的视野要宽广。不仅仅要看到一篇课文，也不仅仅要看到一个单元、一本书，而是要看到整套书和课程标准。课程标准的制订和教科书的编写，都包含了对教与学的预设，都渗透了对学习方式和教学方式的指导，以上列举语文课程的若干规律，就是课程标准的表述。再如，《语文课程标准（实验稿）》提出："汉语拼音教学尽可能有趣味性，宜以活动和游戏为主，与学说普通话、识字教学相结合。"为落实这一要求，苏教版语文教材创设了帮助学习声母、韵母的情境图和语境歌。把学习拼音字母寓于故事之中，并辅以朗朗上口的语境歌，化难为易，寓学于玩，既增加了学习的情趣，又渗透了文化素质的教育。例如"b、p、m、f"一课，安排了四部分内容：一幅情境图，一组表音表形图，书写示例和拼读练习。情境图的意思是说小朋友跟着爸爸上山看大佛，爸爸教育孩子要爱护大佛。教材配有一首语境歌："爸爸带我爬山坡，爬上山坡看大佛。大喇叭里正广播，爱护大佛不要摸。"教学时可以看看图画，讲讲故事，读读儿歌，让学生轻松学会四个字母，并在愉快的体验中受到爱护文物的教育。为有效解决拼音与学汉字相脱节的矛盾，教材在学习程序上采取了拼音、识字“双线并进”的编排方法，将最常用的80个汉字(大多是独体字)，分五组分别安排在五个拼音单元中，每组16个字，四字一顿，合辙押韵，每字均配有精美图示。如：“人口手足，舌牙耳目；金木水火，山石田土。”这样编排，意在让学生学会并掌握在老师的指导下独立识字和借助拼音识字两种方法，尽量做到先认字，多认字。同时通过拼读字音又巩固了拼音，从而收到拼识相互促进的协同效应。学生在开始时认识了这些部首字，就为他们今后进一步识字，查字典打下了基础。理解课程标准和教科书这些“预设”的基本精神，无疑有助于我们改革汉语拼音教学。

3. 预设要有坦然心态

心态的坦然，是因为教师认为自己该做的都做了，从主观努力来说，竭尽全力，无悔无憾，可以坦然地面对学生，坦然地面对课堂，坦然地面对文本，可以形成教学的效能感，这需要教师有很强的事业心，“为伊消得人憔悴”。现在有些教师对集中备课不热心，独立钻研的“板凳功”不够，走向课堂时心里不踏实，他们的课堂是难以见到精彩的。

要有坦然的心态，还要立足于“长备课”。苏霍姆林斯基在《给教师的一百条建议》中谈到这样一件事：区训练班的学员和区教育处视导员一起听一位教师上课，这堂课上得非常出色，原来教师们和视导员打算在上课的过程中做一些笔记以便课后提意见，但他们都忘记做笔记，他们和学生一样，屏息坐着，听得入了迷。课后一位老师问执教者花了多少时间来准备这节课，那位教师回答说：“这节课我准备了一辈子，而且，一般地说，每堂课我都准备了一辈子。但是，直接针对这个课题的准备，也可以说是实验室的准备，则仅花了约十五分钟。”苏霍姆林斯基认为“这个回答打开了教学技艺的一项奥秘”。我们认为，这位老师的回答实际上提出了长备课与短备课的问题，短备课即备一篇课文或一组课文，这自然很重要，但如果不注意长备课，不去逐日汲取，让新的知识、思想、感情如不断流淌的潺潺小溪，充实着思想的江河，就难以有成功的短备课。关于长备课的内容，苏氏曾提出主要读三类书：“关于你所教的基础知识的那门学科的书籍；关于作为青年楷模的那些人的生平和斗争的书籍；关于人特别是儿童和男女青少年的心灵的书籍(心理学方面的书籍)。”这种阅读导向对于我们广大教师也是合适的。这样，不断积累知识，不断优化自己的智力结构，关于一节课预设的时间和质量都会大力提高。

4. 预设要有留白艺术

新课程期待课堂教学师生互动、动态生成，其预设是一种不同于以知识传授为主的教学预设，是一种不同于制造标准化、统一化的教学产品的教学预设，是一种不同于以“忠实执行”为价值取向的教学预设。新课程需要新教学，而新教学需要新的预设。这是一种留给教学足够空间的预设，是一种包含着丰富生成性的预设，是一种宽容偶然性和突发性，促成多样性和创造性的预设；这是一种能够促进教师和学生共享教学的愉快，不仅有高水平的思维和智力加工，而且有积极的情绪体验和情感高峰的预设。这样的预设，内在地包含着教学生成，内在地包含着教学创造。可以说，成功的教学预设本身就应该给教学生成与教学创造提供充分的空间；而失败的教学预设可能有诸多不足，重要的一条恰恰是限制、抑制甚至是扼杀了教学生成与教学创造。（杨九俊主编《教学现场与教学细节》，教育科学出版社，2004年版第4页）

三、课堂生成的有效调控

1. 让学生成为真正的学习主体

传统教学观认为，教学是教师向学生单向灌输的过程，新课程强调，教学是师生一种特殊的交往活动，是同为主体的人精神层面上进行的交往。而对动态生成的有效调控，其指导思想必须坚持以学生发展为本，让学生成为真正的学习主体。这就是要倡导教育民主、教育平等。精彩的生成源于精心的预设和民主平等的教育氛围，有效调控指向是教学情境的优化，其中包括追求师生人格上的平等。只有师生同为主体、相互平等地交流对话，学生才会如坐春风，才能敢于直言、畅所欲言，经过锻炼，做到“言者善绘”“闻者有味”；或者“言者善辩”“闻者善断”；或者“慷慨陈辞、直言不讳、言无禁忌、力排众议”。（黎见明《导读育人》，《四川师范大学学报》1987年第2期）这是有效调控所期盼的一种境界。因此，教师面对生成，或顺势推进，或调整预设，都应是适应学生学习的内在需求，使学生真正成为学习的主人。

2. 将课堂生成作为教学资源进行有效整合

学生是教学资源的开发者，这种“开发”往往就是课堂的随机生成，教学调控就是捕捉、整合有关生成的信息，使有关生成成为新的教学资源，这种有机整合往往是促进新的生成。如一位教师教学《美丽的大兴安岭》时，一位学生把"大不一样"读成"不大一样"——

师：他刚才哪里读错了？

生：他把"大不一样"读成"不大一样"了。

师：这两个词意思相同吗？

生：意思不同。"大不一样"是说差别很大，"不大一样"是说差别不大。

师：阅读课文，想想秦岭和兴安岭差别大不大。

生：它们差别很大。秦岭"险峻"，而大兴安岭是"那么温柔"。

师：谁能根据作者有关的描写到黑板上来画画，看看是什么样子的。（生作画）

师：（指图）一个险峻，一个温柔，看来二者的确是……

生：大不一样。

教者巧妙利用学生读错这一资源，引导学生辨别比较，使学生加深了对课文的理解。

3. 要学会回归文本去解决问题

教学现场的生成，基本上是因文本而有；教学现场调控的重要途径，是回归文本去解决问题。问题解决了，阻滞的教学思路就打通了，生成与预设也就有机地统一了。比如有位老师教《一粒种子》，在学生说到"种子听见外面很热闹，就想出去"时，问大家"热闹"在课文里指什么，不料一位学生说"热闹"就是很乱。这时，教师不慌不忙，因势利导："你说的'乱'在课文里是指哪些事情？"大家便齐读课本："春风在唱歌，泉水在唱歌，小鸟在唱歌，小朋友也在唱歌。"教师便趁热打铁："它们在唱什么歌呢？"学生回答——

"春风在唱：沙沙沙，沙沙沙，小种子，快长大！"

"泉水在唱：哗啦啦，哗啦啦，我要流到小河里！"

"小鸟在唱：春天在哪里呀？春天在哪里？……"

"小朋友也在唱……"孩子们一下子说不上来。老师说:"怕不是唱《小树苗》吧? 来,老师指挥大家唱一个。"

快乐的歌声才停下,老师又问:"这个'热闹'是'乱'吗?"

那位学生站起来说:"这不是'乱',是可爱的春天来了,大地醒了,在欢迎春天!"

学生误读"热闹",看似"添乱",教者引导得法,回归文本;学生不仅解决了问题,而且对文本又有了新的感悟和见解。

再如:

师:请大家默看课文,思考:黄继光去炸敌人的火力点,是怎样舍身扑向敌人的机枪口的?(老师发现有几位同学在议论什么,就问他们议论啥)

生:黄继光舍身扑向敌人的机枪口非常勇敢,但他就一定要用胸膛扑吗? 难道就没有别的方法了吗?

师:(一愣)是啊,有没有别的办法呢? 请同学们再认真看看课文,给黄继光叔叔想想办法。

生:从武器方面说,黄继光的手雷炸塌了敌人火力点的半边,敌人的机枪再响起来,他已经没有一件武器。

生:从身体上说,在前进的途中,他身负七处重伤,也不可能再到别的地方找或拿什么武器了。

生:从战友的情况看,同去的两个战士,一个牺牲了,另一个也负了伤,没有能爬到火力点前。

生:从火力点的破坏性方面说,战士们屡次突击,都被压了回去。炸掉半边后又响起来,冲到半路的战士们被压在山坡上。

生:从时间上说,黎明前攻不下5979高地的主峰,一夜奋战所夺取的山头就会全部丢失。现在天快亮了,规定的时间马上到了。要夺取战斗的胜利,只有用自己的胸膛堵上去一条路了。

生:黄继光叔叔用自己的宝贵生命换来了战斗的胜利。

教师的可贵之处，也是充分利用课堂生成的即时资源，引导学生再细读课文，积极思考，使学生的理解更加深刻，情感也得以升华。

4. 面对再棘手问题，要亮明观点

面对价值偏离的生成，要进行明确的价值引导。这既是处理好多元解读与价值引导的关系，又是语文课程必须坚持的“情感、态度价值观”。如一位老师教学《孙悟空三打白骨精》：

师：孩子们，让我们打开课本，读一读。有没有疑问？有没有敬佩？有没有憎恨？有没有同情？有没有气愤？……说说你的感受。

生1：我同情孙悟空，因为他总是受冤枉。

生2：我憎恨唐僧，因为他总是错怪孙悟空。

生3：我憎恨白骨精，因为她用心险恶。

生4：我敬佩白骨精，因为她想吃唐僧，一次又一次失败，却不泄气。

师：有自己的见解！

生5：我也敬佩白骨精，她很会动脑子。

……

显然，这位老师“随波逐流”，误导了学生，放弃了责任。正确的做法是围绕不同意见，组织学生讨论，引导学生从目的、手段、结果等方面去认识白骨精的本质。

面对无法解释的，坦诚相告。有时学生会生成一些怪问题，老师既不能粗暴指责，也不能装作不知，而是要坦诚相告，或者组织学生课后探究。如一位老师教《蜘蛛》：

生：老师，蜘蛛有几只脚？

师：（一愣）坦白说，我平时留心不够，说不出来，谁能讲出来？

（生互相观望，无人应答）

师：这样吧，我们课后去留心观察，得出准确结果，也可以问问生物老师，查查相关资料，好吗？

生：（有兴趣地）好！

教师坦诚地承认自己没有留心观察，知识面不宽，让学生去问、去查，比起躲躲闪闪、含糊其辞要好得多。后来这位老师查到蜘蛛有8只脚，与学生交换了课后了解、探究到的信息，使学生感触很深。

注：本文收入《小学语文新课程教学论》(南京大学出版社2005年版)。

教学细节的特征与应用

人们常常有这样的感觉，一些文艺作品初读之时，爱不释手，但年久日深，脑海里仅剩下几行陈迹，唯有其中的典型细节，仍然记忆犹新。比如有人说，读过《诗经》，印象最深的是《静女》的首章。因为这里有个精彩的细节："静女其姝，俟我于城隅。爱而不见，搔首踟蹰。""搔首踟蹰"这个细节，把等待恋人的焦急心情和惶惑神态刻画得惟妙惟肖。走进课堂，我们也有同样的感觉，有些老师的教学细节令人历久难忘、回味无穷。吴战垒先生在回忆他的老师词学大师夏承焘先生的讲课情景时，说夏先生有一次在黑板上写出"鬼灯一现，照见（　　）面"请同学们填空，诸同学填上"狰狞""阴森"等词，不料夏先生填的是"桃花"二字，"桃花面"给人感觉更加阴森、恐怖。几十年后吴先生对这一细节仍然难以忘怀。可见，与文艺创作一样，精彩的教学细节也是魅力无穷的。

一、细节的特征

细节，是"细小的环节或情节"（《现代汉语词典》）。在文艺作品中，细节是指细腻地描绘人物性格、事件发展、社会环境和自然景物的最小组成单位。教学细节一般是指教学行为中外显的最小单位。人们所讨论的"教学细节"，总是内蕴某种意义的，应具有如下特征。

1. 具象性

这是教学细节最为显著的特点，如果从不同维度审视，它应当体现以下几点：第一，它是独立存在的。不管细节多少，它总是一个“单位”构成，具有相对独立存在的意义和价值。我们在研究教学问题时，把细节“挑”出来讨论，就是因为一个细节就是一个相对完整的“世界”。第二，它是具体形象的。细节总是看得见、摸得着、听得到的。相对于抽象，它是形象的；相对于理念，它是行为的；相对于内蕴，它是外显的。有时，它就是一句话、一个动作、一种表情、一幅场景。第三，它往往与精致化的努力联系在一起。这种具体可感的教学行为告别了粗疏化和随意性，常常让人眼前一亮，感受到是有设计、有创意、有匠心的，是包含了教者精致化的努力的。

2. 情境性

就课堂教学而言，细节就生长在具体的教学情境之中。教学情境相对于教学细节，其意义有：①整体性。教学情境是由多种教学要素有机整合、融合而成，并产生特定的情感氛围、心理氛围的“场”。教学细节应当是教学情境的有机构成，在本质上应当与这个“场”的氛围是和谐的、协调的。②开放性。在教学情境中，师生、生生，群个、群群，预设、生成，书本、生活，课内、课外等，相互之间是开放的，这就使得教学细节的出现呈现出缤纷的色彩。它可能是个体行为，也可能是群体行为；可能是教师发出的，也可能是师生互动的；可能是精心的预设，也可能是临场的机智……教学情境的丰富性决定了教学细节的丰富性。③发展性。教学情境是流动的、生长的、发展的，情境的发展推动了教学过程，生成了新的教学环节。精彩的教学细节往往构成教学过程的亮点，甚至催生教学高潮。

3. 意义性

所谓一叶知秋，见微知著，一滴水见太阳。一些教学细节正是具有教育学意义上的价值和作用，所以才值得我们品味、咀嚼。这种意义主要体现在：第一，教育性。一些好的教学细节是先进的教学思想、教学理念的形象外现。比如，让很少能够举手回答问题的同学“懂了举右手，不懂举左手”，以免在“举手”这个环节上让同学瞧不起，这类教学细节体现的对学生的理解、尊重、爱护、保护，本质上体现了教师正确的教育观念。第二，关节点。恰如我的同事彭钢先生所指出，在某种意义上，教学细节“还要求教育行为处于教学过程的关节点上，对教学具有重要的推动和联接作用”。“只有处于教学关节点、联接点上的教学行为”，“才具有推动、激活、联接和延续教学过程的作用，才具有重要的教学意义和教学价值”。第三，隐喻意义。一些对渲染氛围、描绘场景起作用的细节，往往别有他意，甚至是意味深长的。这在文艺作品中可谓俯拾皆是。比如影片《林家铺子》中有这样一个画面：一条小船在江南水乡的河面上轻轻荡桨，徐徐前进，渐渐进入乡镇之内。突然，一盆污水从沿河住宅的窗口泼下河面，顿时，宁静气氛被破坏，污水搅动了河面，紧接着画面上叠印出字幕“一九三一年”。这里污水泼河这个细节，小中寓大，耐人寻味。编导者借这个生活细节点明了日本帝国主义的侵略破坏了中国人民的正常生活，在全国各地造成了极为深刻的影响，一切都混乱了。有些教学细节也具有这样的隐喻意义。比如，教学朱自清的《春》，一位年轻的女老师身着得体的绿装，本身就会给人春意盎然的感觉。如果教学《装在套子里的人》，老师身着长衫，恐怕也会引起学生的类比联想。

二、细节的创生

精彩的教学细节并不是凭空而来的，它需要精心打磨，匠心独运。

1. 更新教育理念

教学行为总是教育理念的外显。周杰伦的歌里有一句说：“观念不及格，其他全部是垃圾。”诚哉斯言！教育理念最为核心的，是真正以学生发展为本。我们在校听课时看到一个场景：老师的知识讲解错了，自己并没有意识到。教室后面同一个教研组的老师和同学们一一举手参加讨论，把任课老师出错的地方点明了，那位老师心领神会，随即在引导讨论过程中纠正了错误，化解了一次教学危机。下课后，我们就任课教师会不会丢面子向教研组长请教，教研组长告诉我们，帮助任课教师临场纠正自己的教学错误，这已成为该校新的教学常规之一。因为既然以学生为本，就要首先替学生考虑，为什么要让学生带着错误的知识到下一节课、第二天甚至更长时间呢？形成了习惯，老师不会介意。在这里，我们可以理解到什么叫“以学生发展为本”。如果真正具备了正确的教育观念，在教育设计、教学处理方面，我们就会具备一种自觉的意识，就会习惯成自然，学生就会真正成为学习的主人。

2. 精心揣摩文本

在语文教学中，不少教学细节是与文本的细节融为一体的。无论哪个学科，教学细节的设计都应以吃透教材为基础。锡山区东亭中心小学的凌虹老师，在讨论教学细节时，引用过薛法根老师一则教例。

薛法根老师执教《爷爷的芦笛》一课，在结课时，他走向黑板，在题目上加上“啊”字和两个标点，使之变成“啊，爷爷的芦笛！”然后要求学生将它放在课文的三个情景中，读出这句话的情感色彩。

在美好的遐想中，耳边响起爷爷那“带着河水味”的芦笛声，“啊，爷爷的芦笛！”读着读着，学生仿佛看到爷爷慈祥的笑容，和作者一起沉浸在美好的回忆中，仿佛听到了从遥远的岁月深处传来爷爷的笛声，这句话学生读得温馨而绵长。

在风和日丽的五月，爷爷教“我”做芦笛，并吹出清脆悦耳的声音，“啊，爷爷的芦笛！”读着读着，学生和作者一起沉浸在美好的回忆中，这句话学生读出了喜悦与自豪。

在狂风怒潮拍打“小闸屋”的夜晚，亲切的芦笛声使“我”摆脱恐惧，“啊，爷爷的芦笛！”读着读着，学生仿佛刚刚经历无助的孤独、无边的恐惧，突然听到爷爷的芦笛似拯救的福音，这句话学生读出了喜出望外，同时读出了成长的力量。因为他们也读懂了爷爷那句朴实而深刻的话：“河边的孩子不沾点海水长不大。”

这个结合课文的教学细节，整合了课文内容，让学生通过连续的三次朗读，把不同时空、不同环境的三个情景衔接起来，而贯穿的线索就是爷爷的芦笛。同时，学生能着眼全篇，结合不同情景读出情感，对课文的细节有了更深刻的理解，对文章起到温故而知新的作用。可以说，没有对文本透彻的理解，是难以设计出这样精彩的细节的。

3. 追求创新设计

精彩的教学细节，常常是教者匠心所得。这种创新设计，往往是基于学生、文本、学科的教学规律和一定的教学条件的最佳表达方式。比如，于水正老师教学《梅兰芳学艺》，选一个读懂课文的女孩汇报自己对关键词语“盯着”“注视”的理解。小女孩站在讲台前的凳子上，于老师左手轻扶着她的后背，右手高擎起话筒做鸽子飞翔状，背着课文中的句子“他常常盯着空中飞翔的鸽子”，小女孩漂亮的大眼睛随着于老师的话筒滴溜溜地转。于老师说，这就叫“紧盯”。接着于老师将话筒放低，做鱼儿在水中游的样子，小女孩瞪大眼睛，十分专注地看着。于老师说，这就叫“注视”。这个小女孩和于老师一起表演的细节把抽象的内容形象化，把词语教活了。这个活动既符合小学生喜爱表演的特点，又是十分“语文化”的，相信一定会使学生历久难忘。再如，有个老师教叶圣陶先生的《瀑布》，教到“山路忽然一转，啊！望见了瀑布的全身”这一句时，先让学生转过身去，面对着教室后面读课文，待读到“山路忽然一转”时，再转过身来。与此同时教师忽然在大屏幕上展开一幅色彩鲜艳的黄果树瀑布图。全班学生仿佛身临其境，惊喜之情油然而生：“啊！望见了瀑布的全身！”在这里，山路忽然一转看到瀑布的惊讶，与学生诵读时忽然看到彩图的惊喜，巧妙地融合在一起，形成情感共鸣，令人拍案叫绝。

4. 现场巧妙生成

教学细节绝大多数都是预设的，但不管教师考虑得怎样周全，总是难以穷尽教学现场的可能性，这就需要现场的教学机智。南通的王爱华老师曾谈到过自己的一次教学经历。她在陕西咸阳教《难忘的一课》，请一位小男孩朗读课文，小男孩带着浓重陕北口音的朗读引来了数百人的哄堂大笑，这令小男孩十分尴尬，他红着脸低下头。王老师听出小男孩朗读时的认真和努力，真诚地微笑着对小男孩说道：“虽然你的普通话不准，但你读得很认真，很有感情！”顿时，现场爆发出一阵热烈的掌声。这掌声是送给小男孩的，也是送给王老师的。因为王老师的这句话照应到课文中老师和船员的对话：“我的普通话说得不好，是刚学的。”“你讲得很有感情，学生学得也很认真。”王老师对小男孩的评价既为小男孩解了围，又将教学现场的情境与课文的情境融合了，达到了和谐的统一，自然显现教学智慧。这样的细节既是一种教学能力，更彰显了老师的教育理念，彰显着老师对学生的人文关怀。

注：本文发表于《小学语文研究》2008年第1—2期。

下篇

行板如歌

学会思考

教育思想，是人们对教育的理解并贯注实践的观念形态。苏霍姆林斯基说，校长的领导首先是思想的领导。正是先进思想的领导，使整座校园焕发出光泽、光亮、光彩。这也使“一位好校长就是一所好学校”的推论得以成立。《淮安中小学卓越校长教育思想录》整体呈现出一批优秀校长的教育思想，在对淮安教育产生引领作用的同时，也给我们带来不少的启迪。

第一，校长要养成思考的习惯。思想源于情怀，正因为我们具有理想情怀，有教育追求，我们才会对教育进行认真的思考。我们思考，是因为我们希望学校更美好，教育更美好，学生更美好，世界更美好。张元贵校长的“担当教育”、戴铜校长的“幸福教育”正体现着他们美好的教育情怀。思想有助于改进实践，如果说“行”的过程是“尝试错误”，那么“思”的结果则是避免再错。所以有了思考，我们才能在不断变化的环境中处于主动，立于不败。有了思考，我们的行为才能减少盲目，走向自觉。且行且思，应该成为我们的工作习惯，乃至成为一种生活方式。思想促进创新，校长的教育思想往往是在实践中慢慢体悟形成的。校长的办学实践从一定意义上说是在“寻找自己的句子”，是对学校文化特色的追寻，是努力体现创新性的。所以，具有思考意识，养成思考习惯，对于一位校长是十分重要的。

第二，校长要抓住思考的重点。有所不为才能有所为，有所不思才能有所思。校长的思考应该是有所侧重的。一思办学目标是否正确。目标与方法相辅相成，但目标定位是前提，目标对了，步步为营，时时逼近；目标错了南辕北辙，一错百错。

方向明了，信心足、干劲大；方向不明，人心散、士气低。对于一位领导者而言，轻视研究“怎么做”是不对的，而忽视研究“为什么做”“要不要做”更是不对的。原因简单，一旦定向错位，好方法和大干劲也许会让事情变得更糟。所以，“做正确的事”远比“正确地做事”重要。二思管理重心是否突出。特别关注那些“牵一发而动全身”的问题，关注那些构成“学校核心竞争力”的事体。一句话，对那些影响办学目标达成的关键因素，要常思不懈，一抓到底。我在省教科院时，就与淮安市的很多中小学校长有着交往，到了省教育学会工作之后，与校长们的接触面在不断扩大，对校长的了解也逐步深入。我发现淮安有不少的校长，很善于思考，难能可贵的是，他们能够思考的问题具有基本性，是发展进程中绕不开去、贯穿始终的问题；具有普遍性，是同类学校甚至所有学校都亟待解决的问题；具有前沿性，因为区域教育走得较前，因为学校发展态势较好，就较先碰到这些问题。他们还能够把党和政府的教育方针与本单位的客观实际紧密结合，确定适合自己的办学目标，并带领广大员工为之矢志不渝地拼搏。这本《淮安中小学卓越校长教育思想录》正是记录了他们艰苦奋斗的足迹。

第三，校长要争取思考的时间。闲暇出智慧，忙碌无思想。人的精力是有限的，校长要设计好自己的日程，努力拔冗超脱，腾出更多的工夫来考虑学校生存和发展的大事。一要学会时间管理。面对每天的千头万绪，应分出轻重缓急。要知道，缓事未必轻，急事未必重。下决心从事务怪圈中跳出来，下狠心从无谓交际中逃出来。我个人推崇用百分之七十的精力做百分之三十的事情；用百分之三十的精力做百分之七十的事情，这样重点与一般兼顾，可以挤出时间来。同时，还要学会留点时间给自己。不少校长朋友，斗志昂扬，匆匆忙忙。我更希望的是斗志昂扬，有闲有忙。想得更清楚，更明白，忙得更有章法，更有成效。要明白，忙里偷闲是一项本领，闲庭信步是一种境界。二要学会放权用人。勤是立身之本、立业之基。然而仅有校长一人之勤是不够的，校长要想办法调动下属的工作积极性，激励大家都勤起来。成功管理者的办法可借一用——教师能管的事，主任不管；主任能管的事，副校长不管；副校长能管的事，校长不管。从这个意义上说，校长有的时候可以变得“懒”一些，有些方面可以装得“笨”一些，这样的“懒”与“笨”不仅让校长赢得了更充裕的闲暇，而且让教师干部感受到了更温暖的信任，让教师发挥出更聪明的才智。现在提倡分布式的领导，就是主张让在具体岗位上担责的同志发挥专业领导的作用。这样不仅是减轻校长的压力，更是培养专业领导力量，壮大领导共同体，提高领导效能。

《淮安中小学卓越校长教育思想录》这本书的出版，对于提升淮安中小学管理水平和实现淮安基础教育新跨越都是一件有意义的事。英国文豪萧伯纳说："你我是朋友，各拿一个苹果来交换，交换后仍然是各有一个苹果；倘若你有一个思想，我也有一个思想，把各自的思想相互交流，那么每个人就有两种思想了。"希望有更多的教育同仁分享淮安这批优秀校长的思想，进而生成新的思想"金苹果"，为更多的校园带来硕果累累、满园飘香。

注：本文系作者为《淮安中小学卓越校长教育思想录》（江苏教育出版社 2015 年版）一书所写的序言。

创造教学研究的黄金时代

《南京市教学研究年鉴》正式出版，是一件可喜可贺的事情，其意义至少有三个方面。第一是记载。让人回望的事件，值得存留的文章，应当推崇的人物，借助“年鉴”的记录可以让我们的记忆更加清晰生动。第二是交流。“年鉴”的作者、编者、读者，为了一个共同的目标，走到一起来了，思想的、情感的交流会让友谊更加醇厚，思考更为深刻。第三是引导。“年鉴”本身就体现了一种价值取向，相信会对读者形成冲击，会激励更多的同行奋发前行。

因为有写序的任务，我有了先睹为快的机会。坦率地说，起初拿到书稿的清样，只是准备随便翻翻，但不经意间扫过几页，我态度改变了许多，因为我感觉到很有些看头，而且引发了我对教学研究工作的不少思考。“翻—读—思”的过程，足可见“年鉴”的厚重产生的吸引力，同时也可以说明“年鉴”就是一个对话的平台，通过对话，可以深化我们对教学研究的认识。

教学研究是许多教师共同关注的话题，借助“年鉴”的话语平台和思想资源，我想在三个方面和大家展开讨论。

一、我们为什么要做教学研究

“年度人物”余颖老师说得好：“教师要把事业当作追求意义的过程，教育的生命正是在对教学教育的求索过程中逐渐丰盈和充实起来的。”曹勇军老师认为，教学研究应当是一个“有追求的教师的生存状态”。他们的感悟告诉我们：教学研究首先是一种人生价值观的追求和体现。其次,“三百六十行,行行出状元”,就是因为行行有学问,你把手中的活儿当学问做了,你在流水般的时光中努力追求人生的价值,你的生活就有了意义,生命就可能因之而丰盈华美。因为教育是从事人的工作,是非常丰富复杂的。以教学说,专家们认为,教学这种活动是如下三种侧面复合交错而形成的:认知性、技术性的实践,人际性、社会性的实践,道德性、伦理性的实践。“年度人物”朱建廉老师对这个问题也有相当深刻的理解,他认为,教学活动是复杂的,这种复杂性决定了教师劳动必须具有创造性。这些都决定了教师必须从事教学研究。同时,我们还应充分认识到教学研究的“当下”意义。走进新课程以后,我们面对许多新的变化,从教学角度看,比如,怎样整体把握新的学科课程,三维目标应当怎样理解和落实,预设与生成应当构成什么样的关系,怎样在课堂教学中建构积极主动的思维文化,“面向全体”怎样才能落实到每个鲜活的个体身上,怎样在教学中照顾不同层次的学生和一些特殊学生,现代学习方式与传统学习方式怎样有效整合,等等。如果没有研究意识,就不可能适应新课程的要求。许多同志都说,新课程实施以后,教师的专业发展拉动了,专业化进程加快了,这是因为许多教师都成了研究者。

二、我们怎样做教学研究

第一,要有自己的教育哲学、教学理念,也就是要有自己躬身以行、执着坚守的东西。杨瑞清老师认为在五里村“人人都是受教育者,人人都是教育者”,这就是他的教育哲学,他的成功就在于对这个理念的践行和坚守。李吉林老师认为情境对于学生的学习和生长富有意义,她数十年如一日,去探索、去研究,卓然而成教育家。有了先进的教育哲学、教学理念,我们的教学研究就会有凝聚的力量、高尚的意味,而不是为教研而教研,或者零敲碎打,不得章法。

第二,如前述及,把工作当学问做,教学研究应当是一个整体,“一张皮”。苏霍姆林斯基就是这样的典范。他在繁忙的教育与管理之余,以顽强的毅力从事研究,坚持写教育日记,曾先后对 3 700 名学生作个案记录,能详尽说出 25 年来对 178 名“最难教育”学生所进行的工作和学生曲折成长的过程。苏氏的教育思想至今仍在滋养着广大的教育工作者。对于广大教师,特别要强调的是,课堂是我们成长的地方,围绕课堂教学质量的提升,就值得做很多的研究,值得做一辈子的研究。不少同志感叹名师太少，甚至有人引用李白的诗句诉说内心的荒凉：“孤帆远影碧空尽，惟见长江天际流。”于漪老师却说：“三次备课成名师。”于漪老师所说的“三次备课”，第一次是不看任何参考资料，用尽自己的才力去钻研教材，设计教学。第二次是把有价值的参考资料看遍，取人之长，重新备课。第三次是在教后反思的基础上再度备课。于漪老师备课的过程，就是一个不断学习、持续研究的过程。如此这般，持之以恒，不想成为名师恐怕也不太可能。

第三，提倡科学精神、问题意识。教学研究是基于教学实践进行的，而且更多是基于自身的教学实践。这种研究提倡对我们日常生活的怀疑和追问。如果对日常生活总是熟视无睹，如果每天都是重复昨天的故事，生活和工作就可能失去光泽，我们就无法解除许多“遮蔽”。余颖老师说，我们要经常追问习以为常的东西，不断叩问其发生、发展、变化意味着什么，努力获得一种意义的理解。这样，太阳每天才是新的，教学生涯才不断生长。

第四，要不断攀登研究的境界。台湾学者詹栋梁提出，教育研究有三个视角：一是“前科学”视角，这时的实践和研究更多是经验性的。二是“教育科学”视角，用理论的光辉映照教育实践，在教育实践中创造性运用教育理论。三是“超科学”视角，即在某种意义上超越教育理论，在哲学、时代精神层面上审视教育理论和实践。这也可以看作教育研究的三重境界，有志者努力登攀，拾级而上，必定能领略到万千气象。

三、我们怎样形成教学研究的成果

多样性应当是教学研究成果呈现的重要特征。教学研究更多的是“行动研究”，“问题即课题，工作即研究，教师即专家，效果即成果”。比如曹勇军老师关于作文本的设计，就是一件教学研究的成果。同样，一节好课的设计，一个有意义的教学问题的讨论，一次值得回味的教学反思，当然也包括撰写教学随笔、教学日记、教学案例等，包括如《年鉴》中收录的论文、提及的论著，只要是指向教学，是在用思想的内在品质提升教学，其成果都应当得到认可。

实践性是教学研究成果的内在要求。改善教学行为，改进学生学习，提高学习质量，是教学研究最主要的成果表达。构成物质形态的文章和论著，仍然应当是来自实践，为了实践。

创造性是任何研究的本质规定。教学研究成果最高级的表达方式就是说自己的话。当然，也可以说洋人的话、古人的话、他人的话，有时还是十分必要的，但如果没有自己的理解，不能够引起我们对事物本身的思考，仅仅照搬，就有点没有出息了。我在许多场合提出，反对说“普通话”——普普通通的话，得到不少共鸣，这使我感到由衷的高兴。《年鉴》中许多文章得以入选，在我看来，就是有些个性化表述的色彩，就是说了自己的话，而遴选这样的文章，其价值引导的方向不言而喻。

在谈论课程改革的时候，我多次引用美国一位名人的话描述：现在的时代就是黄金时代。我从心底里为这样的黄金时代欢呼！《南京市教学研究年鉴》的出版，是南京市基础教育课程改革锦上添花的一件盛事。就教研领域说，这也是一件标志性的事件，它表明南京市教研工作正在走向黄金时代，表明南京市的同行正在加倍努力，将创造教研工作更加美好的黄金时代。我深深地为之祝福！

注：本文系作者为《南京市教学研究年鉴(2006)》一书所写的序言。

“教师即课程”的生动实践

传统的课程理论是“防教师”的课程，课程是专家设计的，课程目标是实现知识的传授，教师只是执行者。在课程实践和研究中，人们逐步认识到，教师不可能孤立于课程之外，施瓦布更是明确提出“教师即课程”的主张。今天，“教师即课程”更契合了我国基础教育课程改革的内在要求，在课程改革颇有成效的地区和学校，我们都能看到这类卓有成效的实践，南京市北京东路小学无疑是其中的杰出代表。

一、培育课程意识

何谓课程意识？参照专家的观点，我以为应当体现在三个“基本”上：对课程体系及价值的基本认识，从课程视角对课程实施合理性、整体性的基本关照，对生成性课程资源迅捷敏感的基本反应。结合北京东路小学的实践，似乎应当强调：

价值性。课程的价值是什么？传统的课程观基本上将其定位在知识的传授，新的课程观特别强调要关注的是学习知识的人，而不仅仅是人学习的知识，而且这里的“人”，还是我们筑梦的“新人”。在与孙双金校长和北小的老师们交谈的过程中，我感觉“以学生发展为本”的观念是很鲜明的。

自觉性。在明乎课程的育人价值之后，课改的成效首先取决于校长和老师的主体道德自觉，即能够从国家利益、国家立场思考，超越功利化的追求，认同改革的主体目标;其次表现为课程效能感基础上的学生生命关照,在课程的架构和实施过程中,都能体现“人在中央”;三是主动自觉地参与课程建设,本乎内心地践行“教师即课程”。在北小,看到那些老师乐呵呵地忙课程,看到那么多老师有自己的“教师课程”,可见“贵在自觉”在北小生根开花了。

整体性。整体性是在强调课程体系的意识,北小的整体性得到很好的体现,并且可见到超越原有体系的整体性,表现在:①从育人完整性落实整体性。如他们自主研发的仅供男生参加的“男娃课程”目的就是培养完整的男人;②从课程落实的规范性体现整体性。在北小,看不出什么主科、副科的区别,因为所有课程都指向培养目标;③从课程开发的专业性体现整体性。泰勒的课程经典理论提出课程的四个基本问题:学校应该试图达到什么教学目标;提供什么教学经验最有可能达到这些目标;怎样有效组织这些教育经验;我们如何确定这些目标正在得以实现。在北小校本课程开发的实践中,这些要素都得到了重视。

敏感性。指在教育教学的情境中反应快,且符合课程价值的意向。在北小课堂教学情境中,富有育人意识的教学机制俯拾皆是。难能可贵的是,他们在课程开发过程中,也表现出很强的敏感性。最为经典的例子是徐海鸥老师,正是课程意识的觉醒,使她的旅游都具有了课程的意义。

二、深化课程理解

课程意识是立场、态度的问题,课程理解是内容和方式的问题。古德莱德曾把课程分为五个层次:理想的课程、正式的课程、领悟的课程、操作的课程和经验的课程。课程理解大致属于“领悟的课程”,在北小“教师即课程”的生动实践中,课程理解突出在如下方面:

学科本质。可以说,对学科课程的理解,在一定意义上就是对学科本质化的探寻。孙双金校长的“12 岁以前的语文”,就是一个杰出的例子。他说:“12 岁以前的语文是童年的语文,积累的语文,种子的语文,经典的语文,是不求甚解的语文,是逐步反刍的语文,是为一辈子奠基的语文。”他又说:“知识,分为种子知识和叶的知识两类。叶的知识再多再繁茂,也不能生长新的知识。种子知识能生根发芽,生长出茁壮的枝干,开放出绚丽多彩的花朵。因此,我们在学生心田要多播下种子知识。对于语文学习来说,种子知识往往包孕在经典文本中。”在这些诗性的表述中,有他对语文学科本质的领悟与发现，于是“12 岁以前的语文”就成为语文课程改革的旗帜之一。

儿童情怀。对儿童的热爱、认识和关照，永远是课程和教学的主旋律，知识只有融入其中，才是有意义的。孙双金的课堂就是童心、童真、童趣充盈洋溢的课堂；在朱萍老师的“绘本作文”中我们也能看到“活泼泼”的儿童……细细品味北小的课程与教学，我们看到儿童情怀都是指向具体学生的。对特殊的学生给予特别的爱，支持学生自己创造课程，“学生课程”也渐成学生成长的路标。

人课合一。无论是课程还是课堂，教师全身心地忘情投入，人课合一，都是“教师即课程”的理想境界。因此，在这样的课程理解下，我们能感受到温暖，触摸到心跳，看到飞扬的个性。孙双金“12 岁以前的语文”大气磅礴，这与他胸襟大度分不开。而“文化数学”则彰显了张齐华老师的书生本色。林丽老师的外语教学从嘻哈说唱起步，“充满活力”成为她课堂教学的基本特征。课乎？人乎？显然是人课一体！正如范梅南所述：“我们从一位伟大的老师那儿‘获得’的与其说是一个具体的知识体系或一组技巧，还不如说是这位体现和代表知识的老师的行为方式——他或她的生活热情、严于律己、献身精神、人格力量、强烈的责任，等等。”（[加]马克思·范梅南《教学机智——教育智慧的意蕴》，李树英译，教育科学出版社，2011 年版第 99 页）

三、激活课程创生

“教师即课程”倡导教师在课程实施时，采取课程创生取向。课程创生取向认为，课程实施的本质是在具体教育情境中创生新的教育经验的过程。北小的老师们正是基于具体的教育情境，以课程创生践行，“教师即课程”。

创生教师课程。北小鼓励教师在融合国家课程和校本课程的基础上，创设自己的个人课程。这些“教师课程”鲜明地体现了学生的素养要求和教师的个性特点。从教师视角看：①彰显并发展所长，校本课程的开发成为专业生长的重要载体，比如彭荣辉老师的“故事课程”，就是因为自己有故事，会讲故事；②打通知识学习与生活经验的联系，形成课程表达“自己的句子”。支名瑗老师的《诗经》课程另辟蹊径，或尝试从孩子的名字里找到《诗经》的出处，或聚焦当下热点，努力“碰”到《诗经》的诗句。

创生课堂教学。面对生成性课堂，北小倡导教师形成自己的研究重点和研究方向。如林春曹的“语言变奏曲”带给孩子们语言文字的高峰体验；崔兴君的古诗词教学在吟唱中进入意境……学校更倡导老师们形成自己的教学主张和教学风格，如陈静的“享受数学”、唐隽菁的“开放德育”、唐文国的“和谐语文”、张齐华的“文化数学”、林春曹的“言意兼得语文”以及孙双金的“情智语文”等。

创生“宏大叙事般”的校本课程。北小有一批团队集体开发的校本课程，体系化，分量重，影响大，堪称“宏大叙事”。比如“12岁以前的语文”，开发的校本教材已有联盟学校100多所。现在他们又在原有基础上努力建构传统经典、优秀时文、儿童文学、应用与表现四大课程群，并聚焦“新人”的语文素养；“娃娃科学课程”，采用课程开发的过程模式，表现出他们对这类综合实践课程的深刻理解，使之成为北小课程开发的名片；“公民教育课程”则在“学习是一种履历”的理念指导下，走向社会，让学生在参与中体验自己的公民角色，感受自己的权利和责任。这些集体开发的“大”课程与教师个人的“小”课程，极大地丰富、丰满了学校的课程体系。

四、提升课程领导

“防教师”的课程，局限于管理操控，剥夺教师主体的积极性、参与性；生成性的课程呼唤课程领导，关注教师在内的课程领导者的专业参与、决策和发展。正是在“教师即课程”的专业实践过程中，北小逐步提升课程领导的水平和境界。

共同体建设。传统的课程管理是以校长为中心，组成由上而下的层级，全校“一个声音喊到底”。而北小则以校长、教师甚至学生构成了课程共同体，这样的共同体使课程民主有了保证。开发什么样的“教师课程”，教师就是主要决策者，甚至学生也可以创生自己的课程。这样的共同体，以对课程价值观的认同为灵魂，以平等对话为方式，以课程问题的解决为主要任务，能激活每个成员的主动性。传统的课程管理是理性的，课程共同体则充满热情和创造性；传统课程管理重“防控”，课程共同体充满信任和分享；传统课程管理教师只是执行者，课程共同体教师是决策者、推动者；传统课程管理致力于“正确地做事”，课程共同体首先要“做正确的事”。正因此，北小的课程建设才出现云蒸霞蔚的美好景象。

走向分布式领导。分布式领导是现代领导的新范式，具体到学校情境中，分布式领导强调领导角色和职能要动态分布于学校成员当中，校长的角色要从传统的个人英雄式领导者转变为支持式领导者，引领组织成员动态地分担领导职能，并提供必要的支撑和保障。（张晓峰《分布式领导：缘起、概念与实施》，《比较教育研究》，2011年第9期）从北小“教师即课程”的实践看，在他们的分布式领导中，校长作为第一责任人至关重要，而在孙双金身上，自身的专业性和对老师们的信任感，是他角色担当游刃有余的两件法宝。在领导方式上，他们推行的是项目负责制，课程主体往往就是项目负责人，“天生我材必有用”“我的地盘我做主”，主体性得以激活。在专业领袖培育方面，坚持岗位成才，在课程开发中培养潜在的专业领袖，让专业领袖主持课程项目的开发。“3D课外阅读”课程中的吴静，绘本课程中的朱萍、吴贤，无论是公认的还是潜在的专业领袖，人们都可以从课程建设的过程中，辨析出他们拔节生长的声音。

组织文化的熏陶。北小组织文化的重要特征就是“发现教师”，解放、信任、引领、成就是他们“发现教师”的基本路径。于是，向上的、向前的、团结的、互助的组织文化渐成气候，这一点只要看看“教师即课程”的任何一个案例都可以得到佐证。埃德加·沙因在阐说组织文化时，认为文化真正成熟，就会构成“基本的潜在假设”，人们甚至在潜意识中就认为面对某个情境，就应该这样做。（[美]埃德加·沙因《组织文化与领导力》，章凯，罗文泰，朱超威等译，中国人民大学出版社，2014年版第25页）北小的课程领导正在步入这样的境界，这使得我们对他们美好的未来更加充满信心。

注：本文发表于《人民教育》2016年第13期。

如水之美

王笑梅校长被评为“最美教师”，这使我想到她喜欢“水”这一文化意象。王笑梅的“最美”表现的正是如水之美。

如水的纯净之美。在《红楼梦》里，贾宝玉说：“女儿是水做的骨肉。”贾雨村提及他的学生也说：“这女儿两个字，极尊贵，极清净的。”这里的比喻，都是在赞扬水的洁净纯洁。西方学者赛比欧通过大量的民俗学研究发现：“魔鬼很少有同泉水连在一起的，很少的泉水有魔鬼名称，而大量的则取名与圣人同名，还有许多仙女名。”可谓异曲同工，都说把纯洁作为水的实体特征标志。由于水的这一特征，它又经常与儿童性联系在一起。法国学者加斯东·巴什拉曾写道：“欢笑的水，嘲笑的溪水，欢腾吵闹的瀑布会聚集在各种各样的虚幻的景致中。似乎，这些笑声，这些歌声，是大自然充满稚气的话语。孩童般的大自然通过流水来表达。”《浮士德》里有诗句：“流水似孩童絮语。”笑梅喜欢水，崇奉水哲学，我想首先是水之洁“正合吾心”，与她的人格有所契合，在纯净的意义上，她就是水一般的人儿。王笑梅是纯净明亮的人，她乐观向上，不藏不掖。“假如生活欺骗了我”，也能豁然应对，不失初心；碰到迷惑与困难，总是以敞亮感染他人，把挑战化为机遇；努力“以不息为体，以日新为道”，刻苦学习，执着研究，不断激发新的生命活力。她的纯净又与职业的志向、情感融为一体，指向儿童整体发展的生命化教育，以她率领同仁打造的学校园林蕊春园说，就是一座洋溢着稚气和童趣的生命之园：栽种花树，集成一本精美的自然物；诗化园林，合成一册“‘唯美’的自然诗集”；阅读大地，养成一种纯美的自然情愫。她在用天然的生态园，打开儿童的博物之眼，培育儿童的纯真之心，蓄积儿童的审美之力。王笑梅和孩子们一起养育童心，从而更加澄净，更加明亮，拥有了生命的绿色诗意和成长的精神动力。

如水的母性之美。古希腊哲学家泰勒斯有句名言："水是万物之源。"《老子》也说："水者，何也？万物之本原也。""上善若水"，水最大的德性就是母性，就是滋养万物。根据加斯东·巴什拉的介绍，在人类早期，人们就曾经认为大地喝水。在18世纪，法布利西·尤斯认为，水是用来滋养大地和空气的，因而水进入了哺育本源之列。圣梯夫在《水的民间故事》中曾引述吠陀教赞词："水是我们的母亲，水渴望着参与多种奉献，水循着自己的道来到我们身边，给我们带来乳汁。"加斯东·巴什拉作了进一步的发挥，他认为水是摇晃的本原，水像一位母亲那样摇晃。"无数文学作品中的普照物向我们表明，让我们着迷的小船、浪漫之舟在某些方面就是一只摇篮。""水在摇动我们。水让我们进入梦乡。水让我们回到母亲怀中。"所以，人们认为学习知识，就是吮吸甘甜的乳汁。我不知道，王笑梅校长倡导水文化时，有没有这些水的物质的想象，但事实上她的身上体现了这样的精神意蕴。我曾用"阳光有脚"这个典故赞誉她，在与孩子们交流、接触的过程中，她走到哪里，就把春天带到哪里。在课堂上，听者有如沐春风的感觉，就是因为她带来春天般的温暖。她的"生命语文"，最重要的是播下学生精神成长的种子，为学生的人生奠基。她率队建构生命化的校园，也处处播撒着和煦的阳光，吹拂着醉人的和风。她对自己校长形象的诠释和定位是"亲和、微笑、赞赏"，她的管理像水一样，顺势而为，了解生命，贴切生命，契合生命，渗透到每一个生命，细腻地融入每个人的心中。这种带着亲情式的情感滋养使教师获得精神的依托和心灵的归属。

如水的智慧之美。孔子在《论语》里说"智者乐水，仁者乐山；智者动，仁者静；智者乐，仁者寿。"朱熹在《论语集注》里认为没有对仁和智极其深刻的体悟，绝对不能作出这样的形容。朱熹在提醒人们对这句话要完整地理解，而不要牵强地对号入座。但另一方面，一种文化意象的形成，总是有物质的依据的，总是在某一方面"像"才会为人们认可。所以我们不妨在整体性关照的视野下，对喻智为水做一些想象。其一，水的灵动之美，这也可能是王笑梅校长主张管理若水的第一触发点，因为她在阐述时，联系到女性之柔。其二，水的深邃之美。有时波澜不惊，却是深不可测。看看那么多人喜欢在书房里挂上"静水流深"的条幅，可见深邃的吸引力。其三，水的创造之美。水随物赋形，极具创造力。如果与周边的景物融合，则更具创造性。“春来江水绿如蓝”，而这样的意境西方文人也有很多的描写，他们认为在观赏水底的种种新奇，在赞叹静观的美丽倒影后，会发现水总在创造美；会觉察到水在它的容量中的美，一种内在的美，一种活跃的美。我在听笑梅讲她的教育故事时，是时常感受到她“如水”般的智慧的表现的。笑梅的管理哲学是——做教师成长路上的校长。她认为，发展人、提高人是高层次的关心人，是尊重人的发展权和文化权的最重要的体现。依据多元智能理论来成就不同类型的老师，努力将“少数人的胜利”变为“所有努力者的胜利”。她常常利用自己的学术优势，向各界推介学校的老师，把握机会适时“送一程，拉一把，托一下”，将更多教师推向更高的平台。水位越高浮力越大，她不断丰厚与积淀自己，努力使自己拥有更多的内涵和水源，产生更大的浮力，承载起更多绚丽的生命，成就无数个教师的成长。她用己智启动众智，用己力激活众力，以水的动力推动，变自己忙为大家忙，达到“让棋子自己走”的理想境界。她牵手团队，引领教师，共同奔跑，合力成长，在教师焕发生命活力绽放生命精彩的同时，她自己也收获着生命的成长和丰盈。

注：本文发表于《江苏教育》2017 年第 2 期。

乐行新歌

——记冯雅静园长和她的“乐教育”

说起快乐教育、愉快教育，从小学到幼儿园，可谓一派明艳，春光无限，但真正做出影响的却不是很多，原因就在于不少学校、幼儿园并未能做出特色。兼任常州市鸣珂巷幼儿教育集团与常州市新北区奔牛幼教集团总园长的冯雅静和她的团队，多年来践行“乐教育”，做得风声水起，声名渐播，就在于她们不同凡响，唱出了新声。

一、“乐教育”是引导儿童快乐成长的教育哲学

冯雅静园长的教育信念是：“要给儿童快乐的教育，让孩子快乐成长。”她为此进行了卓有成效的文化实践，“乐教育”也成为她个性化的教育哲学。

1. 个性化的教育哲学是性格的使然

个性化的教育哲学，是作为个人信仰或价值标准而存在的，而其深层次的缘由，则是一种性格使然。冯雅静以“乐教育”为个人化的教育哲学，首先就是因为她是一个快乐的精灵。在参与一些活动时，只要有冯雅静在场，自然会笑声不绝，还时常有捧腹大笑。快乐，是她性格的基本色彩。众所周知，积极向上是所有健康的职业人应有的人生态度，以积极的态度看待世界，世界总是向好的，以积极的态度应对万物，事情总是充满积极可能的。这种人生态度转化为教师的职业情感，就是有教育理想，有爱生情怀，有敬业精神，就是想做事，能做事，做成事，做好事。冯雅

静从奔牛实验幼儿园起步，现在领衔两个幼教集团，只要她接手，幼儿园往往会旧貌换新颜，声名鹊起，自然是与她的积极向上的人生态度和职业情感分不开的。冯雅静的积极向上又有其不同常人之处，就是童乐童趣。因为她长期深深沉浸在儿童世界，她的积极向上，她的快乐，又是与儿童性、孩子气融合在一起的。冯雅静是幼态持续的一个很典型的案例。生物进化论认为，人在母胎里没有完成相对成熟的孕育，在长期进化的过程中形成“十月怀胎”的现象，人需要 20 年才能完成成熟。“幼态持续”非常有利于人保持童年的特征，人类的健康生存有赖于儿童期的部分行为保持到成熟期和老年期，幼态持续有利于人保持童年的特征。冯雅静显然是具有“幼态持续”特征的，在她身上，好奇心、欢笑、开放的态度、信任感等，都成就了她这个“大孩童”。朋友们聚会，有时候互相调侃，似乎无路可走，冯雅静往往以“弱思维”的儿童方式应对，从而峰回路转，让人忍俊不禁。工作中，她在一个很高的层次上表现出儿童特有的天真好奇和创造力。正是这种天真烂漫、积极向上、带着顽皮气的聪慧，成就了冯雅静，也为她的“乐教育”注入充满活力的性格根基。

2. 个性化的教育哲学体现抵达教育本质的努力

个性化的教育哲学总是以公共的教育哲学为依托的，冯雅静的“乐教育”是教育目的、教育本质的个性表达。乌申斯基说过：“教育的目的在于使学生获得幸福。”诺斯丁认为，快乐是幸福的重要表征。怎样才能培养出享受幸福、创造幸福的学生？怎样才能使孩子们走向快乐人生呢？学者们的建议是：在幸福生活中准备幸福生活。这也是幸福教育、愉快教育兴起的根本原因。周国平说：“在一个看似懵懂的孩子的身上，都有一个灵魂在朝着某种形态生成。”刘晓东说：“如同树木一样，那最初的年月被记录在年轮最核心处。”可见，快乐童年的价值是多么重要。冯雅静提出并践行“乐教育”，契合教育的本质，这正是她在学习实践中不断悟出来的。冯雅静多年来主张快乐教育，调到鸣珂巷幼儿园后，发现这所当年的教会幼儿园文化渊源深厚，其内核则是自由教育，这与她的追求可谓不谋而合。在成为江苏省人民教育家培养工程对象后，冯雅静通过理论学习，实践探索，不仅知其然，而且知其所以然，底气更足，立场更坚定，概括更凝练，表达更清晰。如果说，她的快乐教育原来是性格使然，是一块未经雕琢的璞玉，现在作为自己教育哲学的概括，“乐教育”经过洗礼，已然是一块通透怡人的上乘之作了。

3. 个性化的教育哲学形成了个人活动稳定的倾向性

个人的教育哲学是想的，是说的，更是做的。在冯雅静的幼教实践中，我们欣赏的是那里面有儿童清澈明眸闪烁的眼神，有儿童快乐嬉戏的放声大笑，有儿童聪慧调皮的“顽劣”天性，等等。冯雅静给我们带来的是儿童的眼睛，她用儿童的眼睛欣赏自然，用儿童的眼睛审视世界。比如创设环境，她和她的团队构建的是儿童喜欢的、自然的、经验化的环境，儿童的天性在富有教育意义的环境中自然释放。冯雅静给我们带来的是儿童的思维，儿童是天生的学习者，他们在学习、认知、游戏、探索中，用自己的方式感知和理解周围的世界。冯雅静读懂了儿童的思维，贴着儿童思维的特点，为孩子们创设环境，建构课程，设计活动，让孩子们在思维培育的快乐中成长。冯雅静给我们带来的是儿童的情感，她理解儿童，尊重儿童，挚爱儿童，她潜心教育，用心管理，真正走进了儿童的内心世界。她们的实践就是大孩童带着小孩子的行走，就是和孩子一起沉浸在“乐文化”中的精神享受。正是富有童心的快乐，洋溢着童趣的幸福，让我们深切感受到在她们的幼儿园里，“到处流淌着奶和蜜”。

二、“乐教育”是体现理性精神的科学实践

幼儿园，女性，更多以感性示人。作为一位优秀的幼儿园园长，冯雅静呈现出快乐的精灵般的感性。但深入了解她的“乐教育”以后，我发现其生动的感性里包裹着理性，“乐教育”的重要特色就是闪烁着科学理性的光泽。

1. 遵循儿童成长与发展的规律

坚持幼儿教育的科学性，最重要的就是顺其自然，遵循儿童成长与发展的规律。这几年，在与冯雅静交往的过程中，我们多次讨论过这一根基性的问题，也曾梳理过这方面的基本理论，冯雅静对之视若珍宝，并记录下许多至理名言。比如鲁道夫·施泰纳所说的“幼儿期的个体是完全的‘感官体’”，蒙台梭利所说的“孩子具有吸收性心智，他们对外在环境异常敏感，依赖，吸收，接受外界环境中的一切”，马拉古奇所说的“儿童是由一百种组成的”，康德所说的“在人性中有许多胚芽”，教育要引导这些自然禀赋发展出来，杜威所说的“教育即生长”，皮亚杰所说的“儿童发展的缓慢速度也许有利于最后更大的发展”，鲁迅所说的“不要逆天行事”，等等。令人十分欣喜的是，冯雅静在做中学，学中做，她们整个的幼教实践体系都着力于顺其自然、引导生长。在幼儿园的环境设计方面，“让每一堵墙面都说话”，即便是走廊，也注意以各种元素对幼儿形成视觉与听觉的刺激，吸引并促使他们关注和探

索这个刺激源，还给孩子与孩子、孩子与家长的互动留有空间，提供便利。在设计教育活动时，她们十分注重孩子不同年龄发展的差异性。比如她们在观察中关注到，小班幼儿经常提出问题，更多地说明他在好奇而并不代表着他想知道为什么；中班幼儿活动的指向性更明确，对新事物比较敏感，想探个究竟；大班的孩子自主意识更明确，经常动手动脑寻求答案。她们根据这些特点，正确应对孩子的问题，指导孩子们发现问题，思考问题，解决问题。长此以往，幼儿的科学精神就可以逐步培养起来。

2. 勇于尝试幼教改革的教育实验

依我对冯雅静的了解，她在柔柔弱弱的表象背后，是藏着敢作敢为的性格禀赋的。十分幸运的是，她正当盛年时，课程改革轰轰烈烈地展开了，她就有机会“吃螃蟹”，有机会腾挪手脚，做一番创新的探索。2003 年省教育厅开发“做中学”的项目，冯雅静的幼儿园便成为常州市的实验学校，她也有幸远赴法国参加项目培训。“做中学”倡导以儿童为学习的主体，引导幼儿主动探索，发现问题，解决问题，这些观点与我国推进的课程改革基本思路是相通的。同时，作为一个项目，必须具有可操作性，其实验能够成为先进理念与教师实践相结合的桥梁。冯雅静积极参与项目的实验与推广，和同事们一起，从学模开始，在鼓励孩子猜想、实验、记录、表达的过程中亲历探究，转变教师的教学方式和孩子的学习方式，也奠定了她在常州幼教界领先一步的地位。近年来，她们又引进美国高瞻课程，在全省首次尝试全园的混龄教育。集团中的宝龙幼儿园将不同年龄的幼儿按照 1∶1∶1 的比例进行混龄编班，形成小中混龄、中大混龄、小大混龄三种模式，组织小班化教学，全方位进行改革。在混龄教育中，她们放大差异性资源，实现幼儿学习方式的转变。孩子们在成长的过程中表现诸多共性的同时，原先的能力差异、经验差异、思维差异、情感差异成为主要的教育资源，不同年龄、不同发展水平的幼儿，在彼此的合作、交往、分享、互动中不断地交流与碰撞，获得更多的体验，激发了幼儿主动学习和交往的动力，有效地实现了教与学的真正变革。同时，混龄教育还较好地建立起生态朋伴环境，使班级更接近社会真实的人群生态，还原了更具层次性的朋伴环境，使幼儿既有向上的依靠，又有向下的责任，还有同龄之间的竞争，使同龄竞争更多地向异龄互补关系转变，有效地促进了幼儿的情感和社会交往性的发展。这些使冯雅静和她的团队站到了幼儿教育改革的前沿，用她的话说：“我们可能会走一些弯路，但始终在探索中努力前行。”这种“探索”，正是努力抵达幼儿教育本质的科学探索，其前瞻意义对于幼教改革不言而喻。

3. 努力达成实践行为的话语规范

幼儿园的教育更多是经验性的，但这种经验当以学理为背景。在实践活动的方案设计、行为选择和话语表达方面，应是从经验走向科学，符合准确、规范的要求，可以在公共活动平台上与同行交流。冯雅静和她的团队这些年来在这方面下了很大的工夫，比如她们对课程和教育活动的理解，是很见学理根基的，她们的各种方案都是基于规范性要求的。仅举她们的工作案例，就可见其在规范性方面的一丝不苟。

幼儿姓名	日期	时间	起始、结束时间	幼儿年龄	环境
观察目的	**观察记录**	**照片**	**分析评价**	**支持策略**	**观察者**

正是一招一式间的一丝不苟，使她们的操作行为规范而不走形。

三、“乐教育”是儿童蓬勃生长的完整世界

儿童发展的理想样态应该是儿童的蓬勃生长。鸣珂巷与奔牛幼教集团孩子们的蓬勃生长，是“乐教育”思想引导下的闪烁着理性光彩的科学实践，她们为儿童创造了一个完整的世界。

1. 这是一个真善美融为一体的世界

教育本质的意义就是引导儿童走向真善美，这种走向是过程也是目的。冯雅

静似乎深明其理，她们努力为儿童创造了一个真善美的世界。真的世界是事实的世界，是关乎知识的。科学教育在鸣珂巷幼儿集团的教育内容中举足轻重，比如“力系列”的科学探究活动，她们就有“好玩的磁片”这一设计，通过玩具和螺丝帽的操作，尝试寻找图形中心，制作陀螺；“分不开的书”，让孩子在活动中体验重叠的书页之间的摩擦力；“长脚的词典”，通过操作比较，发现物体受到滚动摩擦力时比受到滑力摩擦力时容易拉动；“杂技小丑”，通过小丑平衡玩具的操作，感知平衡力的奥妙；“筷子的神力”，通过活动，体验杯子里米粒的挤压带来的变化；“积木叠叠高”，通过玩一玩，感受重心和平衡力，等等。她们为孩子提供的知识世界是向四面八方打开的，比如自然的世界、科技的世界、社会的世界，都能有机转化为恰当的教育内容。善的世界是价值的世界，是关乎伦理的。幼儿园的制作设计，特别是混龄教育的实施，关注德性的养成，着眼儿童社会性的更好发展。比如“相亲相爱一家人”的主题活动，其“社会”领域的目标，就包含了熟悉常规音乐，按规则进行活动，遵守游戏规则，懂得轮流玩和一起玩等方面。幼儿园的日常生活也渗透着道德教育，哪怕是盛饭的环节，也注意培养孩子们排队的习惯，让他们懂得助人为乐的道理。美的世界是心理的世界，是关乎情感的。鸣珂巷和奔牛幼教集团把艺术纳入课程的主体内容，其中又分为园本艺术课程、节日艺术课程，既是科学课程，又注意向艺术延伸，如“镜像形影相随”，就从科学实验、生活体验，向文学艺术拓展，形成一个丰富多彩的主题活动课程。在各种教育活动中，又注重情感培育，使以情育为内蕴的美育到处生根，扎实又富有生气。

2. 这是一个人与环境融为一体的世界

冯雅静曾经抄录过这样一段话：“有探索的地方，就会有心；有心的地方，就会有发现；有发现的地方，就会有欣赏；有欣赏的地方，就会有爱；有爱的地方，就会有美；有美的地方，就会有自由；有自由的地方，就会有快乐。”她们努力按照幼儿的本性去设计幼儿园，营造爱的港湾，让幼儿园成为孩子们成长的快乐家园。在幼儿园的环境设计中，“人在中央”，她们首先考虑孩子的舒适感，比如孩子怎样走路方便，孩子玩耍怎样少受限制，孩子的眼睛如何得到保护，孩子选择性的活动怎样才有可能，等等。其次，在环境设计中，着力于幼儿与环境的互动，比如集团中的天润园区的门厅，春夏秋冬的布置都呈现季节的特征，让孩子们参与其中，与四季展开对话。第三，环境布置体现“乐文化”的特色，用冯雅静的话来说，每一面墙，每一个角落，每一根树枝，甚至每一片绿地，都好似跳动的音符，恰如“活泼泼的快板”“如歌的行板”“热情的急板”，谱写一首首华美绚丽的“乐教育”的奏鸣曲。

3. 这是一个孩子、老师、家长共同成长的世界

在正向意义上，家长、教师都是孩子获得教养的途径，家长、教师的人格都是孩子最生动的教科书。“乐教育”的前提条件是教师具有快乐的性格，孩子置身于快乐的家庭。冯雅静本人就是快乐的精灵，她为自己设计的生态位置是：站在前面领跑，争当教师成长的表率；站在同行中间，甘做教师成长的拐杖；站在后面推动，“催”“逼”教师向前走。那些时常见到的嘻嘻哈哈，既是她管理乃至处世的智慧，更融会成她自己前行的音符。她将教师群体命名为“森林团队”，坚信独木不成林，营造绿色氧吧，创造和谐生态链；引导读书积淀人文底蕴，培育爱心升华职业情感，创造机会提供表现舞台，于是幼儿园中的这群独生子女教师，经过“文化美容”优雅起来，感受人文关怀温馨起来，悦纳情感滋养快乐起来，通过引领助推启动起来，追随儿童成长的脚步成就自己。难能可贵的是，这种成长的风景也蔓延到一个个家庭。冯雅静园长提出，教师应该是“水灵灵的”，家庭应该是“喜洋洋的”。家园共育既是指向孩子，又是指向施教者自身。她们设立的家长学校，帮助家长植入了引导孩子快乐成长的理念，建立亲子之间的平等观念，学会教育孩子的技巧、方法；成立父母课堂，引导家长参与教育环境的创设和教育活动的展开，在参与中内化先进的育儿理念；组织家长介入管理，一方面争取家长的积极配合和支持，另一方面与父母课堂一样，也有引导家长登堂入室的意义。如是，共同成长就遍及所有师生，遍及每一个家庭，成长的风景就是“春色满园关不住”了。

注：本文发表于《江苏教育研究》2017年第2期。

改进教学行为的有效探索

苏州市吴中区长桥中心小学作为区“校外专家助推课程改革”项目的组长学校，近年来在课程改革推进方面卓有建树。同时，该校对课堂教学改革也较为关注，持续进行教师教学行为改进的实践研究。迄今为止，我们已经看到这项研究呈现出令人欣喜的特色。

贴得紧。贴教师贴得紧。课堂是教师的日常生活，教学可谓教师日常的生活方式。高全荣校长领衔的研究，贴近教师，贴紧课堂，着意改变教师课堂行为的专业品质，直接促进教师的专业进步，自然会受到教师们的欢迎。贴问题贴得紧。教师教学行为是个老问题，在我国，因为我们的传统中对教学技术缺乏研究，教师最多也就是个“半专业”，教学更多“跟着感觉走”，“差不多先生”比比皆是。其实教学行为中的教学技术，总是需要“一丝不苟”的，或者用高全荣校长团队的话，是需要规范的。教学行为又是个新问题，因为课程改革改变着教师的教学生活，课程改革倡导的自主、合作、探究的学习方式，教师们并不熟悉；“互联网＋”的技术背景大家也正在适应中；由于外来务工人员子女的涌入，苏南学校急剧膨胀，大量未加磨练的新教师匆匆上岗。教学行为还是一个基本问题。何谓基本问题？就是普遍存在、持续存在的问题，这类问题的解决会产生广泛积极的效应，这项研究的价值也因此凸显出来。

切得深。长桥中心小学的这项研究切到学理深处。“教学行为”是一个很难说清楚的概念，因为它总是与教师个性化的劳动联系，又有普遍性；它具有外显性，又有缄默性，潜台词极为丰富；它是专业技巧，又蕴含专业情意；它是技术的，又是艺术的；它应当有规范，又应当倡导创造性，真正是一言难尽！我认为它至少有四个维度。第一是教学技术、方法的维度。教学方法、教学策略都是有其操作规范的，如果训练不到位，“动作走形”，技术的意蕴可能就会失去。关于基于课程标准叙写教学目标，江苏省锡山高中在专家的指导下，就坚持多年持续推进。尽管如此，唐江澎校长还是认为大概有三分之一的教师们到位了，有三分之一的教师有点会，有三分之一的教师没有学会。这当然有谦虚的意味，但技术到位的艰难可见一斑。我在镇江外国语学校，看到他们在倡导合作学习时，就是让学生学会合作，都有动作要领，甚至有分解动作。现在企业界都在提倡工匠精神，在教学技术的打磨上，也是需要工匠精神的，教学技术要的就是精益求精，如琢如磨。第二是道德、情感的维度。如果我们不仅关注怎么做，还关注为什么这样做，那么这个维度的意蕴就会鲜明地呈现出来。比如有的教师对学生的某些反应应对得及时，不仅有及时，还有延时，这里就可能与智慧、道德有联系。有的教学机制正是师者把核心价值观化为直觉的表现，只有在这个维度才能看透。第三是教学情境的维度。比如教学设计、教学过程、课堂管理、学习评价等。教学是一个过程，所有的环节都是整体过程的一部分，正是在这里可以很好关照教学行为的一致性。第四是教师个性特征的维度。这对具体的师者来说是相对稳定的，是风格化的，但老师的个人实践与公共知识和技术有对接、转化与表达的问题。我应该声明的是，拉拉杂杂地说上这么多，在我是很费思量的，因为我还没有完全整明白。高全荣校长比我说得清楚，他们理解的教师教学行为，“是指在教学活动过程中教师基于自己的教学理想、人格特征及教学智慧，对学生实施的教学过程与行为方式的总和，其中既有教的行为又有师生互动行为，可分为内在教学行为和外在教学行为。内在教学行为是指教师的教学思想、观点，外在教学行为是指教师的教学准备行为、教学实施行为和教学后续行为。教师教学行为是由其知识结构、思想意识、价值观、认识水平等决定和控制的；教师教学行为也是受其主观意识所支配和调节的，其中教师的教学理念是决定行为的关键。”因为我花了一点工夫琢磨，我感觉到他们已经抵达本质，能够说成这样是不容易的。

做得实。他们的“实”在于工作流程清晰可行。一是问卷调查，明确问题；二是确定纲领，总体引领；三是分散采集，全面覆盖；四是寻找共性，确定标准；五是回归学科，指导实践。在这个工作流程中，“教学行为标准”多个来回，循环往复，既是逐渐成熟，又是宣传动员。他们的“实”在于点上开花，重点突破，有效策划。学校组织老师们从一个行为入手，甚至从一个行为中的某个点入手，开展专题研讨活动，深入挖掘，有助消化。这样逐个突破，积小胜为大胜。他们的“实”在于调动学科组力量，覆盖所有老师。每个月学科组都开展课题研究活动，每次活动明确一个专题，突出一个重点，解决一个问题。每位教师都要上研究课，设计一篇优秀教案，制作一份有效的教学课件，写一篇有价值的教学反思，撰写有关研究的案例或论文。“全体都有”，不仅在参与度，相信更有成长度。他们的“实”更是在于集中制订了“行为规范”，在于每个学科都制订了解读细则。规范以教学过程的展开为线索，将教学行为做了较为合理的分解。“解读细则”则结合学科特点，把“规范”的要求落实、落小、落细。这些文件也许还有很大修改提升的空间，但实用性和操作性是毋庸置疑的。

教师教学行为规范(总表)

环节	行为分类	关键词	规范性	有效性
教学准备	教材处理行为	研读	1. 熟悉年段目标，了解编写体系。 2. 深入钻研教材，准确把握内容。 3. 认真研读教参，亮出个性观点。	多一点参悟，做到心中有本(纲)。
	学情分析行为	前测	1. 研究教材特点，链接学生状况。 2. 合理设计前测，组织形式多样。 3. 分析前测结果，链接教案研制。	多一点分析，做到心中有生。
	教案研制行为	预设	1. 合理制订目标，明确重点难点。 2. 精心预设过程，意图指向明确。 3. 详备关键环节，有效借鉴亮点。 4. 合理拓展延伸，体现个性特长。	多一点生成，做到心中有案。
教学实施	形象展示行为	形象	1. 语言规范流畅，体现学科特点。 2. 动作神情自然，协助课堂调节。 3. 书写正确规范，板书合理、美观。	多一点静候，少一点急躁； 多一点和悦，少一点刻板。
	组织对话行为	对话	1. 提问明确清晰，善于启发学生。 2. 认真倾听发言，捕捉有效信息。 3. 评价切中要点，给予鼓励提升。	多一点倾听，少一点话语； 多一点肯定，少一点否定。

续 表

	指导调控行为	调控	1. 观察课前准备，调节学习状态。 2. 注重情趣激发，关注氛围营造。 3. 执教过程流畅，细节亮点凸显。 4. 掌控学习进程，及时改变策略。 5. 面向全体学生，关注个别特殊。	多一点探究，少一点讲授； 多一点情趣，少一点理性。
教学后续	作业批改行为	批改	1. 追求作业质量，调节作业数量。 2. 批改规范及时，讲究反馈方法。 3. 适当体现层次，凸显个性发展。	多一点作业的质，少一点作业的量。
	课后指导行为	辅导	1. 分析作业现状，指导后续教学。 2. 耐心帮困辅导，做好跟踪记载。 3. 用爱走进心灵，方法不拘一格。	多一点辅导的质，少一点辅导的量。
	教学反思行为	改进	1. 发现亮点一二，提炼成句激励。 2. 反思问题一二，设想改进意见。 3. 反刍教学过程，进行二次设计。	多一点反思的质，少一点反思的量。

收获丰。长桥中心小学收获的文字产品是《教师教学行为规范》，这是他们研究实践的思想结晶，表达了他们对课堂教学和教师专业品质的理解。教学行为的规范性因此有了标准，教学的有效性也有了基本保证，况且这份“规范”也给教学的创造性留有空间。我是很乐意推荐这份“规范”的，以让更多同行得以分享。

长桥中心小学的实践产品是课堂的变化，这一点可以让数据说话。

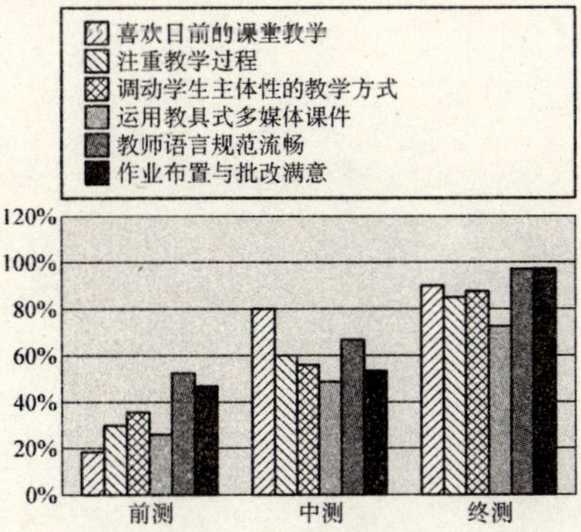

长桥中心小学教师教学行为现状问卷调查前、中、后变化图

长桥中心小学的影响力产品是品牌的形成。高全荣校长深知：要办好一所学校，就要形成独具一格的办学理念。这是一所学校的灵魂。为此，全校教师以“教学行为规范”为指引，以课堂为主阵地，自觉转变教学行为，苦心孤诣，积极历练，循环往复，日趋形成了“标准化走向特色化，规范化走向有效化”的长桥小学课堂教学特色品牌。伴随着课题研究，学校领衔吴中区课程改革，教师专业内涵不断丰厚，一批批骨干教师行走在“规范与有效”的道路上，学校的知名度、美誉度明显提高，品牌效应日见提升。

注：本文发表于《江苏教育研究》2016 年第 11 期。

幸福在故事里

翻阅陈广东校长寄来的书稿《遇见幸福——我们的幸福教育故事》(以下简称《故事》),恰如"面朝大海,春暖花开",看到波光粼粼中时而涌来一朵朵幸福的浪花,美不胜收,令人很是感动。

"故事"让人感动在"事情"——事中有情。这个"情"自然是教育的灵魂所在:"爱"。只要浏览一下这几十篇故事的标题,直接点出"爱""暖"的占了很大分量,没有直接点明的也有同样的意蕴。

爱,首先在老师对学生的慈爱。慈爱是长辈对年幼者的温柔和怜爱,慈爱不是你要我爱,而是我要爱你,我源自灵魂深处地爱你,爱你是我的一种本能。教师对学生的慈爱又自然地融进了教师的角色使命,成为一种天性使然。正是在这个意义上,教育成了"神圣的事业"。淮安市实验小学多年来践行幸福教育,师爱成为幸福老师的核心元素。于是,在这群老师那里,"每个学生都该是等待我们用心呵护浇灌的花儿","老师就是辛勤的护花使者"(殷慧)。"班级就像大花园,而班里的37个孩子有的如玫瑰那样鲜艳,有的如茉莉那样芬芳,有的如兰花那样优雅,有的像含羞草那样害羞,也有的像向日葵那样热情,还有的正鼓着一个花骨朵儿,等着我们去发现呢!"(陈霞)可见,师爱不仅有呵护,还有发现与等待。在书稿中,我还饶有兴趣地读了几遍张锦老师讲的故事:她接手新班级,让学生"抢座位",在学生互有争执的情况下,她发现一名个子不高的女生"抢"到教室的最后一排,于是,便轻轻地问道:"你为什么坐到最后一排?"这名女生掷地有声地说:"我发现班级里面有很多同学都戴着眼镜，所以我选择最后一排!”所有人，包括我，都被感动笼罩着。张老师顺势而为，使“抢座位”成为一个重要的事件，彰显了师爱的引导性和艺术性。在一些老师的故事中，还提及他们让学生如沐春风的教学，他们对学科的爱，对知识的爱，对课堂的爱，我以为这也是师爱的重要表现。把知识教活了，教实了，学生在学习过程中，达成知识的充实感和精神的愉悦感，甚至情感的升华感，对学生的关爱也才能在教学中、在课堂上真正落实。不难看出，仅从老师爱学生这个向度看，淮安实小老师们的师爱是饱满而深刻的。

爱，还表现在同事之间的互爱。内尔·诺丁斯在《幸福与教育》这本专著中谈道：人际关系可能是幸福的一个最重要的构成成分。在学校教育情境中，人际关系主要是包括领导与职工关系在内的同事关系。借用诺丁斯的观点，指向幸福的人际关系构成，应当以令人惬意的品质的培养为基础。淮安实小以“做幸福的人”作为核心的价值追求，师者“做幸福的人”当然应当是向上的、智慧的、谦逊的、优雅的，也是帅气或美丽的。以我对淮安实小的了解，他们的教师群体是具备这些品质的。看到他们那么要好，专业成长成绩斐然；温情守护孩子的成长，有的甚至把学生当作自己的孩子；创造生本课堂、生态课堂、生活课堂、生长课堂的“四生课堂”，追求课堂的幸福味道；真诚，礼貌，具有有分寸取悦人的能力(诺丁斯的表述)，优雅的举止，帅气与美丽(诺丁斯特别重视身体的吸引力)，相处之间让人踏实，愉悦。文化化人，在幸福教育的文化实践中，淮安实小正在培育这些令人惬意的品质，这就使得人际关系有了“好人”相处的基础。当然同事互爱往往是以友谊来表达的，在这一点上淮安实小教师的人际关系特别契合诺丁斯的观点，诺丁斯认为友谊有助于幸福，她还引用亚里士多德的观点“相互的善意是友谊的主要标志”并作了进一步的阐述。在淮安实小教师团队，同事相处这种“相互的善意”时常闪现。周新老师的故事说到卞主任对他的“搀扶”，卞主任完全把周新的事当自己的事，坦诚己见，相互切磋，未必句句中听，但“善意”却是叩动心弦的。李永青老师讲述英语团队的故事，直抒胸臆地说“我们是相亲相爱的一家人”，“大家相互融洽，如同兄弟姐妹，那份胜似亲情的情感能够凝聚人心，鼓舞干劲。因为我们拥有彼此，我们会不断刷新幸福!”友谊达于幸福，已有几分浪漫情怀，可以看作进入幸福的高峰状态了。

爱还表现在学生对老师的爱。幸福教育不仅让学生享受爱，还在于让学生学会爱。葛艳青老师讲述的故事介绍到调皮蛋小杰，“即使他再调皮，但我从来没有放弃过他”，以心暖心，以爱育爱。于是，“当我嗓子沙哑时，他第一个冲上讲台为我倒水；当我因改作业而肩膀酸痛时，他也是第一个为我揉的；他父母闹离婚的那段时间，他竟然叫我‘妈妈’”。李乃娟老师也讲到，排练舞蹈时，每人分到两粒提子，小云塞给老师一粒，分享甘甜。唐小炎老师的故事里说到上课打喷嚏了，坐在前排的小凡迅速递上面巾纸，中午放学时恰逢冷雨洒来，小茜同学打的伞已帮助遮风挡雨。点点滴滴，让职业生活贯注甜蜜，既是师爱的回馈，又激发师生更好地去关爱每个稚嫩的灵魂。唐老师还讲到有一次因学生互相打架，对班长思凡“狠狠地教训了一顿”。——

> 中午放学时，一个男孩过来找我，啜泣着说：老师，有件事我想跟你说，今天的事并不能完全怪思凡，而且我觉得你今天的处理方法也不太恰当。面对突然的话语，我感觉有些不知所措。“我建议你换一种方法来处理效果可能会更好！”说完他就跑开了。我陷入沉思中……

我之所以引出这个片段，是因为我以为这个男孩太不简单了，淮安实小幸福教育的实践太了不起了。这已经是超越生活关心层面的爱师，是含蓄深刻理性的师生互爱。如果没有润泽的氛围，这样的主体性大概难以生长。这样师生之间坦诚的对话交流，大概也难以生成的。

“故事”让人感动在“事理”——事中有理。所谓故事，本来就是通过叙述的方式，讲一件带有寓意的事情。当然在淮安实小，这些故事的寓意都是围绕“幸福是什么”“怎样实现幸福教育”这些基本命题展开的。

幸福首先在需要得到满足。诺丁斯阐释“幸福的教育”时说：“需要的满足是幸福的主要因素。”在小学教育阶段，特别要重视学生身体的需要。徐娟老师的《一支冻疮膏》，讲的是自己涂抹冻疮膏的同时，发现一个男生的小手也是一样的惨不忍睹，于是一冬天师生同抹冻疮膏。家长因此认定她是最好的老师，学生上了高中还给她打问候致谢的电话。她自己也对教师职业的内涵有了新的认识：“当孩子委屈时，给他怀抱；当孩子高兴时，和他同乐；在孩子伤心时，予以安慰；在孩子玩耍时，陪他跳跃……做一个‘温暖的老师’。”王超老师讲到这样一件事：课上，我要华若熙到投影屏幕上数数有几个小动物。孩子个子矮，小动物的位置高，拿着教棒还是没法数，见此，“我顺手抱起了她，她开心地数出了结果”。这个“幸福的抱抱”，同事们都夸抱得自然，在王老师“也许是因为我抱惯他们的缘故，也许那时他们就像我的孩子”，对教师的专业情意有着深刻的认识。当然，学生的需要不仅是身体的，但仅仅以上的两例，就可见到幸福感受的奥秘所在。

其次，幸福在于享受快乐。怀特海曾把学习分成几个阶段，小学大致是怀特海称作的“浪漫阶段”：“浪漫阶段是第一个理解阶段，该主题具有鲜活的特异性……浪漫情感在从单纯事实向未探究关系的意义实现转化中不可或缺的是与之相伴的刺激。”诺丁斯在论述时认为快乐学习是浪漫阶段的重要特征，因为快乐，所以“我们倾向于更认真对之加以探究”，“发现的过程可能会因为一个人真正想学习而快乐，其最终结果是一种深层形式的满足”。淮安实小的老师们认为：“幸福课堂里的学生应该是自由的、快乐的、充实的、美好的、成长的、幸福的。”他们的生本课堂强调学生第一，他们的生态课堂提出构建和谐的学习情境，他们的生活课堂努力打通课堂学习与生活经验的联系，他们的生长课堂着眼于教学目标的完整实现。他们的“故事”涉及的教学片段，大都是以快乐贯注始终的，因而能洋溢出幸福的味道。快乐还常常与“玩”联系在一起，诺丁斯在讨论“玩”时，引出别的学者的观点：“玩直接有助于学习，尤其对小学儿童而言更是如此。所以老师应该注意到在学习中玩的效能。”淮安实小的老师们似乎对此心领神会。初春碰上下雪了，孩子们看到外面银装素裹，心里发痒，任海燕老师看透孩子们的心思，给“爱的暖力”，让孩子们走出教室打雪仗。玩得痛快，愉悦的情绪会持续环绕这些雪地里的小精灵的。学校后面有个小土堆，对孩子们充满着神秘的诱惑，“那天早晨，当有孩子提出了集体踏足小土堆的想法时，全班的孩子沸腾了”。于是陈云老师满足孩子们的好奇心，带着孩子们进入学校的这块禁地。“……我就是这样远远地看着孩子们，任由他们尽情地玩耍，晨风是和煦的，晨光是柔和的，而此时的我和孩子们是幸福的。”更为美妙的是，“踏足小土堆之后，我似乎一下子由老师变成了孩子们的朋友”，“我想孩子们一定认为我是懂他们的”，“我还悄悄发现孩子们学会考虑我的感受了”，集体荣誉感和凝聚力也大为增强了。正是这一玩，如陈云老师悟到的，“平凡中荡漾着快乐的音符，小事中孕育着幸福的花蕾，孩子们点滴的进步就是这幸福的花蕾结下的果实”。游戏是人的天性，“玩”具有独特的学习价值和成长价值。诺丁斯在讨论幸福教育时，曾提出玩游戏应该被视为学习的一部分。她还说：“欢乐不要从小学就结束。老师应该研究有关他们所学学科的娱乐活动。”相信这些话对淮安实小的老师们是“正合吾心”，正是在这种洋溢着浪漫色彩的快乐过程中，幸福会像花儿一样绽放。

第三，幸福还有赖于学生、家长、老师的整体性感受。诺丁斯说："最好的家庭和学校是幸福的地方。"她还说："如果孩子们要在学校获得幸福，他们的老师也应该是幸福的，而我们常常却忘记了这一明显的关联。"淮安实小的老师们，正是在创造这样一个幸福的地方。他们如诺丁斯所说："生活在这些幸福的地方中的成人会认识到教育（和生活自身）的一个目的就是幸福，他们也会认识到幸福是教育的目的，又是教育的手段。"于是他们对幸福教育有体系的建构，提出让幸福教育走出学校，仅仅从老师们的故事中就可以看出，"故事"中提及的家长们都在分享幸福教育的同时，参与创造幸福教育；提出让幸福教育走向社区，在学校与社区之间价值互动，活动互动，服务互动，整个社区因此而其乐融融；提出让幸福教育走向职后，让老师们充分享受幸福。对在职教师，更是通过什么是幸福，什么是幸福学生，什么是幸福教师的大讨论，明乎其理，知其所以然，从创造幸福中尽情享受幸福。

"故事"让人感动在"事件"——事为要事。事件是指比较大的，对一定人群产生一定影响的事情。事件肯定是故事，但故事不一定是事件。淮安实小的老师们讲述的，大多是有重要价值的，构成事件的故事。

意义性。意义性是说这些故事都包含着内在的育人价值，都是对幸福教育本质的一种感性叙说。淮安实小高举幸福教育的文化旗帜，致力于让学校成为师生成长的福源，就是追求教育的真义所在，"故事"也大都包孕着这样的精神意蕴。比如，"珍惜与每一颗童心的相遇"（唐小焱），正如马丁·布伯所言："真正的生活就是相遇"，"故事"都是"相遇"的事件，都是基于两个或更多的主体精神的相契。相遇"每一颗童心"，对学生主体性的尊重，理解儿童的基本立场，"一个也不能少"的教育情怀，对翠绿的童心茁壮成长的美好期待，教育使命所承载的价值追求都蕴涵其中。再如，"藏在画笔里的乐趣"（周红叶），乐趣在于激活，在于发现；乐趣在于随心所欲，在于自由自在；乐趣也在于满足感、惊喜感。不经意间，都在指向教育的真谛。

影响性。故事成为事件，往往在于其一定的影响性。我特别欣赏的是淮安实小的老师在践行幸福教育时，很会创造事件，让一些事情成为师生历久难忘的文化记忆。如前面提及的"踏足小土堆"就是这样一则事件，"尼古拉之旅"（李莉）更是匠心所为。接手一个新班，怎样制造一个事件，激活主体性，增强凝聚力？李莉老师借助本学期共同阅读的《小淘气尼古拉》，用情景剧表演的方式，带孩子们经历

“尼古拉之旅”，从而实现了班集体文化的“化学反应”，相信，这段幸福之旅会在孩子们的人生旅程中留下烙印。葛艳青老师则是给孩子们聊自己的工作，请孩子们帮助老师算一算，“时间都去哪儿了”。孩子们了解老师，理解老师，感恩老师，关爱老师，这样的关键事件的影响力会波及孩子对老师、对家长、对他人的理解和尊重，也许会影响着他们与人相处的基本姿态。

生动性。这些故事之所以打动人，是因为会讲故事。老师们从教育现场出发，他们的诉说带着学校情境的生活气息，具有很强的感染力。作为故事，情节性贯串始终，有的还有跌宕起伏的感觉，比如好几则故事都有“反转”的情节叙述，很具吸引力。故事的叙述，有的演绎成风景，很具画面感。构成事件的这些故事，可看，好看，有的也值得反复回味，于是蕴藏的意义更具内化的力量，源于教育现场的影响力，更可能在广阔的空间和持续的时间发挥力量，传递着、弥漫着幸福教育的美妙。

注：本文发表于《江苏教育研究》2017年第1期。

温度的生成

我多次和老师们分享《十诫》里的一个故事：在一个寒冷的日子里，小巴特问姑妈："上帝在哪里？"姑妈把小巴特揽入怀中。过了一会儿，姑妈问小巴特："你现在有什么感觉呢？"巴特说："我现在感觉暖和了。"姑妈告诉小巴特："上帝就在这里。"从这个意义上说，李建华校长"办有温度的学校"，有着一种神圣性的追求，也取得了上佳的效果。这种卓有成效的个性化的创造要推及一般，需要解码的是：温度从哪里来？

温度源自心灵。学校管理首先是心灵的事业。第一，校长是正向的努力者，他有着向上向善的人生底色，"我来到这个世界，为了看太阳"，他就有了健康的职业人的基本元素。第二，校长具有职业情怀。一个健康的职业人落脚于教育，他那纯朴美好的初心就孕育成了教育情怀。毕飞宇谈《推拿》的创作体会说，文学创作理解力比想象力更重要，面对一片哗然，毕飞宇强调："想象力是才华，理解力是情怀。"理解一种是认知观点，是基于主客二分的，另一种是经验观点，是强调主客统一的。毕飞宇显然说的是经验观点，他创作《推拿》，对盲人兄弟姐妹的理解应当是第一位的。教育亦然，管理亦然。作为一位企图有所作为的校长，具有教育情怀，"校长"就不仅是一个角色，而是一种使命。萨乔万尼在他那本广有影响的《道德领导：抵及学校改善的核心》，开篇就以赞赏的口吻介绍戴安娜·拉姆局长的领导观："我相信，领导是一种态度，这种态度会传递到行为，而不是传递到一系列先天具有或后天习得的零星的技能或素质。"可以肯定地说，管理学校，情怀远比技巧重要。第三，凝练学校的核心价值观。这是因为教育情怀在具体的学校空间弥散，就有可能凝练成一种愿景，一种价值追求。萨乔万尼说：“领导之心必须与人的信仰、价值观、理想以及人所专心投入的东西——借用流行的概念，就是与个人愿景联系起来。不过，它又不仅仅是愿景，它是人的内心世界，且又成为他/她真实（生活）的基础。”于是，学校的教育实践就变成去做“美好的事情”。我于李建华，可能他认识我，我还没有识得他，但从他的故事中，可以想象他的神采，他一定是个怀揣理想、斗志昂扬的教育人。人往往是以自己为标准的，有温度的人办有温度的教育，在本质上是性格使然。这样的性情中人，“空降”到一所学生以外来务工子女为主体的学校，自然生成了一种悲悯的情怀。于是，立志去“脸上带着微笑，内心充满柔情，用别一样的细心、慈善和柔情来关照他们，呵护他们。”进而，又提出了“办有温度的学校”的主张，形成了学校共同的愿景和价值观。萨乔万尼曾比较学校管理的三条激励规则：所能获得的奖赏使人去做，正在得到的奖赏使人去做，美好的东西使人去做。他当然希望能够达成“美好的东西使人去做”，因为这种内心的激励，甚至可以使人达到一种称为“充溢”的令人愉悦的工作体验，使人们在工作中产生深深的乐趣。李建华和他的团队在这方面似乎有点“像”了。

思路产生温度。萨乔万尼把领导之心、领导之脑与领导之手的相互关系描述为：

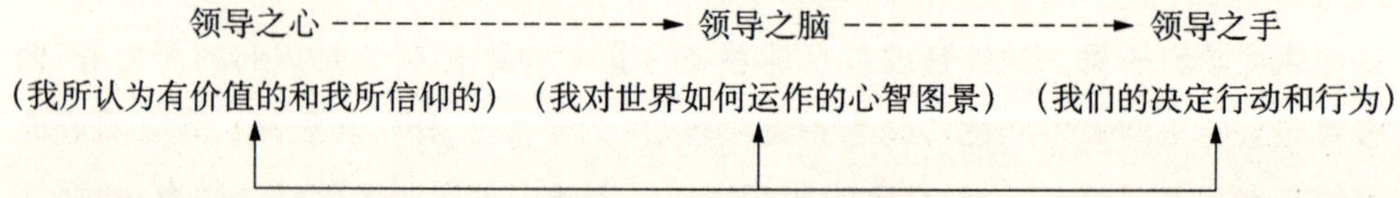

他认为，领导之心塑造了领导之脑，领导之脑驱动了领导之手，接着，对策和行动的反思又肯定或重塑了领导之心和领导之脑。他这里所说的领导之脑应当是指学校文化的实践体系，或者简称为管理思路的东西。在莲花学校，就是把“办有温度的学校”这个愿景落实下去的心智图景，李建华做管理的心智图景具有鲜明的特色：第一，共同文化与学校个性的结合。我们呼吁学校文化要有属于自己的句子，但“自己的句子”也是以结合学校规范性为前提的，所以学校文化建设要“合法”“合理”“合时”，遵守国家教育法规，遵循教育基本规律，体现时代精神，李建华明乎其理，他曾有专文阐述对教育部《义务教育学校校长专业化标准》的理解，对校长“规划学校发展、营造育人文化、领导课程教学、引领教师成长、优化内部管理、调适外部环境”这六项专业职责有较为深刻的领悟。另一方面，他又基于学校的三校合并，学生绝大多数是外来务工子女，自己是“空降兵”这样的特点，谋划学校发展战略，很好地把特殊性与普遍性结合起来。第二，推进全面工作和重点突破相结合。学校工作千头万绪，上面千条线，下面一根针。李建华颇有章法，接手学校后制订了学校“行动纲领”，整体思考部署学校工作，同时又颇有创意地以德育工作作为打开办学困境的突破口，在德育工作整体思路上，基于价值追求，让德育“有魂”；基于目标引领，让德育“有品”；基于活动设计，让德育“有味”；基于家校互动，让德育“有场”。德育又更使学校温暖“充溢”，学校发展的生动局面很快形成。第三，“有温度”与“有故事”结合。李建华倡导并践行“做有故事的教育，办有温度的学校”，温度侧重在心，故事侧重在行；当然也可解释为故事在前，温度在后；也可以解释为温度指学校是情感之湖，故事则是湖面上不时激起的朵朵浪花。但不管哪种解释，你都可以看到人，触摸到心，感受到暖，都是“人在中央”。思路产生温度，是因为这样的心智图景本身就是价值观的生动表达。

故事蕴含温度。李建华的要做“有故事的教育”，在萨乔万尼描述的关于领导的认知框架中，“有故事”显然属于“领导之手”的范畴。李建华“领导之手”的鲜明特征：第一具有主体间性，李建华把学校整合的过程看成重塑不同主体间对话和交往的过程，“对话仿佛是一种流淌于人们之间的意义溪流”（戴维·伯姆语），真正的对话构成“我”和“你”的关系，正如李建华所说，莲花学校的故事是“我”和“你”的故事，在这里，人与人之间的交往关系摒弃了许多遮隔阻断，坦然相对，平等相处，个体生命是一种诗意栖居，不同个体凝聚成复合主体。于是，我们从“故事”的角色身上看到了活泼泼的多重主体的力量。第二是价值性。李建华是把“有故事”与“有温度”对举的，二者其实构成了互文关系，“有故事”就是因为价值落地萌芽生长了，“有故事”就是因为阳光照耀，温度适宜，灿烂绽放了。恰如有朋友对李建华说，“你的教育触及人内心最柔软的地方，不仅唤醒了你的学生，而且唤醒了其他人。”“触及”的是“领导之心”之心灵，就是信念、价值、愿景、情怀、理想迸发出力量。在李建华的学校里，“唤醒”则是价值引领在发挥作用，于是就有了故事。诺丁斯在谈幸福教室时说：“幸福教室的一个特征是在明示的需要和推断的需要之间建立了一种基于持续对话的平衡。学生常常乐意为那些表现出对他关怀的教师干一些事情，关怀涉及对关怀对象明示的需要的回应。”这种场景在莲花学校是一点也不陌生的，“故事”往往就是价值引领下生成的自觉的行为，也是对“唤醒”的回应。第三是创造性。莲花学校的行政例会居然隔周务虚，敞开心扉，聊聊家常，交流情感，分享思想，真是亏他想得出。“相约 8：30”，李建华校长亲自在 8：30 电话表扬进步学生，感谢家长，正如他自己说，相约的不是时间，而是美的发现与传递，是爱的表达和交流。我要说，这种相约更是一种美好的创造，是智慧的花朵。“第 23 班”匠心独运，老师们“离开了凳子，迈开了步子，亲近了孩子”，形成了莲花学校阳光体育大课间一道独特风景。如此等等，主体激活了，价值认同了，创造力迸发了，于是故事就层出不穷了。第四是细节性。故事里有细节，细节一叶知秋，可以让人触摸到温度所在。李建华不少管理的创意，着眼于细微处，比如“记得教师 18 岁子女的生日”，肯定不宏大，但亲人一般的惦挂，确实感人至深。恰如我在本文开头引述的小巴特的故事，姑妈把小巴特相拥入怀，便是微言处见大义，身体的温度让小巴特感觉到上帝的存在。如此这般富有力量的细节，在莲花学校是俯拾皆是的，这所学校确实称得上“有温度”，因为心灵的美好追求在这里充盈荡漾了。

注：本文发表于《江苏教育》2017 年第 6 期。

学校特色建设的文化选择

——以张家港市合兴小学为样本

近些年来，特别是《国家教育改革与发展中长期规划纲要》颁布以来，学校特色建设得到普遍重视，一批先进学校创造了成功经验。张家港市合兴小学以“共筑适合生长的教育生活”为愿景，“寻找属于自己的句子”，形成鲜明的办学特色。他们在学校特色建设过程中的文化选择，具有推及一般的普遍意义。

一、关注共同文化

如何突破学校建设同质化的困局？不少教育行政部门和学校只是关注“人无我有，人有我优，人优我特”，有的更是着力于“一招鲜”。我以为这都是基于一种误入歧途的理解。中国的学校建设千校一面不是靠剑走偏锋可以改变的，而是要回到原点上来，回到教育的本质和规律上来。本雅明谈不同语种的翻译，提出要关注“纯语言”，作品翻译首先是要在原作品中发掘“纯语言”的种子，使它在新的语言中生长。推而广之，建筑、艺术以至日常生活方式等，也都有“纯”的内核。学校亦然，我们关注“共同文化”，首先要关注的是“纯教育”“纯学校”的精神。正是由于处于不同情境，由于学校个体的种种差异，由于师生和家长群体性格不同，由于校长性格的独特性，由于对基本规律领悟的角度、维度、广度、程度不同，自然就会呈现出各自的特点。“个”与“共”是相互激荡、动态生成的。在这方面，我特别欣赏合兴小学，从他们的文化实践中，我们可以看到他们对教育与学校的“共同文化”的研究与汲取，尤其是在以下三个方面，他们的理解达到一定的深度。

1. 儿童成长与发展的规律

合兴小学的“合兴”首先在于适合而生长，他们提出适合的教育就是适合学生生长的教育。怎么才算是儿童生长呢？怎么才算是适合儿童生长呢？结合合兴小学的理解看，关键在于关注学生的完整生命、内在生命、个体生命。第一，关注学生的完整生命。人的重要特性就在于双重生命的存在，人与其他动物一样，存在着自然生命、物质生命，但人又超越其他动物，因为人还具有文化生命、社会生命、精神生命。“适合教育”有助于培养各方面发展健全的人，合兴小学的培养目标也着力描述“全人”的形象。第二，关注内在生命。合兴小学的老师们特别欣赏杜威的“教育即生长”，这种“生长”是生命自己在生长，是在过程中成长，是按照其本身的节律生长。合兴小学的老师们曾借龙应台的描述，表达自己对学生内在生命的尊重和期待：“我，坐在斜阳浅照的石阶上，望着这个眼睛清亮的小孩专心地做一件事。是的，我愿意等上一辈子的时间，让他从容地把这个蝴蝶结扎好，用他五岁的手指。孩子，你慢慢来，慢慢来。”第三，关注个体生命。“儿童是由一百种组成的”，“这一百是一百个的一百的一百”（马拉奇），每个儿童都是一个丰富的世界，适合的教育既指向共同适合的教育，更指向每一个都适合的教育，合兴小学在理解“教育即生长”时，特别强调“生长是学生的相对生长”，他们一方面在孩子的诸多生长品质中进行横向的比较，发现其个性特点，尤其是闪光点。另一方面对孩子的个体生长进行内部的纵向比较，把准每个孩子的成长节律。正是基于对儿童成长与发展规律的深刻认识，他们的适合而兴（生长），就有了理性的自觉。

2. 关注课程改革的基本思想

合兴小学的适性教育主要是通过课程教学展开的，他们的“适性”在我看来很重要的是基于他们对课程改革基本思想的理解。第一，“新人”意识。教育改革的目标都是因为现实情境的“人”的培养存在诸多问题，都是着眼于更好地培养“新人”，并进而推进社会的进步与发展。基础教育课程改革呼应时代要求，提出新的培养目标，勾勒出“新人”的基本结构。合兴小学在理解这一原点问题时，更是结合当下对核心素养的热议，从人与自我、人与社会、人与工具三个向度描述学生的核心素养，甚至在每一门校本课程的课程纲要中，都紧扣核心素养这样的根本旨归。

第二，超越学科中心的课改理念。在国家课程改革的整体结构中，课程的综合性明显增强，重新审视和改进学科课程，丰富激活地方和学校课程，倡导探究性教学与多元化评价，这些都体现了超越学科中心的课改理念，合兴小学深黯其道，他们的课程结构很好地体现了这些思想。第三，课程动能的转变。旧课程关注人学的知识，新课程关注学知识的人，并在实践中提炼出“知识与技能、过程与方法、情感态度与价值观”这样的三维目标，现在进一步表述为核心素养，这样的功能转变是通过课程目标、课程结构、课程内容、课程实施、课程评价的改革去实现的。合兴小学的课程实践全面贯彻了这样的思想，仅以课程实施看，他们倡导自主性学习，并设计自主研学和合作互学两个主要环节，“三维目标”渗透其中，学生的内源性生长得以落实。

3. 学校管理的文化意蕴

合兴小学的“兴”既指学生的发展，老师的发展，也指学校的兴盛。学校作为一种组织机构，其文化建设也有其共性的规律，从合兴小学的文化实践看，他们特别重视的是：第一，意识形态系统的建设。意识形态系统是由理想、愿景、价值观等形成的，合兴小学的教育愿景是“共筑适合生长的教育生活”，这其中闪烁着理想的光芒，体现出学校共同的价值观。《孙子兵法》有言：“上下同欲者，胜！”在学校这样的组织机构中，共同关注“新人”的培养，必然会有丰富的收获。正是愿景等意识形态系统，使学校文化有了灵魂，有了生气，有了凝神聚气的一致性。第二，管理方式的选择。没有最好，只有最合适。在当下的机构管理中，内心追求应当如合兴小学所信奉的道德领导，努力通过教育实现自然的“回归”，恢复人“灵魂深处”生来就有的美德。但从运行效率看，仅仅人文是不够的，科学管理的规范有序仍然应该得到重视。合兴小学管理的基本原则是“科学、规范、标准、精致”，而这些则是科学管理的表征。人文与科学内在统一，通过科学的路径，抵达心灵深处，我以为这是一种智慧的选择。第三，通过组织的活动落实价值观的追求。文化总是与人的活动联系在一起的，学校组织机构的文化实践主要是通过制度与课程教学等活动来进行的。合兴小学在制度创新中倡导项目管理制，既落实科学管理的责任到人、权责一体的思想，又体现人文管理激活主体性的精神，这种弹性化的组织运行机制与常规管理配合使用，既保证了工作效率，又体现出放心放手和项目育人的道德感。合兴小学近些年的文化实践主要体现在课程与教学改革中，这正体现出学校这类组织机构自身的特点。

二、认识你自己

希腊德尔斐神庙有一句著名的箴言——“认识你自己”，佛家世界里也有对“我是谁”的不断追问，可见这是一个人生的大问题。在学校文化建设中，“认识你自己”是保持、彰显独特性的必要前提。合兴小学对自我身份的辨认，是从以下三个方面展开的。

1. 从学校文化传统中寻找

学校文化应当具有内在性的特点，应当是学校文脉的绵延流长。合兴小学对此有清醒的认识，他们意识到学校有100多年的文化积淀，应当循着历史的脚步，触摸厚重的文化律动，去寻找学校发展的根脉。学校当年创办正面临亡国灭种之际，一些地方志士为救亡图存，为民族兴盛，共同举力创办沙洲大地第一所乡村国民小学。“和衷共济、兴邦立学”的办学宗旨正是学校的文化旗帜。此后，学校有幼小合办、中小合办、数校合办，更有近年来地方政府与南京师范大学联合办学，学校“合而兴”，合作、适合，师生兴，合作双方兴，人的成长与国家未来兴，“合兴”的校名揭示出学校文化的灵魂。于是，对历史的深情回望，则让历史照亮了未来。

2. 从地域文化特征中寻找

曾听一位在张家港市委挂职的朋友讲，她第一次参加全市干部大会时，距离开会还有20分钟时，市委办公室的同志就火急火燎地打电话来催，她提前10多分钟进入会场，发现领导全到了，会场全坐满了，于是她深切地感受到张家港特有的文化。我们在张家港参加教研活动也多次地看到，中午超过12点，晚上超过6点，满会场的老师们没有退场的，其凝聚力与执行力可见一斑。合兴小学的同志告诉我，这些文化现象都是源于“张家港精神”。20个世纪90年代初，秦振华走马上任，主政张家港，其时，张家港是“苏南的北大荒”，在苏州几个县市中排名最后，秦振华的施政纲领，一条是“三超一争”：工业超常熟，外贸超吴江，城市建设超昆山，各项工作争第一；另一条是“张家港精神”：团结拼搏，负重奋进，自加压力，敢于争先。仅用三年，秦振华就带领张家港人完成“三超一争”的目标，把“不可能”变成辉煌的现实，这种“张家港精神”给张家港人带来深刻的影响，在一定意义上，熔铸出张家港人的群体性格特征，教育人也不例外。周有利校长向我介绍，合兴小学的乒乓队就是一个“张家港精神”落地生根的例证。正是在秦振华书记带领张家港人“三超一争”的时候，他们创办了张家港首个少年乒乓球学校，“要办就办最好的”，“打球要打出文化的味道”，这就是他们的信念与追求。通过20多年的努力，学校因乒乓球而声名大作，先后创建苏州市和江苏省体育传统项目学校，2015年被省体育局命名为省青少年奥林匹克体育俱乐部，学校为省队先后输送了10多名优秀苗子，校乒乓队在国内及一些国际比赛中取得骄人的战绩，乒乓文化更是渗透到学校的方方面面，成为学校文化的重要内涵。其实，乒乓项目如此，学校其他工作也概莫能外，负重奋进、敢于争先成为合兴人前行的基本姿态。

3. 从学校特有的结构形态中寻找

合兴小学与张家港的其他小学不一样，她还是南京师范大学附属小学，2014年更有研究生工作站落户学校。这种特殊的结构样态会给学校带来怎样的变化？学校领导团队在实践中不断探索，逐步领悟。在与周有利校长的交流中，我感觉到他们对学校异质文化的理解与吸纳重点在三“学”：学理，重视在理论指导下进行实践，让实践的成果在学理上站得住，比如从“适学课程”就不难看出背后学理的支撑；学术，重视教师专业进步，关注课堂专业品质的改进，比如教师的校本研训渗入诸多学术训练；学问，引导老师做研究，如梁启超先生所言，在教学生的同时还能做学问，享受两种人生的趣味，比如参与“教海探航”论文评比就成为学问的重要进阶。于是，教授们的睿智、研究生们青春勃发的朝气，就成为学校文化合成的重要元素。

三、走文化立校之路

合兴小学的同志曾系统梳理过学界对“文化”的理解，他们认同的观点是：文化，是指人们按照一定尺度去改变环境，发展自己。文化即人化，教育是文化的表现形式，是一种特殊形态的文化，从这里，人们不仅可以看到他们对文化的理解，更可见出他们是自觉地以文化来立校的，而他们的实践也构成了学校文化的完整形态。

1. 思想观念层面，以核心价值观为统领

学校作为一个机构组织，工作有多个部分，多个层次，多个维度，必须依靠核心价值观以一驭多，建构文化建设的整体。合兴小学提炼、确立了“共筑适合生长的教育生活”的发展愿景，这样的核心价值观“立得住，照得透”。所谓立得住，是说它是内在的，是厚重的学校文脉的“接着讲”；它是前瞻的，“最好的教育就是最适合的教育”“教育即生长”，以“适合”为追求，体现了时代的精神；它是合己的，似乎是量身定制，“合兴”的意蕴巧妙地融入这一表述之中。所谓照得透，是因为在他们的文化实践中，把核心价值观落实到方方面面，比如，我们曾听到他们的多重追问：适合生长的管理制度是什么？适合生长的德育是怎样的？适合生长的课程是什么？适合生长的课堂生活应当怎样？适合生长的教师专业生活是怎样的？适合生长的环境什么样？等等。在学校文化建设中，核心价值观“光芒照四方”，整体风貌才可能是内在一体的，亮堂堂的，合兴小学正是努力走向这样的境界。

2. 组织活动层面，重点工作卓有成效

核心价值观是回答为什么做，组织活动是指做什么、怎样做。从学校组织的特有功能看，做什么、怎样做应当以课程教学、教师队伍建设和制度建设为重点，而合兴小学在这些方面都做得有声有色。在课程建设方面，他们精心设计了“适合生长”的课程体系，确立校本化的培养目标，从人与社会、人与自己、人与工具三个向度展开以基础课程、拓展课程、特色课程建构校本的课程形态。在不同学科，对“基础”“拓展”注入不同的内涵，比如语文的拓展课程分为阅读类、表达类、活动类，再加上综合学习类与社团类，划分较细，定位比较具体，给学生选择的空间也就较大；数学则把基础课程分成教材内容与拓展内容，拓展课程又分为必修与选修，既夯实了共同基础，又留有多样选择的空间。在教学方面，他们围绕“适学”，提炼出“两单五环”的实践模式。“两单”指的是自主研学单和合作互学单。“五环”指的是自主研学、小组互学、展示问学、教师点学、迁移悟学。总体上看，“适学课堂”比较充分地体现了对学生个体差异的尊重，对学生学习自主性的信任，对独立学习与合作学习、师生各自的主体作用、课内学习与课外学习的关系也有比较适当的处理。合兴小学有一棵年岁比较久远的橘子树。屈原的《橘颂》歌颂了橘子“受命不迁、横而不流”的优秀品质。所以学校把“橘树”作为文化意象，把一个个成长的橘子作为学生发展的形象表征，基于“基础扎实、素质全面、个性鲜明、综合发展”的培育目标，学校组建了“橘娃六艺少年宫”，开设科技类、文学类、体育类、艺术类共四十余项社团项目。学校开展“橘娃争章”系列活动，以“小橘娃综合素质绘本成长手册”记录孩子每一天成长的点点滴滴。在教师队伍建设方面，本着“师德高尚、学养丰厚、专业精进、知行合一”的发展理念，学校开展“六航”专业行动：①专家领航。设计师德与生命认知、儿童发展与学习、教育科研方法、课程与教学论、学科专题研究五个模块，每月围绕某个模块邀请南师大专家到校指导。在校本课程开发过程中，邀请南师大教授和研究生全程参与，进行专业引路。②读书启航。学校组织三方面阅读：研读教育专著、精读教育教学报刊、荐读主题文章，更是倡导满足个体需要的自由阅读，使读书逐步成为教师日常的生活方式。③故事引航。每周的教师例会以随机抽签的方式，组织大家讲自己的教育故事，引导教师提高日常生活的专业品质。④课题导航。学校围绕“适合生长”申报省级课题，立项后分成涵盖学校主体工作的子课题，以课题研究为抓手，全面推进各项工作。⑤工作室助航。学校成立名特教师的语数外三个工作室，助推教师发展。⑥教海探航。把省里的有关论文比赛作为关键事件，有组织地磨课、磨文，促进教师超常规发展。在制度建设方面，倡导道德领导，实现合而共兴。比如学校制订“三勤、四及时、五必访”的工作制度。“三勤”指脑勤、嘴勤、耳勤。“四及时”指及时发现问题、及时解决问题、及时汇报问题、及时反馈结果。“五必访”指节假日必访、生病必访、有困难必访、婚丧必访、家庭邻里矛盾必访。这些措施彰显人文关怀，教师自然会以能动性、创造性回馈给组织，共同推进学校兴盛与发展。

3. 物质建设层面，让物态成为学校文化特质的表征

王继华教授在阐说静态校园环境文化时，曾文采飞扬地写下这么一段话：“静态校园环境文化是学校和外界对话，展示精神信念的载体，它让石头唱歌，促成心灵的震撼；它让墙壁说话，书写心灵的走向；它让花草致礼，形成绵长的志趣；它让雕塑栩栩如生，成为活现理想的旗帜；它让校史馆的峥嵘岁月，成为砥砺自豪的向往。”合兴小学正是这样努力的，地方政府于 2013 年投入 1.25 亿元对学校进行高标准改扩建，为“适合教育”的开展创造了优越的物质条件。学校依据“适合教育”的理念，对大楼、室馆、厅廊、过道进行命名设计，让学校楼堂室馆成为凝固的教育；学校绿化面积 21 000 多平方，校园里植有寓意各美其美文化的果园、植物园，做到春有花、夏有荫、秋有果、冬有绿，创建了令人心旷神怡，启迪美好遐想的诗意校园；学校文化的视听觉识别系统，统一规划，整体设计，把学校文化的精神内涵通过形象符号影响着师生，传达给社会。“一草一木总关情”，在这样一个文化氛围弥漫的场所，环境育人，一种“冉冉出新人”的气象就自然而然地升腾起来。

注：本文发表于《江苏教育研究》2017 年第 4 期。

翠绿的童心在生长

收到东海县幸福路小学的几期儿童诗报，翻阅欣赏，仿佛看到一颗颗翠绿的童心。且看王心童小朋友写的《老天爷》：

都说天是老天爷/它哪是个爷/分明就像我家/调皮的小弟弟

眼泪还没干/就露出了羞红的脸/任性时/就躲在云被里睡懒觉

还不如我听话/坐在教室里/认认真真读书/写自己喜欢的童诗

完完全全“没大没小”了，儿童的顽皮，因顽皮而生成的得意，充溢在字里行间。以儿童的思维理解“老天爷”，理解世界。你在教室里，天马行空，还以“听话”自诩。儿童的思维，儿童的“无赖”，实在妙趣横生，令人忍俊不禁。

经常有人感叹，现在儿童是有的，童年是没有的。什么是童年？懵懵懂懂，糊里糊涂；天真烂漫，活泼可爱；奇思妙想，刨根问底；调皮捣蛋，嬉戏欢乐；一本正经，装模作样……在幸福路小学的儿童诗里，我们都可以读到这些。为什么在这所城乡接合部的学校里，有一颗颗翠绿的童心在生长呢？造访幸福路小学，与杨静校长的团队做过交流后，我大致知晓了其中的奥秘。

一、幸福路小学的校园环境是洋溢着诗趣的

杨静校长怀揣幸福教育的理想，努力让学校“到处流淌着奶和蜜”，这里的“蜜”显然是指精神滋养和价值关怀。在学校的环境建设中，“蜜”已经具象化。一进学校大门迎面左侧的两株郁郁葱葱的枣树从一块嶙峋巉岩中旁逸斜出，配以朱红的隶书“读树”，醒目鲜亮，寓意“早”“读书”，“读书”要趁“早”，寄寓对莘莘学子的劝勉与厚望。大门右侧一块巨石书有斗大的“开卷有益”，更是对学校办学方向和目标的诠释——努力为社会和未来培养读书的种子；而第一排楼后西墙角的茂密修竹掩映下的“竹韵”和“泉趣”两石，则彰显了天人合一、蕴藉典雅的中国传统文化旨趣。随意在学校里行走，到处感受到浓浓的书香气息。在校园的长廊、过道、楼梯、宣传栏，布置着师生作品、双语名人名句；在花园草地，布置着经典诗句的立牌；学校教学楼有楼层书吧，教室里有图书角，孩子们读书伸手可及；精心设计校园诗歌长廊，记录孩子们诗歌创作的成绩，甚至连校园的电灯开关处也是十二生肖、十二月花卉的经典诗句，处处添就诗意。在这样的书香氛围中，孩子们幼嫩的童心萌芽得到滋养，美好的诗意能自然流淌出来。

二、幸福路小学有计划有组织地开展儿童诗歌教育活动

南京大学老校长匡亚明先生在谈到校风建设时，有句名言：“空气流动就是风。”诗歌教育的风气、氛围也是靠活动营造的。

1. 以语文课标推荐的诗词为主，熟读记忆阅读工程推荐必背及选背诗词。每个年级都有具体要求。一二年级：熟读背诵比较简单、易理解的诗词达到30首（一学年）；三四年级：熟读背诵经典诗词达到50首（一学年）；五六年级：熟读背诵经典诗词达到70首（一学年）。

2. 根据儿童特点和学生需求每个年级制订班级阅读计划，在计划中确定每月的阅读主题（可以是一类作品、同一作家不同时期的作品风格或一种作品），引导学生围绕主题进行阅读。每周安排一节语文课进行主题阅读指导活动，还可以根据需要带领学生到校外基地县新华书店、图书馆进行流动阅读。

3. 调整课程设置，强调三个阅读节点。每班每周开设一节语文阅读课。

早间做好晨诵，语文学科早读课改为“晨诵课”，加强对学生读书活动的指导，强化海量阅读与经典背诵；开展午间“静读”，精心挑选班级中热爱阅读、有责任心、管理能力强的同学负责每天午间静读的图书登记、书橱整理、借还记录等管理工作，语文老师加强指导与过程监控，让孩子静享午后的悦读时光；晚间“亲子阅读”，要求孩子家长共读一本书，发动家长和孩子一起参与读书活动，建立家校共读反馈制度，把问题带入课堂，融入阅读教学，使家长和孩子共阅读、同提高。

4. 提供交流表现的平台。①开设阅读汇报课。阅读汇报课是让学生畅谈阅读收获和体会的课。它有利于巩固阅读成果，提高阅读效果，培养良好的思维习惯和说写能力。②开展全校大型主题活动。每学年至少举办两次“读书节”“诗歌节”，以活动为载体，营造氛围，壮大声势，展示成果。③成立“红领巾广播台”。利用课间、午间一刻钟、活动课等时间向学生做新书、经典诗歌、学生诗歌作品推介，分享读书心得，汇报学习、生活、成长中的温暖与感悟，发表个人优秀诗歌、习作。④创办水晶娃诗社。办好水晶娃诗社这一平台，让孩子在阅读中吸取营养，获得道德熏陶和精神的滋养，通过诗歌写作让校园开满书香之花，结出阅读硕果，为孩子的发展涂抹诗意颜色。

具体的要求，精心组织的活动，加之必要的督查，适度的自主阅读，诗歌阅读渐入佳境，蔚然成风了。

三、幸福路小学着力培养爱读书，特别是爱诗、写诗的教师群体

好的教师是学生获得教养的源泉之一，教师读书不仅“腹有诗书气自华”，而且本身对孩子就是一种很好的示范。幸福路小学着力将每位教师培养成读书的种子。

1. 提供阅读条件，让教师有书读。学校每学期都为教师购买书籍，并发购书卡，让教师购买自己喜欢的书。

2. 办好读书沙龙，每学期组织教师开展读书交流会，同时开展相关读书征文活动。每学期举行一次教师读书笔记评比，对获奖的老师给予精神、物质的奖励。

3. 开展与学生“同读一本书”“同背一首诗”读书周活动。

4. 组织全体语文老师开展“读写大赛”命题比赛，每月组织一次全体学生参加

“阅读之星”和“诗歌大赛”，及时出简报，总结经验。

5. 组织教师开发诗歌阅读的校本教材，《早读书》已刊印，儿童诗歌教学也渐成体系。

6. 组织推进童诗研究。《童诗写作之于儿童心理治疗作用的研究》被立为省教育科学规划重点课题，其他如“小学生晨诵课研究”“城郊小学生班级读书会的策略研究”都已结题。《童诗写作：孩子人格发展的生命路径》一文获省“师陶杯”特等奖，一批研究论文在“教海探航”“师陶杯”征文比赛中获奖。在幸福路小学访问时，我的一个深刻印象是老师们都绽开着笑脸。同时，我还了解到幸福路小学老师的阅读，知晓他们还有自己的诗社：正是诗心的浸润，使我们这些可爱的老师童心永驻呢！

幸福路小学创生的校本课程分为四个课程群：“幸福人”人格养成课程，“我喜欢”活动体验课程，“水晶石”科技探索课程和已经提及的“枣（早）读书”儿童阅读课程，地方特色、校本课程彰显，校本化培养目标落地生根。他们倡导生态化的幸福课堂，以学生的主体活动为主线，以教师的有效引导为抓手，构建了“三要素十因子”幸福课堂范式，“三要素”指认知、人际、内省，强调学生学习就是三要素相互激荡、有机生成的过程。“十因子”则指侧重于认知的“一个有意思的问题”，“一次成功的挑战”“一次有价值的链接”；侧重于人际的“一次值得记忆的助我”“一次值得骄傲的助人”“一次难以忘怀的合作”；侧重于内省的“一个值得点赞的世界”“一个需要改进的细节”“一个鼓励自己的句子”“一张开心的笑脸”。这样的课堂，师生、生生关系和谐融洽，共同体验自身存在的价值，共同创造流淌“奶和蜜”的课堂生活。每一间教室，每一节课都是“润泽”的，生机盎然，诗意洋溢。

还是回到幸福路小学孩子们美好的诗篇吧。有一位名叫孙逐光的小朋友写的《正月》：

> 新年的清晨/天空朗朗地/晴开了
>
> 从远山来的正月/坐着雪花的小船/带来十二袋子的欢乐
>
> 悠悠地悠悠地/从岁月的河流/驶——来

多么稚嫩而美妙的童心啊！正是幸福教育的践行，正是美丽诗心的启迪，使这些孩子对生活有着瑰丽的想象和美好的期盼。儿童在一定意义上也是人生的“正月”，他们带着欢乐，正在向未来驶去，而且，他们会永葆翠绿的童心，一路创造更多的欢乐，悠悠地，驶向灿烂的明天。

注：本文发表于《江苏教育研究》2016 年第 9 期。

行为抉择源于教育理想

教育的改革越来越注重内涵发展和品质提升，越来越聚焦如何把课堂真正还给学生，让学生“在学习”，“真学习”，通过知识的学习，促进生命的成长。为顺应这种变革，泰州实验中学探索建构“主体参与下体验式学习”课堂教学模式，并通过多年实践，逐渐形成了一种原创性课改成果，2013 年获得了江苏省基础教育教学成果二等奖，引起了省内外很多专家学者和各级各类媒体的广泛关注。学生们在课堂上主体参与，自主学习，小组合作，师生研讨，真正体验到了学习的美妙，展示着生命的拔节成长。

主体参与下体验式学习，基于何世祥校长的团队对知识观的理解。长期以来，旁观者知识观占据主导地位，填充式的教学成为主要的知识获得路径，于是知识的学习就是被动的、冰冷的、枯燥的、破碎的。随着课改的推进，人们逐步认识到知识本质上的特点，如结构化，特别是通过知识建构打通已知与新知的联系；迁移性，随着应用与实践，知识在新的情境中能够解决问题，以至有所创新；洞察力，悟性、直觉成为重要的思维方式，学习者能够对知识进行判断、选择、反思、批判；移情，学习者能够体验知识中的情感因子，认可、内化知识中的价值观念。“旁观”“被动”已经完全不能触摸、理解、掌握这样的知识，“主动”“参与”“体验”应该得到高度重视和认真实践。

主体参与下体验式学习，基于何世祥校长的团队对学习观的理解。因为知识观的深刻变化，学习观自然就会随之变革，让学生“在学习”，就是要让学生成为学习主体;让学生“真学习”,就是要让学生自主独立地思考;让学生“生长式学习”,就是要倡导生生合作、师生合作,在主体间的相互激荡中有效获得。体验是在对事物真切感受和深刻理解的基础上对事物产生情感并生成意义的活动,体验式学习是基于问题的学习,以积极的情感体验和深层次的认知参与为核心的学习方式。从泰州实验中学的探索实践看,体验式学习方式的实施,大大激发了学生的学习兴趣,提高了学生的学习效率,增强了学生的团队意识、实践能力和创新精神。在这样的学校里,学生体验到的是别样的幸福。因为,这样的校园到处流淌着融汇知性教育与诗性教育的“奶”和“蜜”。

主体参与下体验式学习,基于何世祥校长的团队对学习环境观的理解。教学的四要素为学生、教师、教材、环境,但在传统教学中,环境这个要素被忽略不计。现在的知识观、学习观越来越关注环境、情境对学习主体的激活作用。泰州实验中学里的学习生活就是给人这样的感觉。为了体现学生活泼泼的天性,有可学习、体验、感悟的机会和平台,学校除了在课堂上要求教师创设体验情境进行教学外,学校建起了融成果展示厅、机器人与电子百拼等工作室于一体的“创新教育体验室”,集“生命教育、生活教育和生存教育”于一身的“生命教育体验馆”,还有包含中草药种植百草园、标本制作室、中药鉴定室、中药炮制室、化学制剂室、医药文化研究区等在内的“医药生态园”综合实践课程基地,还在校外开拓了中国医药城的医药研发中心、中国人民解放军海军诞生地纪念馆、“远望二号”航天远洋测控船等实践基地。

主体参与下的体验式学习,基于何世祥校长团队对学校发展战略的理解。泰州实验中学是一个基础较薄弱的学校。这样的学校选择什么样的路径发展?这是一个老问题,但因为往往得不到有效解决,也是一个新问题。何校长他们从立德树人的高度出发,着眼于培养具有主体精神和主体能力的一代“新人”,他们又把这样的“新人”目标具体化,寻找在学习过程中实现的途径,他们组织文化建设共同体,师生全员全程参与,文化共生,教学相长,又通过具体的实施策略,在校园的每一个角落烙上“主体参与”的文化标记,内化于心,外化于行。这里体现着教育工作者的初心、良心,体现着他们对教育理想的追求。教育是一个放飞理想、追逐梦想的事业。理想有时未必能够完全实现,但并不能因此将理想都视为空中楼阁,我们需要“就事实生理想,凭理想正事实”(陶行知语)。在实现教育理想的道路上,泰州实验中学的教学改革实践为我们提供了一个值得借鉴的成功案例。当下的教育,人们听到太多的唉声叹气，看到太多的随波逐流，这些又有什么意思呢？大概只会加重令人窒息的应试雾霾，恶化令人厌恶的教育现实。教育需要理想情怀，需要一点一点地从脚下起步，坚忍不拔地负重奋进。本书是学校七年课改经历的一个缩影，记录了他们从教学模式到学习方式不断改革前行的探索轨迹，凝结了他们的激情与智慧。这里有对理论的阐述、经验的总结，有切实可行的操作路径、真实可信的实践案例，有对存在问题的分析、未来发展的思考。虽然思考的深度、理论的高度都有些许欠缺，但是他们认真的程度、追求的态度却是毋庸置疑的。这种一步一个脚印跋涉前行的精神，更是值得嘉许的。

新一轮高中课改即将到来，核心素养成为关注的重点，核心素养代表了一系列知识技能和态度的集合，主要指学生应当具备的能够适应终身发展和社会发展的必备品格和关键能力，核心素养的形成主要通过知识学习，但这种知识学习肯定不是被动接受式的。主体参与下的体验式学习，让学生亲历知识、学会知识、共享知识、运用知识，有助于学生核心素养的养成。何世祥校长的探索与实践一定会带给我们有益的启发。

注：本文系作者为《让学生亲历知识——主体参与下体验式学习的实施策略》（江苏教育出版社2016年版）一书所写的序言。

用心、用力、用情

摆在我面前的这本书稿《用整个的心办整个的学校》，收录的是江苏省清江中学韩海建校长近些年来撰写的教育管理方面的理论文章，呈现的是韩校长对学校教育管理诸多方面的深入思考，凝聚的是她在15年中学校长岗位上所付出的心血和汗水，闪耀的是作为校长的韩海建科学而又先进的办学思想，当然这其中更体现的是一位优质高中女校长的教育理想和职业追求。

我与韩海建校长相识多年，对这位睿智、坚强而有魅力的女性校长，我始终是心存敬意的。于是，当接到她的电话让我为她的专著写一段序言时，我欣然应允。

带着感动读完了书中的所有文章，不禁掩卷而思：海建是个怎样的人？

韩海建是阳光的、向上的。我在许多个场合讲过，俄国象征派诗人巴尔蒙特的诗句“我来到这个世界，为了看见太阳”，应该成为教育工作者的精神大合唱。我想，在淮安的基础教育界，韩海建应该是领唱的人选之一，一个人对生活、对事业，都有一种阳光的积极的心态，在他（她）的言行举止之间，就会洋溢着一种乐观、豁达的“生活的微笑”。萨尼万乔说：“学校领导，与其说是一些零打碎敲的技巧和素质，还不如说是一种渗透于行为中的态度。”态度决定一切，清江中学的师生们这么努力、奋进，应该植根于韩校长和她的团队中许多的人，有一种阳光、向上的性格元素。

韩海建是聪慧的、睿智的。她有自己的教育哲学：“对学生的一生幸福负责，为学生终身发展奠基。”用这种教育哲学引领学校，大家就有了方向感、愿景感，就是

“做正确的事，而不是把事情做正确”。她明白，一个好校长就是一所好学校，重要的基础是把教师的发展与学校发展联结在一起。一个成功的校长必须效力于“教师成功”这个永不竣工的根基工程，基于这样的认识，她和同事们努力把学校建设成教师的“精神家园、成长乐园、和谐校园”。她深知灵魂孕育思想、思想产生精神、精神创造力量、力量改变世界，大力倡导“奋进文化”，用“奋进文化”引导学校奋进，使学校发展不断跃上新的台阶。

韩海建是刚健的、爽直的。她下过乡，进过厂，当过运动员，做过演员。可能是她特有的生活经历的影响，人们多少会感觉到她有几分男子汉气概：风风火火，心直口快，勇敢果断，雷厉风行，“用整个的心办整个的学校”，她顾不得许多：“我不干谁干！”我还常常想到她的坚持：“不这样干怎么干?!”学校难办，校长难当，但“办法总比困难多”，坚守和执着就是最好的办法。昆德拉说：“有信念的人则是一个被限制的人，你只能这样做而不是随意妥协，轻言放弃。”在当下的环境中，办教育、办学校，就是要有几分男子汉气概，就是要在外力的压迫下，用反弹体现文化的品性。在具体的管理行为中，推进改革，坚持制度，也是少不了几分恰到好处的刚性的。在一个管理者，欲言又止、拖泥带水，是干不成事情的，更是干不成大事的。

韩海建是深情的、雅致的。她把所有走进清江中学的学子都当作自己的孩子，她努力和老师们一起，让学生在幸福生活中准备人生的幸福生活。她把许多心血用在老师的成长那里，把教师培训当作学校最大的福利。她说“人人有老时，家家有老人”，始终对老教师关怀备至。

读韩海建的文字，脑海中闪现她的身影，总会想到英国当代诗人西格夫里·萨松写过的一行警句：“我心里有猛虎在细嗅蔷薇。”余光中先生关于这句话有很深刻的阐释，他认为，这句话具体而微妙地表现出人性里两种相对的本质，但同时更表现出对那两种相对的本质的调和。恰如男性的与女性的，阳刚与阴柔，苍鹰与夜莺，怒马与驯羊，飞瀑与静池，豪放与婉约，雄伟与秀美，“金刚怒目”与“菩萨低眉”，“杨柳岸晓风残月”与“大江东去”。相反而相成，对立而统一。余光中先生认为，人多多少少都兼有这两种气质，完美地表现这两种气质，才是完整的人生。海建是也！

人常说，文如其人。我以为这是论风格，也是说内涵。一本书是一个人的性格剪影，更是一个人的精神天地。因为写序，我先睹为快，对韩海建校长有了进一步的认识，对“海建其人”做了初步的描画，当然，这是远远不够的。卡夫卡说，“我通向我的同仁的道路非常之长”，何况，海建还在“奋进”。所以这本书我还要细读，清江中学我还要去，与韩校长及其团队的交流还要继续。因为我相信，在这样的过程中，我自己也会不断有些许的长进。

注：本文系作者为《用整个的心办整个的学校》一书（江苏教育出版社2011年版）所写的序言。

教鲜活的语文

这几天将曹勇军老师发给我的材料浏览了一下，我认真地读了他的一些文章，读了一些教学的案例，我认为这都是他语文人生的代表作，从这些代表作当中我读来读去，读出了两个字——“鲜活”。这与我最近思考的问题是相关的。我最近经常思考怎么样培养学生的语文兴趣、语文感情，从而使他们将来能建构一个高品质的语文生活。我想这是语文教师的使命，也是语文课程的一个根本的目标。这就需要语文教学是温暖的而不是冰冷的，是丰厚的而不是单调的，是生动的而不是枯燥的，是基于并回归整体的而不是琐碎的。这就需要把语文教得非常“鲜活”。勇军说他要教美丽的语文，我想他的美丽最重要的就是鲜活。所以我的发言就围绕这个话题。

在我看来，勇军把语文教得鲜活，第一体现在把语文还原到生活大地。这样一个还原我们也可以从三个方面解读，一是回归生活，借助现象学的一句口号，那就是“回到事物本身”。语文是从生活当中生长出来的，语文是跟生活血肉相连的，“回到事物本身”在勇军这里逐渐孕育出语文教学的主张——生活化语文。他的回归生活当是语文教学的坦途正道。生活化的语文，是读写的生活化，生活的读写化。例如从写作来说，涉及生活的写作，有特定的教学目的，有特定的教学对象，有特定的教学环境，于是他在作文教学时，就把这“三有”落实了，把课堂这样一个情境变成生活本身的有机组成部分，把语文的应用与语文的学习结合在一起。当然，他的教学很注意将教学情境回归生活，回归到一些生活的场景，洋溢着一种生活的气息，所谓“睡魔正与诗魔战，窗外一声婆饼焦”。上课这种“婆饼焦”的烟火气是很感人的。教学《高祖本纪》，他自己也很满意在课堂上讲出了刘邦的痞气和大度。他用了两个“他娘的”。我刚开始扫一眼文稿的时候，有点惊讶，因为在我的印象当中，勇军对于“骂娘”这样系列的话语经常是皱眉头的，怎么上课也用“他娘的”。我再细细一看，会心一笑，简直使我想到鲁迅的《论“他妈的”》。因为在那篇文章中，鲁迅先生也说道，农人父子对话中，“他妈的”表现出他们的亲昵和淳朴。勇军老师是在和学生讨论“狎侮”的意思时，用了“他娘的”这种原生态的语言，引导学生读出藏在文中人物的神态、心灵和气质。评课时同行都说到“他娘的”用词很有味道，这个“味道”应当就是日常生活的“婆饼焦”。第二是参与生活。他引导学生欣赏楹联，研究南京名胜的对联，欣赏足下的野草野花之美，特别是他的时事演讲。学生升到高三，他仍然坚持“课中套课”，有两三节课的课前安排学生演讲，重点内容是对热点时事的分析和评论，学生的演讲稿后来以《高三(10)班在六楼》为书名正式出版。他的时事演讲课直接引导学生参与到当下的生活当中去。三是创造生活。在现象学的鼻祖胡塞尔那里，所谓生活世界并不反对科学世界。他们认为这个生活世界是有理想色彩的，是有更高的理性诞生的摇篮。因此，所谓的回归生活，是向一个更高的理想、高品质的语文生活迈进。勇军在这方面做了很多工作。比如说他对美丽语文的寻找，他的经典阅读，他的语文基地。最主要的，是在日常语文教学中带领学生不断行走的情感之旅，特别是在教学高潮中与学生共同享受的审美体验。所以我认为他的创造生活最内核的是重视学生在语文学习活动当中主体性、主体品格的塑造。根据有些学者，例如五四时期哲学家张东荪先生的观点：“中国的言语当中，构造上主语(subject)与谓语(predicate)的分别极不分明。这是中国言语构造上的最特别处，而其影响甚大。”其影响列为第一是“因为主语不分明，遂使中国人没有‘主体’(subject)的观点”。《论语》里面的一些话你可以认为是孔子说的，也可以认为是孔子的学生说的。谁说的都无所谓，因为都不会改变这个内容。“道”是统一的，是适用于一切人的，圣人宣“道”，说的是具有永恒价值，适用于所有人的话语，不需要在其中读出一个活生生的人。王富仁先生在引用这个观点评论鲁迅的时候说也有例外。他认为“中国知识分子的主体意识在中国语言本身的特征中无法产生，但在某种情感体验的高峰状态则能够存在”。王富仁先生列举到，像屈原，像司马迁，像李白，像曹雪芹，像鲁迅，在他们的情感体验达到“忘乎所以”的状态时，其话语就有了强烈的主体性。我认为我们日常的人也应该有忘乎所以的时候。有了忘乎所以的时候，主体性就出来了。比如说狂欢，比如在日常生活中酒喝高了，我们会谁也不在乎，想说什么就说什么。这时主体性就出来了。在我看来，勇军教学中不断引导学生经历的高峰体验，至少给我们这些孩子，给我们这些应试教育下承受很大心理压力的孩子有“喝高的时候”，有“狂欢的时候”。这个就是在培养学生的主体性。因此，我认为，这种创造生活实则是在创造新的人。他的经典阅读，他日常的教学，他的语文基地，其实都是指向学生人格的形塑，指向他们以后过高品质的语文生活。勇军让语文回归生活大地，这样的语文是带着理想色彩的，含蕴着对语文生活的创造。

第二，勇军把语文教活了，体现在对语文教学的审美创造。从勇军的教学案例来看，我把它分成三个方面，一是初识的敏感，也就是对语文的文本每一次阅读每一次教学每一次带学生行走，总是感到一见钟情，总会有新的感觉。我讲这个话是有特殊情境的。大概是20天之前，我和江苏著名的作家毕飞宇，就在十三中旁边的会所聊天，毕飞宇讲到他的父亲，讲到他的父亲是一个语文老师。他说他父亲那一代人完成了两个任务，一个是语文知识教学，还有是对文本逻辑结构分析。但是有一个任务没有完成，那就是对语文审美的敏感。毕飞宇说到他在南京大学给南大的学生讲课，就比较注意这一点。问学生“黄河之水从哪里来”，学生的回答五花八门。毕飞宇引导学生回到源头，让学生体悟，李白笔下的黄河只能从盛唐来，正是盛唐大国鼎盛的万千气象使李白一下笔就是“黄河之水天上来”，使“黄河之水天上来”从“不可能”变成“可能”，变成“只能”。他在南大课堂“盛唐啊，盛唐啊”的呼唤感慨，是叩响南大学生心弦的。在勇军的语文教学当中，我们也时常会有这类令人欣喜的发现。比如教《春江花月夜》，他的朗读，他的“春/江/花/月/夜”五幅图景的渐次展开；比如说《最后的常青藤叶》，比如说《寒风吹彻》，比如说《葡萄月令》，在他语文教学的代表作中，我们经常看到他和他的学生的审美敏感。做一位语文老师，每一次带领学生在语文中行走，都会有初始的美感，这样的语文人生一定会很美好的，这也一定会为学生的语文人生创造出更多美好的可能性。二，教学的立体感。勇军常常说读法超越了学法，学法决定了教法。怎么读，在他看来，比怎么教更重要。这其中就渗透了学法的指导。比如说他教《山居秋暝》，引导学生从品味王维诗“诗中有画”的风格入手；教《寒风吹彻》，拎出“知作者”“辨题目”“理思路”“解学象征”“抓主旨”“赏表达”这六个要领，都体现了对学生学法的指导，在他这里，文本向四面八方打开，从一篇文章跳到一类文章。我们看到这种属于一类文章的单篇教学，在学生是能带得走的习得；教《〈史记〉选读》，因为所选篇目多为长文，一般要用三四课时才能完成教学任务，在备课组研讨时，勇军提出："盖一栋四层楼！"把四节课变成盖一栋四层楼。盖四间平房是很简单的，而盖四层楼不一样，这需要整体上统筹安排，在设计时着意引导学生拾级而上，教学的立体感可以想见。

第三，生成"我和你"的故事。别人问勇军"语文是什么"，勇军回答"就是老师与学生的故事"，是"我和你的故事"。这里首先强调的是"我和你"。德国有部哲学名著就叫《我和你》。"我和你"强调的是什么？是"我和他"的关系变成了"我和你"的关系，强调的是我和你之间活生生主体的精神相遇，其间任何阻隔、任何中介都荡然无存。教学中，师生是精神上平等的两个生命主体，是用灵魂去呼唤灵魂，用身心去创造和分享，才能构成真正的学习共同体。其次，这里的"故事"很有味道。"我和你"之间的故事，是勇军和学生共同创造的语文生活。你看看他享受语文生活的一些文章的题目，比如说"戏剧之旅"，比如"中秋明月诗会"，比如"大树下的古风新唱"，比如"我们在大树下读书"，这些都是师生共同创造的美丽的语文世界。勇军还说过在他的讲义里、心灵里，装着班级每个学生的要求与建议，期待与祝福，这些会帮他生成新的语文故事。在高三的最后两个月，他要教三次作文，他把它变成送给学生的三个礼物。这都是创造的故事。在故事当中"相遇"，就是人们所说的流淌于对话之中的意义之流，所有的参与者都在创造与分享。再次，这样一个"我和你"的故事达到什么样的境界呢？我认为应当是相互映照。我特别喜欢"相互映照"这个词。勇军说他很喜欢读《教学勇气》这本书。碰巧这本书我读过四遍。我记得作者在这本书里引用了另外一个学者的话，描述了作为一个教学的天堂图景，上苍给我们这个职业，那么天堂是个什么样子呢？是"内部的深层愉悦与外部的深层渴望相遇交融"。我们在勇军这里看到了他自己对学生的深情期待，也看到学生对他的念念不忘，看到孩子们离开他的课堂总是想回到他的课堂，回到他引导的语文学习生活当中来。有一位学生在给勇军老师的信中说："和您相处的两年来，您的许多细节都深深刻入我的脑海中：您喝茶的样子，抖烟灰的样子，读书的样子……您常给我的感受是我从不曾体会过的。那种莫大的充实感，饱满的状态，简直让我激动得战栗。"这样的师生共同生成"我和你的故事"，肯定是相互映照的生命状态，完全是生命的共同体。我曾经改用人们用来形容京剧名角的两句诗描绘如此情境，叫做："知识不是在书本里，而是在你和我的眼神里。""你和我的故事"里，愉悦，期待，享受，创造，溶于老师学生的眼波里。当然，相互映照这不仅在人与人之间，还在勇军让语文回归生活的大地，还在他教学中审美的发现和创造。勇军的语文生活中曾经有这样一幅美好的画卷：在玄武湖畔，他带领学生吟诵古典诗词。那个时候是怎样的相互映照啊？天上的月与湖中的月，习习凉风与美词佳句，自然与人，朝气蓬勃的孩子们和满腹经纶的古贤雅士，我们语文人本身和心中的信念、情感，我由此想到海德格尔所讲的“天地人神”融为一体。正是在“天地人神”这样的意境中，海德格尔借用了荷尔德林的诗，描述了一个理想境界“让我们诗意地栖居”。勇军正在创造并实现这样一个美好的境界。用勇军的话来说，“月亮升高了，越爬越高，真好”。我也想对勇军说：“你的语文人生，你的鲜活的语文，真好。”

注：本文是作者在曹勇军语文教育思想研讨会上的主题演讲，发表于《语文教学通讯》2016 年第 5 期。

向往真善美，走向高境界

——袁爱国和他的语文教学

袁爱国老师是扬州宝应人，执教于宝应实验初级中学，18 岁师范学校毕业就走上了工作岗位，二十多年来一直在语文教坛上勤奋工作，从一名师范生成长为一名特级教师。在阅读爱国老师的文稿时，我发现他一路求真、向善、寻美，有梦想，更有坚实的行动，在思与诗之间发现了语文的魅力，在语文教学的实践中与学生共同成长。他成长、成才、成名的经历，给我们带来不少有益的启迪。

一、求真：做一个热爱生活、素心追月、明道正学的授业者

孟子曰：真者，精诚之至也。语文教师求真的路径有三：一是恒真，坦诚淡定，坚持不懈，善于学习，追求卓越；二是胆识，保持教学的勇气，坚守语文本位，坚持因材施教，用语文的方法教语文，让每一个学生的语文素养得到提升；三是创新，不满足于现状，不按图索骥，力求每课有新意，每日有心得，日新日日新。

1. 真课堂：建构意蕴丰厚的语文生活

爱国老师的求真首先在于纪律与课堂。其基本思想就是打通间接知识与直接经验，打通课堂与生活，努力建构意蕴丰厚的语文生活。

回归生活。爱国老师教学时十分注意引导学生回归生活现场，体会思想与情感。恰如叶圣陶先生谈美读时所说“激扬时还他个激扬，委婉处还他个委婉”，“还”就是回到生活现场。爱国老师“还”的路径是“思与诗”。诗的深度，源于与文本的

深度对话，唤醒学生内心的体验从而与自我对话。顿悟人生的哲理、诗的灵性，源于灵感的激发，心灵的交流，情感的激荡。有了“思与诗”才是语文学习的回归生活，才是语文学习的回到现场。从《人琴俱亡》等教学案例可以看出，他的课堂洋溢深情之美，就在于回到了现场的情境。

面向生活。面对网络时代，青少年学习语文，需要我们别具“匠心”。如何让学生爱上语文，如何让学生爱上经典书籍，如何让学生沉浸于母语领略汉语言的魅力，这些问题对每一个语文教师提出了挑战。爱国老师不甘于在思想上抱残守缺，也不甘于在行动上亦步亦趋，力求让每一节课都成为崭新的一课，他的语文课洋溢着生活的清新气息，充满着生命的活力。第20个教师节的口语交际课成了央视“艺术人生”的对话舞台，师生共话“教育人生”，孩子们与袁老师一起走过20个教育春秋，共同感悟生活的情趣和教育的幸福。汶川地震一周年，袁老师引导学生模仿媒体报道写编者按语，学生与媒体文本、图片对话，与媒体的编者对话，感受地震后的人情故事。写作的同时，丰富了内心的体验，认识了生命的脆弱与坚韧。

参与生活。语文课程的目标，最核心最本质的是培养学生高水平语文生活的能力。参与生活，应该是语文学习的一种基本姿态。爱国老师注意把语文学习与语文生活打通，在生活中历练，在生活中学习，在生活中积累。比如组织学生进行“广告多棱镜”专题教学设置，让黑板报成为语文学习的园地等。

超越生活。语文是生活，但是生活并非都是语文，更不都是语文课程。语文学习也是生活，但应是有超越意义的，是一种更规范、更有效的语文学习生活。爱国老师深明此理，提出生态作文、生态语文的主张，强调部分在整体视野中的有机性。体现生态主义主张的稳定、优质、美丽等质量要求，提升教学环境这一要素在教学系统中的地位和作用，使教学系统不断得到优化，这样的语文课堂生活更加高质量。

2. 真品质：寻求语文教学的本义

课改以来，有关语文教育的新理论、新主张、新模式层出不穷，在学习借鉴的同时，需要我们有独立的思想和教学的自信力。袁老师认为语文教师专业发展品质的提升在于自信、自觉、自然。自信，让教师从“被发展”走向“自主发展”；自觉，强调知行合一，做反思型实践家；自然，持之以恒，让研究成为一种生活，以非凡的毅力情系语文，学思并重，才会有所思，有所得。

探究语文教学的本义是需要悟性的。悟性需要熟参，更需要冥想。袁老师为了研究新课程作文教学，向叶圣陶、林语堂、于在春、季羡林等文人学者汲取营养，于是便有了《自觉：作文教学的生命之维》《合理：作文有效教学的必然诉求》等底蕴深厚、鲜活灵动的论文。同时，袁老师的语文教学研究选题独特，敢于争鸣，精于思辨。他借鉴马克思·范梅南的“教学机智”理论，撰写了《教学机智：语文教育智慧的意蕴》一文；有语文教师研究“深度语文”，他做了反思：《“深度语文”的误区与学生意识的回归》；有效教学、高效教学研究渐热，于是便有了《微型写作课：透视作文教学高效的可能途径》等论文；针对目前流行的展示阅读教学模式，他撰写了《展示阅读教学的隐忧与对策——兼评杜郎口中学语文课堂教学》一文，由现象到本质，有的放矢，逐层深入地进行了深入剖析。

袁爱国老师关注教学品质的提升，认为有境界则能提升语文教学的品格，无境界则成为“应试语文”“庸俗语文”“非语文”。试想，当我们的语文教师终年仅是与一本教材、一本教参以及一套练习册打交道，语文学习美在何处？语文教育呼唤真心倾情于语文的教师。这样的教师对语文不只是一见钟情，更需要一往情深。这种恒久、专一的情感，不仅可以提升语文教师的教学品质，也能促进教师人生境界的超越。

3. 真性情：做一个精神明亮的人

王栋生老师拜访顾黄初先生，走进顾先生的书房，一壁书橱，满满当当，竟然全是“语文”。这是专业图书室，映照的是顾先生晚年的生活。王老师慨叹：一个人一生做一件事，做得专一，做得高兴，不知疲劳，不知老之将至，不计时功，是谓境界。“精神到处文章老，学问深时意气平”，一个人，一辈子，一件事！其间的寂寞和坚忍，常人难以想象，懒人不可企及，俗人无人问津。有境界的语文教师需要静力，甘于寂寞，常怀“清凉心”。袁爱国老师毕业于高邮师范学校，1988 年 9 月走上语文教师岗位，在芦村中心小学工作四年，后来参加江苏省自学考试取得了大专学历，乡镇教办室领导安排他去芦村中学任教职业高中语文和初中语文，2000 年通过业务综合考核，调入刚刚创办的宝应实验初中工作。其间不仅获得了本科学历，还参加了扬州大学的语文课程论研究班学习。难能可贵的是，袁老师在学历进修完毕以后，在参与学校管理工作的同时，以更大的热情读书、写作、教研。县城的人文书店成了他下班后的精神驿站，扬州师院的大学城书店、南京五台山的先锋书店成了他出差之余必去的站点。袁老师既读语文教育专业的书，也读文学、哲学乃至书画影视理论等杂书。同时撰写了许多极富个性化色彩的书评，陆续发表在报刊上。

在繁忙的工作之余，教师如果能够留一段静谧时光，以书卷为友，与寂寞共处，这份清净多么难得。

有境界的语文教师更要有魅力，兴趣广泛，勇做生活家。“人无癖不可与交，以其无深情也；人无疵不可与交，以其无真气也。”(明・张岱)语文教师大都是性情中人，但这样的性情是需要陶冶的。袁老师热爱书法，教学之余，临池不辍，多幅书法作品发表于报刊，《语文学习》杂志封面选登了他的一幅行书扇面，灵动飘逸，古意盎然，颇得同行好评。他常常将自己的书法作品赠送给学生，这样的礼物别有价值。袁老师在旅游的同时不忘记写作，于是便有了《岳阳楼映像》《黄鹤之约》《驻足岳麓》《兰亭惠风》一系列游记，家乡的水泗荷园、老城的古街小巷以及学校门前的纵棹园，自然也成了他的学生笔下流动的风景。

生活在信息社会，资讯畅达，交通便捷，语文教师如果固守故纸堆，不知“博客”何物，不知 3D 电影何面目，不仅与学生沟通困难重重，数字时代的科学的神奇与魅力，更是无从知晓。袁老师喜欢看一些经典大片，于是便有了他的电影写作课，他和学生一起看美国的大片《金刚》、伊朗的儿童电影《天堂的孩子》、李安的 3D 电影《少年派的奇幻漂流》，这些电影为孩子打开了认识世界的一扇窗，也让孩子学习了写作，认识了人性的复杂与美好。

二、向善：做一个敬天爱人、知行合一、教学相长的实践家

做一名教师不只是与教案、作业以及课件打交道，还要与学生、同事和学生家长相处，常怀善福心，与人为善，助人成功，这样的教师学生喜欢，同行敬佩，家长赞扬。“居善地、心善渊，与善人、言善信”，这样的生活方式，不也是谦谦君子的风度么！

1. 怀善心，关爱学生，让学生感受语文学习的魅力

一位普通的语文教师站在三尺讲台前，一站就是数十年，这些日子是以怎样的面目送走一批批学生的呢？这些孩子多年以后的心底曾为哪位语文老师留下美好的印象？日本企业家稻盛和夫为人题字，大都书写“敬天爱人”四字。稻盛以为“敬畏上天，关爱众人”乃是人生之道。作为一名语文教师，“敬畏语文，关爱学生”应该是敬业之道。

“教育是为儿童而‘操心’的活动，为自身而‘操心’的活动，为不熟悉的人而‘操

心’的活动，为这个社会的学术、文化、艺术、伦理而‘操心’的活动，为地球的未来而‘操心’的活动。”日本的佐藤学先生用“操心”概括教育的意蕴，用心良苦。

有位作家曾经发出这样的慨叹，语文从教会人认字之后就完全是束缚人的想象力的课程。这句话看起来有些过激，但细想想不无道理。不难发现，许多中学生把语文当作“鸡肋”，食之无味，弃之可惜。语文课上，学生昏昏欲睡者不在少数。语文老师最高的德行就是让学生对语文课兴趣盎然，让每一个孩子感受到每一节课都是生命中不可缺失的美好时光。有位学生家长在给袁老师的明信片上写了这样一段话：“女儿感冒要挂水，我建议她下午去挂，她坚决不同意，原因是下午有两节语文课。感谢您精彩的语文课，让我的女儿感受到语文的魅力，享受到语文的快乐。”

袁老师以“水木清华”隐喻生命在场的语文课程文化，清华园的文化魅力不仅体现在优雅的自然环境，更在于其课程文化彰显了蓬勃的生命力。生命在场的课程文化本质上就是建设和谐的课程文化，因为它更关注学生的本质需求，更有利于师生的情感交融。因此，需要语文教师不断地浇灌和呵护学生的灵性和好奇心，关注学生独特的生命感受，引领学生走进文本，走近语文。“博学而笃志，切问而近思，仁在其中矣。”无论是做学问、写文章，还是教学反思、陶冶性情，都需要我们有宽广的胸襟、敞亮的视界、仁爱的情怀，表里如一，方能悟得其中三昧。

2. 行善事，事上磨练，在实践与反思中积累智慧

王阳明以为“为善”就是“致吾心之良知于事事物物”。多经历“事上磨练”，对于语文教师而言，即磨教材、磨设计、磨课堂、磨反思，如此反复琢磨，方能感悟语言魅力，熟稔文本解读技巧，精于教学设计，勤于教学实施，教学智慧的积累才会与日俱增。

让我们来认识袁老师的教学案例《张力：让阅读教学走向高效》，围绕《都市精灵》一课，他搜集了相关的教学设计、实录及案例，发现相当一部分阅读教学方案流于程式，缺少张力，教学的有效性不高，他理论联系实际地指出了当前阅读教学中存在的弊端，多角度地寻求阅读教学高效的突围路径。在教学中，从词汇、句子、段落三个层面，形成点面结合的立体阅读样式，对语义和形象进行综合，同时引导学生反复朗诵吟咏培养语感，让学生倾听文本的声音，从而消除文本与阅读者之间的张力。通过《都市精灵》题旨的三度解读，不断挖掘，由浅入深，在理解文本的基础上，深入把握文本主题，丰富情感体验。袁老师注重“立体的读”，培养学生探究性阅读和创造性阅读的能力，拓展思维空间，提高阅读质量。

杨绛在百岁时如此感悟人生："一个人经过不同程度的锻炼，就获得不同程度的修养，不同程度的效益。好比香料，捣得越碎，磨得越细，香得越浓烈。"无论是斯霞、李吉林、于漪、钱梦龙等语文大师，还是新课程改革以来涌现的诸多名师，因为他们在人生中经受的历练与考验超乎常人，能够坦然面对它，接受它，处理它，所以才有了超越常人的成就。

3. 积善德，互惠共赢，过一种幸福完整的教育生活

焕发着生命活力的课堂，不仅为学生的发展负责，也为教师自己的成长添彩。一名教师在年复一年的工作中感受不到职业的快乐，感受不到业务水平提高的幸福，这是多么的无趣和苦恼。许多教师忙着应试训练，学生的分数渐增，但教师的业务水平却未见提高，有时候连教师自己对语文都感到味同嚼蜡。其实，语文课原本就是多姿多彩的，语文老师的面目也是最可亲最可敬的。魏巍笔下的蔡芸芝先生，海伦·凯勒的老师沙利文小姐，她们与孩子共度好时光，共享人生的幸福。

袁老师提出语文教学"尚德"的目标，即互惠共赢，持续发展，让师生过一种幸福完整的语文学习生活。语文学习关乎生活、生态、生命，崇尚有德性的学习生活，努力构建学习共同体，指向师生语文学习生活双重境界的提升，共享语文教育的财富。

同在职场，一个语文教师的工作活动空间构成的生态环境，影响着教师的职场幸福。一个备课组、教研组工作氛围的和谐程度和研究意识的强弱，决定着教师专业成长的快慢。一名教师抱着平常心，以谦虚好学的姿态融入学习共同体，自然收获多；相反，抱怨环境，埋怨同行，不仅自己一无所获，而且会影响自己的心境，丧失进取之志。年复一年的重复工作，韶华渐逝，仍毫无建树。

袁老师庆幸自己所处的良好的工作环境，不仅一个人奋斗，还带动一个学科、一个团队一起作战。从县里的名师班到市名师工作室、省中学语文特级教师联盟，一路结友，一路学习，学识与日俱增，境界逐步提升。

三、寻美：做一个自觉探究、自在表达、视道如花的语文人

美从何处寻？"风波即大道，尘土有至情"，美渗透在研读文本静心批注的字里行间，美流淌在课堂上师生对话的会心妙语中，美浸润在课外活动时发现自然奥秘

的惊奇欢喜里。备课时，教师只有潜心文本涵咏细读，才会成为文本作者的知音；课堂上，只有在文本与学生之间构建多向性对话，语文的滋味才会醇厚绵长；当语文走向了生活，这样的语文学习，才会“天光云影共徘徊”。语文教学品质的提升在于内在价值的纯正追求，这样才会让我们的语文教学充满深情之美。

1. 真水无香——里下河语文人的朴素美

托尔斯泰以为，朴素是美的必要条件。袁爱国老师求学、工作、生活在扬州宝应、高邮地区，这里属于里下河地区，交通相对闭塞，但河流众多，水网密布，植被丰富，生态环境极佳。里下河的水的气息、水的光影、水的清越、水墨一样的风景，也影响着语文教师的生活态度、审美情趣及人生秉性。里下河语文人的品性表现在他们的言与行上：

其一，自觉求实的行走方式。

清代扬州学派重视一个“通”字，重在辨明学术源流，融会贯通。泰州学派极具平民色彩，又称“平民儒学”，宣传“百姓日用即道”，反对束缚人性，引领思想解放潮流。这些学派的治学精神给后世的语文人留下了宝贵的财富，里下河的语文人尽管没有形成鲜明的流派，但自觉实践、求实融通的精神却一以贯之。

近年来扬州地区语文教师在黄正瑶、蒋念祖、王安琪、陈玲玲等一批语文名师的带领下，开展了“重读叶圣陶”“‘顾黄初杯’语文教学竞赛”等一系列活动，一方面学习语文教学的经典理论，一方面践行新课程理念，形成了凸显“语言、思维、生活、生态”的语文教学特色。洪宗礼先生1960年毕业于扬州师院后一直在泰州中学工作，忙于教课、教务的同时，编写了一套语文教材，主持了国家教育重大课题“母语教材研究”，做出了令所有语文人惊叹的成就。

里下河广袤的田野上既有农人的劳作，也有语文教师课堂田野的耕耘。袁爱国老师的研究基于课堂，读他的随笔，与教育故事相遇，逐步迈向教育的智慧；读他的研究案例，不仅复原了鲜活的课堂场景，还有教者深刻的反思；读他的研究论文，选择的角度总是令人眼前一新，论述的道理源于课堂高于课堂。他的扎根田野的研究，务实接地气，灵动有思想，值得品味。

“十一五”期间，袁爱国老师主持了江苏省教育规划立项课题“新课程理念下的生态作文理论与实践研究”。课改以来，“生态作文”研究似乎成果累累，网络上的研究文章不计其数，而且全国语文教师研究此项人数众多，有专家学者，更有许多一线教师参与。从2008年伊始，袁老师正式研究这一“老课题”，真正介入时他发现有含金量的研究成果屈指可数，大都打着“生态”的标签做一些应景的研究，实践浮于表面，理论东鳞西爪，不成体系。于是，袁老师从生态学入手，结合作文教学的传统理论与新课程理念，开展案例研究与理论探索，取得了一系列成果。《新课程理念下的生态作文教学策略》《生态文化视域下的作文教学评价初探》《有序·有法·有根·有魂：生态作文的追求》等10多篇论文陆续发表于《中国教育学刊》《教育理论与实践》等核心期刊，该项成果2013年获江苏省教学成果一等奖。

其二，自然温润的言说方式。

水乡多河流，田畴尽绿意。里下河语文人的语言表达自然质朴，不做作；语气亲切委婉，氤氲着河流的气息。顾黄初先生一直劝诫弟子要“说自己的话”，“别人的话是用来听的，不是照着说的”。顾先生的文字谨严质朴，清通冶炼，行文如流水，顺畅洁净，堪称语言典范。

袁老师也是一个对语言敏感的教师，他在努力寻找自己的表达方式。他的语言注重文白相间，长句与短句相结合，整句与散句交替，雅致不失清新，自在叙述中不乏规范严谨。我留意他写的一组古典诗歌解读的文章，如《遭遇孤独：直抵心灵的旅行》《棹歌何处：报与西湖风月知》等一组诗话，如话家常，将古典诗歌意境的呈现与自己潜心细读的体验，细腻妥帖地表达出来，读来有声有色，有滋有味。

2. 美的散步——寻求我的教学主张

尼采认为通向智慧之路有三个必经的阶段。第一阶段是“合群时期”，崇敬、顺从、仿效，第二阶段是“沙漠时期”，自由的精神茁壮生长，重估一切价值；第三阶段是“创造时期”，在否定的基础上重新进行肯定。洪宗礼先生的敢于“自以为是”与勇于“自以为非”的精神，让他在语文教学的研究之路上达到智慧的高峰。

袁老师的生活时空与运河相关，运河的流水或急或缓，看似平静的水面却有暗流潜行。生命也是一条不息的河流，湍急时不妨随波逐流，平缓时则可思量琢磨。语文教师的职业生活是忙碌不停的，但需要忙中偷闲，如何将“普众”的语文教学染上个性化的色彩，如何让孩子在课堂上既见语文的真味，又能见到语文教师的“真我”，这些难题是需要有清醒头脑的老师去追寻的。

近年来，袁老师一直在语言与思维之间寻求语文学习的本义。在阅读教学研究方面，从高效阅读教学到对阅读教学品质的关注，探究阅读教学过程中的审美情感、渐悟与顿悟、深度学习以及言语生命的唤醒；在作文教学方面，从个性化作文教学、高效作文教学到生态作文进行了持久探索；在专题学习、口语交际、写字教学等领域均有深入细致的研究。2010年10月在《语文建设》“学习《纲要》，深化语文教学改革之我见”专题讨论中，袁老师撰写《境界：语文教学品质的价值追求》一文，第一次提出了“境界语文”的教学主张，认为语文教学应追求教学品质的提升，语文教学的价值在于对语文境界的追寻。

袁老师指出，“境界语文”意在通过品位高雅、风格鲜明、意味丰厚的教学，提升学生正确理解和运用祖国语言文字的品质，追求教师和学生语文学习和生活质量的提升。境界语文的“意味”出自“语文味”，其“品位”建基于教学品质之上；境界语文实施路径有四：求真、审美、善悟、尚德；境界语文追求教学风格的形成。

袁老师提出这样的教学主张并非随大流，用“某某语文”为自己贴一个商标。他不仅有自己的一套说法，更有自己的一套做法，并将自己的思考与实践形成有价值的研究成果。近3年来，《境界语文：提升语文教学品质》《少教多学：提升作文教学品质》《深度学习：提升基于学案的阅读教学品质》《笃信·毅行·冥想：提升语文教师科研的品质》等20多篇专题研究论文发表于《中学语文教学》《语文教学通讯》《语文学习》等专业刊物。2013年10月，“基于教学品质提升的‘境界语文’的理论与实践研究”，被评为江苏省教育科学“十二五”规划普教重点资助课题。

“清则净，净则古，古则新。”（清·姚孟起）语文教学主张如能回归清净，追溯传统，所谓“新”则有根基、有准则；相反，一味标新立异，漠视传统，远离语文，只能是南辕北辙。袁老师的“境界语文”借鉴“境界说”理论，同时回归语文教学本质，体现了求真务实的学术品质，发人深思，值得借鉴。《语文学习》杂志曾经将爱国老师的这段话印在杂志封面上：

> 教学品格的提升在于对教学境界的追求。
> 境界语文是“诗”的灵性飘逸，
> 境界语文是“思”的深邃宽广，
> 在诗与思之间，
> 蕴含着无穷的语文教学机智。

3. “我即语文”——走向人生高境界

清人刘熙载说：“书，如也，如其学，如其才，如其志，总之曰：如其人而已。”其实，语文教师何尝不是如此，其学、才、志的多寡大小决定了教学品质的高下。陈日亮先生所谓“我即语文”，也是这个道理。语文教师的面目与思想影响着语文课堂的表情与内涵，课品即人品。因此，袁老师提出境界语文，不仅仅是对语文的追求，更体现了人生的追求。

按照一般的境界理论，境界是分层次的，有欲求境界、功利境界、道德境界、审美境界，后者包含前者有价值的东西，是对前者的超越。我很赞成在这四种境界中审美境界是最高级的。诚如张世英教授所论，道德境界有“应该”的意味，审美境界这是“甘愿”，更体现了主体的自由精神。爱国老师对语文教学确实是心甘情愿。正是这种“甘愿”让他能超越功利化的目标，求知求真，向善向美，追求真善美的内在一体。“我即语文”正是这种境界的重要表征。

2013年10月底，我去扬州参加《顾黄初语文教育文集外集》首发式，顾黄初先生的公子顾定红一席讲话，让全场人员感动落泪。顾定红先生说，人的一生学问要做、事业要做，但追求的路上不要忘记原点，那就是做人，父亲一生做人追求至情、至真、至善。我想，做一名语文教师何尝不需要呢？爱因斯坦曾经说过，照亮我的道路，并且不断地给我新的勇气去愉快地正视生活的理想，是善、美和真。追求真、善、美，当是每一个语文教师追求的崇高境界，此语与诸位语文人共勉！

注：本文发表于《江苏教育研究》2014年第5期。

精致语文随感

王晓春老师多年来致力于探索“精致语文”，我和他围绕这个话题，有过讨论甚至争论，恰如日本学者和辻哲郎讨论季风性气候地区人们的性格特质，认为“他们在忍耐的深处蕴藏着一股斗志”。长江下游自然属季风型气候，晓春果然也有这样的性格基因，在尽可能集思广益的同时，执着于自己的教学主张，率领他的团队为大家奉献出《精致语文教学论》。这种斗志和努力是值得充分肯定的。

王晓春老师说“精致”，是有一定的合理性的。第一，一方水土一方人。“精致”是江苏特别是苏州地区风土文化的一种特征。这个地区的风土文化，在我看来与三个字联系最为紧密，即“湿”“水”“蘇(苏)”。潮湿孕育了季风地带的人忍受、顺从和持久的意志力；水的内蕴灵动、丰盈，常常带来深沉和活力；“蘇”，郁郁葱葱，鱼米之乡，富足与精致良性循环，苏州的小桥流水，粉墙黛瓦，苏州的吴侬软语，苏州的昆曲、评弹，苏州的刺绣、园林，更有那袅袅婷婷的苏式女性，都在诠释着“精致”的美学内涵。王晓春对“精致”的偏爱，文化基因使然。第二，精致是审美语文的重要表征。晓春引朱光潜先生的诠释：“我所要求的是语文的精确妥帖，心里所要说的与手里所要写出来的完全一致，不含糊，也不夸张，最适当的字句安排在最适当的位置。那一句话只有那一个说法，稍加增减更动，便不是那么一回事。”他又引叶圣陶先生谈作文“通”与“好”的见解，叶圣陶先生认为一篇文章“词”使用得合适，“篇章”组织得调顺，便是“通”。文章成为一件“精美的物品”，“能引起观者觉得感兴，并给作者以创造的喜悦”，便是“通”而且“好”。依我看，偏重审美角度看语文，也可分为三个层次，一曰“通”，没有毛病，四平八稳；二曰“好”，功夫到家，成为精品（好东西）；三曰“妙”，独具匠心，匪夷所思，意料之外，又在情理之中。苏州的美食，苏州的小桥流水，都在“好”之列，而苏州的园林、昆曲则常常给人妙不可言的审美感受。好语文自然是“好”，也时常近乎“妙”，精致语文大致是语文教学审美化的一种实践探索。第三，精致是好课堂的特点。我是一直鼓吹“洗课”的，正是在“洗课”的前提下，我也是倡导审美语文：精确、精练、精彩。王晓春老师以“精粹内容和精简形式的统一”作为精致语文的核心原则，诚如朱光潜先生所说，要做到“精确妥帖，需要尖锐的敏感，极端的严密，和极艰苦的斟酌”。课如文，道理亦然，希望课上得精致，是符合课堂教学的美学追求的。第四，精致也可以成为天人合一的境界追求。木心说陶诗：陶渊明的诗是朴素得精致，精致得朴素。这是最为上乘的精致，是天人合一的精致。说江苏的老师教学有精致的味道，是推崇他们讲究自然而然般的精致。比如于永正老师的课，几乎每一个教学细节都经得起推敲。于老师告诉我，很多教学细节自己是反反复复推敲的，追求的是不着痕迹，浑然天成。有人戏称于永正老师是语文教育界的梅兰芳，我曾经调侃于老师，说他是语文教育界梅派唱得最好的，也肯定是会唱京剧的教语文教得最好的。他的精致有天人合一的感觉。以苏州说，黄厚江、薛法根老师，精致都近乎这种自然而然的境界。我当然希望晓春老师和他的团队，在这条路上“悠然见南山”，心向往之。

晓春老师努力在合理性的基础上，探索可能性。他的探索在理论和实践两方面同时展开。他提出的“精致语文”，试图解决当前语文教学中面临的一些困惑与问题，比如对语文教学价值追求与目标设定过于模糊、不够精确的问题，对语文教学内容选定与教学资源开发过于宽泛、不够精当的问题，对语文教学过程设计与方法运用过于繁复、不够精简的问题，还有对语文课堂师生互动与生生交往过于预设、不够精彩的问题，等等。在他对“精致”概念的阐释中，有五个“精致”的概念值得重视，一是“精确”，它关注的是目标，精致语文必须要关注精确的教学目标（指向于“为什么教”）；二是“精粹”，它关注的是内容，精致语文必须要捕捉到精粹的教学内容（指向于“教什么”）；三是“精简”，它关注的是形式，精致语文必须要设计出与精粹教学内容相匹配的精简的教学形式（指向于“怎么教”）；四是“细致”，它关注的是品悟，精致语文必须要对精粹的文本开展细致品悟，要去发现文本的“美妙”（指向于“怎么学”）；五是“情致”，它关注的是对话，精致语文课堂上需要开展情致对话，就是在师生间、生生间、学生与文本间积极开展充满情感和情趣的对话（指向于

“学得怎样”）。

晓春的精致语文教学，试图在“精致”的理念下建构一种理想的语文课堂教学模式，在这本书稿中，他依次从精致语文课堂教学的目标、原则、意识、过程、特征、策略和评价等诸多要素进行全面深入研究并对其内涵及实践展开具体阐述。在“精致语文”视野下他再强调一些重要的语文教学的概念。比如精致语文、言语生命、言语品质、语文味、审美味、儿童味、提炼意识、张力意识、对话意识、优化意识、意象点、意象体、意象流、文本主题、主题文本等，这些体现出他在努力为“精致语文”的创新实践提供重要的支点。

在晓春和我谈论精致语文时，我从来没有掩饰过自己的担心。我对晓春说，提“精致语文”是有风险的，比如母语学科更注重原始的蓬蓬勃勃的生命的力量，有时语文的产品也许很粗糙，但可能很有价值；我自己主张课堂向四面八方打开，太精致了，会不会有束缚感；精致会不会与雕琢、做作联系在一起，异化教学的本质。晓春他不断接受不同意见，努力自圆其说；他又是执着的，能够坚持自己的主张，体现着“持久的意志力”；他更是勤奋的，近几年一直在读书、研究、教学的上坡路上，努力而执着地跋涉。加之，作为一校之长，其工作的繁重可想而知。现在他和伙伴们拿出这样的书稿，是很值得嘉许的。衷心祝愿他们以更宽阔的视野，更艰苦的努力，让精致语文更加字正腔圆，余音袅袅。

注：本文发表于《江苏教育研究》2016 年第 10 期。

读写结合，展开作文教学的新画卷

一个老师的教学个性、教学风格，往往是在自己与学科教学的诸多联结点中，选择其中一个深入挖掘教学资源，形成自己教学的优势领域，以实践表达自己对学科课程和教学的独特理解，而这一点又不是孤立的，它往往以其他一点或数点为依托，或者是多点突破后发现某一点与自己更贴近，于是更为着力，逐步发出自己的声响。孙艳老师大致属于后者，她在语文教学的实践探索中，甚至给我左冲右突的感觉，忙个不停，行板如歌，但近几年则较多驻足于读写结合，逐渐悟出门道，做出了成绩。

孙艳老师悟出的门道之一是读和写的整体意识。杜诗曰："读书破万卷，下笔如有神。"说的就是阅读是写作的基础。唐彪在《读书作文谱》里说："文章读之极熟，则与我为化，不知是人之文，我之文也。作文时，吾意所欲言，无不随吾所欲，应笔而出，在口泉之涌，滔滔不竭。"这类谈阅读与创作关系的精辟言论在古代文人那里俯拾皆是。在中小学语文教学的情境中，关于阅读与写作的关系，现代语文教学的大家们多有阐说。叶圣陶先生说阅读文章主要在于获得启发，受到教育，得到间接经验等，而在理解的同时，必然对文章的写作技法有所领会，可作为练习写作的借鉴；张志公先生说"要提高写作魅力，必须多读，熟读，精读……不要把读和写看成不相干的两码事……作文教学还是需要改进的，主要的原则应密切地结合阅读教学，因为只有把语言的运用（写作）建筑在语文的吸收（阅读）的基础上才能收到最大效果"；吕叔湘先生说："读与写是有联系的，可以相互影响，相互促进，所以在教学中应当注意适当的配合。”我之所以做这样的引述，意在强调读与写当整体现之，从古到今，是广泛的共识。但在教学一线，我们看到不少老师只重阅读，写作只是附带，或者读与写是两码子很少联系的事，这也是造成语文教学效率不高的一个原因。孙艳老师对这个问题的认识很到位。她谈读写结合做课程建设的一篇文章中，三个案例分别重在说明读写结合的整体性，读写结合的整一性，读写结合的整合性。她的阅读教学和写作教学都可以见出读与写的反复来回，在她那里很多时候，读和写甚至不是相互联系的两码子事，而是融通的一个整体。

孙艳老师悟出的门道之二是充分发挥语文文本的教学价值。在读与写这两个方面，我是认为首先要抓好读，因为读是基础，语文文本作为教学的核心资源，第一，要从思想情感与表达两个方面通透性的理解。冰心先生在《漫谈语文的教与学》一文中说很好的思想内容，像一盏画得很美的纱灯，表达思想的文字就像纱灯里的烛光，若是里面的烛光很亮，这纱灯上的美丽图画，就会映射得纤毫毕现；若是烛光昏暗，无论是多美的纱灯，也会减色。选入教材的文本，大抵是文质兼美的，是一盏美丽无比的纱灯，问题在于我们怎么引导学生学会理解到位，怎么深刻领悟。我看过孙艳的几则教学案例，她是十分注意引导学生从表现手法的角度，去揣摩理解思想内容的，文本整体的教学价值她是自觉意识到的。第二，要把握文本的独特性。作家写作追求的是熟悉的陌生感，语文教学的重要任务就在于让学生不断接触陌生感，不断地把陌生变成熟悉，这就需要引导学生发现文本的独特性。在《济南的冬天》的教学里，我们看到孙艳老师这方面的努力。以《济南的冬天》来说，很多文章的分析都是按山、雪、城、水这样的顺序展开的，只要把文章认真读一下，就会发现这种按某种预设的逻辑结构分析，是强加于老舍先生的，这篇文章各个部分大都是综合地、整体地写的，这篇文章的文眼是“温情”，最主要的写作技巧是比拟，而情感基调的“温情”是借特定的喻体来表现的。于是，“小摇篮”“看护妇”“小水墨画”“蓝水晶”这些喻体的形状和情味就值得引导学生流连。孙艳老师教学时在这些地方花了气力，我是很赞赏的。与前面讨论的思想艺术的教学价值一样，这些不必简单对应某一次写作，但积累多了，学生自然会有恰如其分、如泉涌出的那个时候。第三，是发现文本对于写作训练的具体价值。孙艳和她的团队编写出版了《读写结合作文本》，几乎逐条梳理出对应的训练内容，指导学生练笔。以《安恩和奶牛》为例，她（他）们从外貌描写表现人物及生存状态，环境描写衬托人物性格等方面，给学生布置了练笔内容，示例即语文的某个片段，取材即生活中的某个场景和人物，这样的“写”不仅培养了写作技能，还会促进学生对语文的理解。

孙艳老师悟出的门道之三是写作阅读的对接与融通。主要体现在三个方面：第一，写作对阅读主题式的回望与展开。主要是指推荐的新的阅读文本，比如写“乡情”，关于乡情的文本会形成一个基本情境。无论是情感还是题材，都为学生的写作奠定了一定的基础。这些回望与展开又具有很强的针对性，主要指向问题解决的，这就使文本的借鉴意义得到了强化。第二，借助阅读文本，为学生搭建写作支架。还以写“乡情”论，寻找载情之物，找到“我”与这个“物”的故事，在这个故事的讲述中表达情感，形成层层递进的立体感，学生有本可依，有枝可攀，自然可触类旁通，拾级而上。第三，从阅读中学习写作技巧。比如《童心说》，老师引导学生从中学点例证式议论、归纳式议论、对比式议论、演绎式议论；比如《呼兰河传》，老师引导学生学习富有色彩的动感的词语。因为彼此间的对应，所以学生很容易上手，这种点点滴滴积累在初中三年的写作教学中，自然会功夫不负有心人的。

学科教学的研究，无论从哪个角度切入，都可以发现内部脉络的连通。读写结合的研究与实践也一样，越往前走，越是发现内在实践的丰富，发现研究空间的广阔。好在孙艳老师年轻，好在她总是斗志昂扬，好在伴随着自己的勤奋她功力渐长。于是，对于孙艳学术的前程我们有理由看好，我们相信她一定会“寻找属于自己的句子”，为语文课程与教学的改革作出卓越的贡献。

注：本文发表于《江苏教育研究》2016 年第 12 期。

走向乐学乐教的胜境

据说，中学生有“三怕”，那就是写作、鲁迅作品和文言文，究其原因，老师把鲁迅当作一种政治概念，而不是当作活生生的人来解读、欣赏；文言文教得鸡零狗碎、烦琐枯燥，仅仅成为掌握古汉语的训练材料；写作是不讲未必不明白，一讲肯定不明白。对小学生而言，鲁迅作品和文言文是“少年不识愁滋味”，怕写作却是一样的，而且中学生是从小学一路“怕”过来的，听说又要写作文了，满教室都在嚷：“作文作文，做得头疼！”

作文教学的出路在哪里？当然在改革。正是基于一种高度的责任感，许多有识之士多年来坚持不懈，探索作文教学的真谛，力求“识得庐山真面目”，杨淑娟老师的《小学作文教学理论与实践》一书正是其中的成果之一。

“目中有人”是这本书执着的明确追求。许多教学问题，其实都是观念问题。周杰伦的歌里说：“观念不及格，其他全部是垃圾。”话虽绝对了，但也不是毫无道理。观念的核心问题还是能不能坚持以学生发展为本，教学领域的最大问题还是“人学缺场”。就说语文的工具性与人文性吧，往往是一讲工具性，语文就被搞死，一讲人文性，语文又被架空。其实，工具性与人文性都得从人出发去讨论，所谓人文性，最本质的是自觉运用母语的意识，是把母语的应用当作自己的生活方式、生存状态、生命体验；所谓工具性，最重要的是语文的应用能力、探究能力、审美能力，自然是“以人为本”的，是人对工具的使用。许多人讨论作文教学时，往往从一个假想出发，而不是从活蹦乱跳的孩子出发，不是从孩子的感知、体验出发，难免南辕北辙。杨老师的这本书，突出了儿童这群“人”，工具与人文，做人与作文，体验与表达，共性与个性等，逐一道来。围绕儿童本体，着眼生命成长，着力素养形成，作了相当有人性深度的阐说，引导我们真真切切地面对童心、童意、童真、童趣，构成了梦幻美妙的儿童作文世界。我们甚至可以感受到作者与儿童精神交流的生命律动，可以感受到作者走进儿童世界情不自禁的生命感动。

“仓中有货”是这本书给人的清晰印象。写作难，首先是不知道写什么，成人和孩子是同理的。有些文章不忍卒读，就是因为作者“强说”“硬做”。杨老师写这本书是有多年的积累、充足的储备的。听说因为工作忙，家务也不轻，她常常凌晨起来写东西。我想，除了责任感，还有就是因为有东西写，甚至有一吐为快的冲动。难能可贵的是，杨淑娟老师储存的“仓库”是开放的，是基于对儿童作文生活的细致观察，是日积月累积少成多的。那种鲜活，那种生动，是在书斋里想象不出来的，她的那支笔闻鸡起舞，笔下感性的材料常常是沾着清晨露珠的。且不说那些设计和实录，就是言论篇中的例举也肯定是采撷于儿童作文的生活原野。“问渠那得清如许，为有源头活水来。”做生活的有心人，在记忆的仓库、思维的仓库里，不断添加知识积累的同时，面向原野，春暖花开，秋实满仓，当是水到渠成的一件事情。

“心中有谱”是阅读这本书的深刻感受。作文教学的路怎么走？怎样才能看得见，摸得着，走得通，跑得欢？杨老师已经胸有成竹，这就是把理论与实践结合起来。《小学作文教学理论与实践》分四个部分，言论篇侧重于作文教学基本理论问题的阐说，其他部分从不同角度切入作文教学实践活动。在理论阐说时，联系实践，新鲜活脱；在案例呈现时，剖析透彻，富有理性。“心中有谱”还表现在作者对作文教学的一些基本问题，已经想得明白。言论篇中讨论作文性质，见解卓越；阐述作文与做人的关系，立意深刻；论及作文教学模式与策略，有板有眼。四个板块，单独成篇，连贯一统，可以让读者从理论层面有一个整体的认知。我是在 20 世纪 80 年代中期与杨淑娟老师熟识的。那时，我们相邻几所师范学校的同事，经常聚在一起讨论语文教学的问题。杨老师给我的印象更多的是静静的倾听者。但偶尔的插话，已经让我们感受到她其实有不少想法；后来读到她发表的一些文章，逐步了解到她关于作文教学的一些思想；现在读到这部书稿，才知道她在作文教学理论上已经渐成系统。对理论与实践进行双重探索，在理论与实践的结合中形成独特见解，这种识见就是她心中的“谱”。我想，如果我们今天再在一起“沙龙”，又能坚持不去抢戏，我们一定会听到她更多的高见。

“脚下有路”是这本书形成的重要特点。我个人的理解，作为一名从事教学法教学与研究的高校教师，杨老师这本书首先是写给她的学生们看的。初为人师的师范院校毕业生，是需要从“描红”起步的。这本书第二部分，列举10个案例，结合具体教学情境，点拨阐释，要言不烦；第三部分14篇教学设计，精彩纷呈，很见功力；第四部分7篇教学实录，鲜活生动，颇多启迪。这些都会对初入杏坛的新教师以看得见、摸得着的帮助。但是，千万不要以为杨老师这里是一个“田字格”。作为熟手的老师们可以不重形式而着重神韵，可以联系自己的作文教学经验动态生成新的设计，还可以与言论篇融通进行理性探究。这里的“路”是可以拾级而上、渐行渐远的。

注：本文系作者为杨淑娟教授《小学作文教学理论与实践》（江苏教育出版社2006年版）一书所写的序言。

“有氧”即激活

——浅谈“有氧英语”

这些年来，在一些刊物上常读到施璐嘉老师的文章，给我的感觉她总是把目光投注在儿童英语习得与语言生长方面，她努力用自己的生命方式演绎着对于儿童世界的理解和关照。近期又读到她《“有氧英语”的教与学》专著书稿，甚是欣慰。教育即生长，有氧之于生命，是一种能量，是生命活力体征的体现，是一切生命勃发的根源。古希腊先哲苏格拉底曾言：教育不是灌输，而是点燃火焰。施璐嘉老师期待通过英语教学的变革，在有氧点燃间实现儿童英语学习的“自然呼吸”——这是一种美好而又温暖的向往，是一种理想而又渐见真切的境界！

有氧，激活学生

在书中，施璐嘉老师用大量的笔墨展开自己对于有氧英语教学的思考和实践，给出了“有氧英语”的内涵界定、实践模式、行动特征等。“动与静”“点与线”“法与道”“情与理”“内与外”“出格与入理”“语境与意象”“达至与生成”等，都基于她自己的理解——对儿童的理解，对儿童英语的理解，对有氧英语的理解，对儿童语言习得生成的理解。这些理解一个重要的实践表征就是学生习得的有滋有味。正是“有滋有味”，可以见出因为“氧气”充足，作为学习主体的学生被激活了。

有滋有味，源于学生学习欲望的迸发。施璐嘉老师认为“有氧英语”首先要聚焦学生主体，充盈语言习得“氧气”，点亮学生的学习火把，点燃学生的学习欲望，正如汽油燃烧离不开氧气，学生在燃烧“习得燃料”时需要“氧气”助燃，学生的这些“燃料”都储存在他们的潜能区，教学恰如其分的“催化”，教师恰到好处的“点火”，就会点燃这些“燃料”，做提升新陈代谢功能的“有氧”运动，提高学生对语言进行消化和吸收的能力，逐步引导学生用英文进行思维，培养学生用英语进行自主“呼吸”的能力，以生成源源不断的学习动力。

有滋有味，源于学生个体生命的灵动。有氧英语创设语言学习生活化的情境，真实生活化的语境“解决了语言符号学习所带来的与生活化语用的断层”，为学生提供“可理解的语言输入”，并在课堂外“大展手脚”，排除学生“学得”的压力，获得“习得”的兴趣。将语言习得的美妙定位于每个学生个体的激活，丰富的学教方式、立体的课程体系、多元的评价指标，适宜学生不同的学习风格和个性特质。

有滋有味，源于英语学科特质的弥散。施璐嘉老师主张将“有氧”指向英语学科核心素养的关注，输入多元化的文化之氧，聚焦学生语言习得背后文化品位的养育，聚焦跨文化意识的形成，为学生正确、流畅使用英语提供了必要前提和基础；而母语化的英语思维之氧则基于学生英语听读语感的形成，英语说写语感的成熟，搭建潜意识进入显意识的桥梁，将内在潜能转化为外在行动，最终达至学生语用“不假思索”“脱口而出”的自然状态。

有氧，激活知识

随着当代课程论由“忠实”取向向“创生”取向转变，教师与学生、环境、知识逐渐趋向一体化，形成了知识共同体联盟。“创生”取向提倡师生对课程进行重读和创造，教师与学生成为课程的建构者，课程和广义的知识内容与生活建立起紧密联系，课程资源和课程知识的界限相对模糊。施璐嘉老师正是基于这样的认识，着力于知识篝火的助燃，使知识洋溢出生命的气息。

整体而通透。全语言理论认为语言知识本身是完整的，不可以分割成孤立的语音、字词和句型片段，全语言教育是一种视儿童语言发展和语言学习为整体的思维方式。有氧英语借助顶灯效应下的有氧英语课程群落的建构，积极为学生营造言语场，不仅打开了多元化的文化视野，而且潜移默化移植入母语化的思维品质，突破英语学科课堂的“樊笼”，将英语语言的学习衍生到各个学科和生活的各个方面，让可以英语言说的领域都融通起来，建构起语言习得“浸泡”环境。如从学生的生活实际出发，整合学生耳熟能详的英语资源，搭建起多元立体化的语用平台。再如校园生活中的英语情境创设、网络 E 线资源、多元的节日课程、社团活动、俱乐部沙龙、夏令营课程等，将英语学习日常化、生活化、情境化、个性化，让非本土言语习得“浸泡”成为可能，在语言、文化、思维的整体融合中，学生对语言的理解更为自然通透。

鲜活而亲密。有氧英语建构起的不只是语言事件的一个视角、一个阶段、一个片段、一个形象，也不是这些元素的简单拼接、剪裁和重组，而是一种聚焦学生、教师、知识共同体，具有浓缩性、智力价值精神意义密集、富于审美特性、与学习者零距离的知识网络形态。有氧英语倡导英语学习基于自然真实的生活，激起个体生命经验的涌动，开启语言对话与精神沟通的心灵之门，让学生走进“言语的畅说园”，让英语学教成为适切儿童生长的生命旅程，知识因而鲜活；有氧英语尊重儿童的言语自主觉醒，强调学生在英语习得中言语的自发力和能动性，彰显学生生命自主性、言语自发性在课堂教学中的积极状态，重视师生生命共同体的延展，努力倡导师生与知识共同构成学习共同体，将教学的过程创建成“我与你的故事”，知识因而亲密。

有氧，激活学程

施璐嘉老师认为英语作为第二语言的学习，要将整体的学程激活，一方面需要建构一个氧气充盈的语言资源场，另一方面需要对教学过程不断优化。前者是“兵马未动，粮草先行”，建构了更有利于学生发展的大情境；后者直接着力于过程性，把改进学生的学习落到实处。

一种群落化的课程视野。适切的小学英语课程原本携带的文化编码，原本潜存的精神气质一定是和学生心理距离较近，并指向学生学习精神气象的言语体系。“有氧英语”聚焦课程与学习者的心理、精神距离的远近，关注课程传达的精神与学生切近，强调所表征的经验位于学习者最近发展区内，注重提升课程与学生的相融度。由此，有氧英语课程群落应势而生，顶灯效应赋予课程“直接的完整性”，课程不再成为一个隐喻、符号、文本，甚至一种生活的表象，一团任人揉搓的胶泥。普适性课程、广域性课程、项目性课程群落的架构，不仅在方向上合乎课程目标、课程文化追求，更是能够从心理、功能、价值上达至学生，并能和学生“相濡以沫”。

一种加氧化的学教姿态。有氧英语平衡动与静，打造一个“全语言”的场，创设真实、自然、生活化的语用情境，让学生走进“生活语言的灌木林”，将课堂教学仅作为一个示例，成为抛向湖面的一块石子，漾起圈圈涟漪，任何有语言的环境、任何有真实情境的语言交流都成为学生英语言语习得的“课堂”，建构起生活全息化的语用圈，打开了学生言语自主的“泉眼”。同时，“有氧英语”平衡内与外，建构一个“合文化”的体，挖掘语言素材中蕴含的文化意识内容，在教学中因势利导，加强学生跨文化意识的培养，关注语言的体系框架、言语的组织架构与英语思维的支撑粘连，关注英语习得过程中学生母语化思维的激活，让英语学习始终充满文化思维的挑战性，引导学生主动获知、互动生成，实现学生由语言学习到言语习得的自然进阶。

有氧，激活师者

在施璐嘉老师的视野里，“有氧英语”的师者是一个朝向四面八方的完整景观，教师既是学生学习的陪伴者、激励者、组织者和欣赏者，更是一个自我不断完善的生长者，一棵“不断成长的树”。

自主研究。正如帕尔默所说：“每逢走进一个新的班级，好像一切又都要重新开始……尽管随着岁月的磨练，表面上圆滑老练了，但实际上仍感力不从心，像一个初出茅庐的新手一样摸索着。”是啊，教师在教学中需要保存那份熟悉的“陌生感”，“教学当有三分生”，有氧英语点燃起教师的反思火把，点亮了教师的未知领域，引领教师在已知与未知间寻找差距。有氧英语聚焦文化，对接宏观意识和微观教学，链接认知能力和生活经验，必然地促进师者文化修养的积淀和文化品位的提升。有氧英语建构顶灯效应下的有氧英语课程群落，在普适性课程、广域性课程、交互性课程的体系架构间圈画基础课程坐标系，衍生拓展课程插补弧，勾勒迁移课程增量圈，让每个儿童都能找到适切自己的英语“跑道”；教师聚焦课堂，教学设计关注教学中语境化的习得、多种感官的协调参与、语言输入与输出的平衡转换、有节奏的个性适应和语言“浸泡”的恒常性，达至学生英语习得的“倍增”效应。教学相长，有氧教学赋予了师者教学生长拔节的力量。

角色转型。教师自身是有氧学教中最活跃的“氧分子”。教师的全球化视野、跨文化意识、母语化思维变革了英语知识的参与方式，建构起有氧英语学教的革新模式。教师在教学过程中，用特有的文化视角，捕捉现实生活中所蕴含着的丰富而富有生命力的“有氧”要素，为儿童英语习得所用，并转化为一种文化力量，以促成学生英语核心素养的不断成长。有氧英语中师生把课堂生活作为自己人生生命的一段重要的构成部分，师生在课堂的教与学过程中，生命价值得到了体现，心灵得到了丰富与发展，课堂生活成为师生共同学习与探究知识、智慧展示与能力发展、情意交融与人性养育的殿堂，成为师生生命价值、成长意义得以充分弥散的磁场。有氧教学改变了教学过程中知识参与的方式，促进了师者角色转型。

人生升华。有氧英语涵盖了教师对生命成长的关照与呵护，既有教师对自我生命体的丰富充盈，在博览群书中悦纳生成，在研究反思中激荡升华。同时，又有对学生生命体的敬畏育养，教师聚焦儿童，以一个长大了的“儿童”的立场思考儿童的问题，辨析儿童的哲学。“用孩子的眼睛看”，这种“看”是一种基于成人和儿童心灵对话与沟通的参与性、移情性、体验性的“本质直观”。

施璐嘉对我说，“有氧英语”是“走向儿童自然习得”“走近儿童本然会话”“走进儿童生命英语”。我认为这是立足于儿童哲学层次的思考与探索，也是基于英语语言学科的本质追寻！正是在这样的跋涉与登攀中，施璐嘉不断创造“新我”。施璐嘉老师的同事们告诉我，她的课学生如沐春风，有审美的味道，可见她的研究、她的人生正渐入佳境，她正在向人生的审美境界升华！

注：本文系作者为施璐嘉《“有氧英语”的教与学》（江苏教育出版社 2015 年版）一书所写的序言。

拾级而上天地宽

有人说，推开一扇门就是一个新天地。程道明老师从事语文教学和研究24年，曾奋力推开四个学科的厚重大门，成为具有跨界思维和开阔视野的语文实践者和研究者。他是语文教学大道上逐日前行的行者，是语文教育领域的隧道蜗行探索者。四年的中文本科教育使他系统掌握了语文学科的本体性知识，经济法学方向的考研经历使他深度关注语文教育与经济社会的深刻联系，文艺美学方向的考研经历使他能够简约形象地通过语言意象传递语文教育的情感温度，四年"语文课程与教学论"专业的硕士学习使他深入到语文研究的纵深腹地。源于人类对知识的天然渴求，源于对语文教育的深沉热爱，20多年来，程道明老师深耕语文教学与科研，奏响"两只黄鹂鸣翠柳"的和谐乐章，化身"一行白鹭上青天"的领头白鹭，立定"窗含西岭千秋雪"的坚韧意志，正在修炼"门泊东吴万里船"的开阔境界，已经成长为一个拥有自己的语文教育思想和教学实践主张，特别是形成了稳定成熟的教学模式和教学风格的语文教师。

《读解 or 解读：探寻阅读教学的真谛》这本专著，是程道明老师多年教学实践和理论研究的结晶，记载了他拾级而上的足迹。其具有以下几个特点：

1. 鲜明的问题意识

一线教师的教学研究，直接目的就是解决问题。迈克尔·富兰说："问题是我们的朋友，因为只有深入问题之中，才能够提出创造性的解决方法，问题是通向更加深入的变革和达到更加满意的途径。"程老师在教学研究中注意发现问题、思考问题，并把问题作为研究的起点，把问题解决作为研究的直接目的。与一般教师不同的是，程老师对不少问题有更上位的思考，他立足课堂又超越课堂，努力从个别提升到一般。在这本书里，程道明老师从宏观的“探寻语文学科性质的原点”，到中观层面的“建设理实互动的语文教材”和“建构读解学理论与方法”，再到微观层面的“语文教学设计的科学进阶”，等等。从问题探讨的展开中，我们可以想见，程老师的语文教学实践是不断改进、拾级而上的。

2. 跨学科的多重视角

文学教育的重要性不言而喻，但文学教育在中学语文中长期沦为文章教学的附庸也是一个不争的事实。究其原因，除观念隔阂外，文学教学缺少应有的理论支撑是一个重要原因。虽然，近三十年来，中西方文论研究取得很多成就，但如何整合应用于中学文学教育实践，却是一个难解的课题。程老师的贡献在于整合了语言学、文章学、文学批评、阐释学和文艺美学等诸多学科的理论和方法，使之有效应用于语文阅读教学实践。这项工作，不仅需要跨学科的理论视野，也需要大量艰苦细致的研究做支撑。10 年前，程老师以新课标语文为样本，撰写了《高中语文文学文本读解研究》这篇优秀硕士学位论文，阐述自己对语文课程教学的系统理解。此后，又经过 10 年探索实践，程老师在编写语文校本教材、开发选修课程、开展大量的课题研究和教学公开课等实践基础上，进一步从理论与实践相结合的角度，整合完善了读解学理论和应用体系；在“四步导读”教学法的基础上，凝练出独具特色的“二次作业法”教学模式。从中，我们可以看到一个基层教学研究者“深耕语文”的可贵品质和理论整合的普适价值。

3. 理论建构的有益尝试

李吉林老师说：“教育教学研究是理论与实践双元探索的相互激荡。”程道明老师一方面重视理论的汲取和应用，另一方面又努力进行理论探索和建构。据介绍，他提出的“双本语文”教学思想已经产生了一定的影响。所谓“双本语文”，即“以生为本，依据文本”，在丰富的言语实践中，全面培养学生的语文素养和能力，砥砺学生的人文情怀。当然，一种教育思想或教学主张的提出，必然有一个不断充实建构完善的过程，但从中可以看出程老师勇气可嘉。在我的印象中，他总是想一些新的东西，有一定的创新意识和能力。相对于“双本语文”，他的“二次作业法”似乎更为成熟。这一实践模式体现了学生主体性学习的思想，有着深化研究、加以推广的重要价值。按照德雷福斯的说法，理论素养可以促进研究，“从日常实践的脉络中超离出来”，创造新的日常生活。对于程道明老师的语文实践来说，无论是理论的借鉴、应用，还是理论的探索、发现，都会给人“太阳每天都是新的”这般感受。

4. 实践案例的生动呈现

在近期的语文核心期刊中，有教授感慨师范生缺少适宜的“语文教学论”作学习支持。这不免让人心存疑惑：我们的语文教育研究和语文教学实践，拥有那么多理论研究和教学实践成果，为什么却存在“教学论课程不接地气”的问题呢？我想，一个重要的原因恐怕还是理论与实践的脱节问题。就中学语文阅读教学的相关理论书籍而言，要么是过分追求理论的系统性和完备性而缺少生动的案例支持，使这类教材过于抽象缺少可读性；要么是论文选编或教学案例的堆积，与普通教师的教学实践没有拉开适当的距离，即缺少必要的理论逻辑主线和理论架构，使读者难以从教学案例中建构文本提出的理论原理或受到理论的启迪建构自己教学主张。程道明老师的这本《读解 or 解读：探寻阅读教学的真谛》，比较好地解决了上述问题。一个重要原因在于，他在进行理论阐释时，大量选用了一线教师熟悉的、公知度较高的案例作为背景材料，或就此展开理论分析阐释，使得教师通过阅读能够从熟悉的基本事实中获得新的启发。这种“理论与案例同时呈现，互文互证”的写作方式，需要研究者持有的理论架构有很强的理论阐释能力，也需要研究者熟悉教学案例，能从案例中生发建构普遍的教学原理。显然，两者的结合需要占有大量的研究资料，花费大量的研究时间和精力，在一定程度上，对写作者秉持理论的自洽性有自检作用，也便于读者来检测与验证。因此，这种写作自然是一种高品质的写作。程老师的这本书最大优点就是“理实互证”。其中，既有读解理论的创新整合，也不乏大量生动的教学案例支撑，因而能为读者提供文本自足的阅读语境，既便于读者运用本书理论阐释案例，也能引导读者从案例中建构教学原理。

因为程老师入选“南京市建邺区特级教师后备高级研修班”，我受聘挂了指导老师之名，有了与程老师交流对话的机会。他的努力向上、勤于思考，给我留下了深刻的印象。在他的专著出版之际，谨向他表示祝贺，并祝愿他继续攀登，更上层楼，创造更加美好的新天地。

注：本文系作者为《读解 or 解读：探寻阅读教学的真谛》（江苏教育出版社 2015 年版）一书所写的序言。

满满的师爱

吴红华老师多次向我推荐她的爱徒徐亮，前几天，更是专程从宜兴送来徐亮老师的教育札记，翻阅之后，我自然明白吴红华老师嘉许的原因。人都是以自己作为评价他人的标准，吴红华老师主张“爱与责任同行”，徐亮得到了真传，她撰写的教育札记，荡漾着满满的师爱。

徐亮老师的师爱首先表现在爱学生。徐亮尽管年轻，可她的爱生是有境界的，她的爱生几乎源自本能，她说：“因为教育事业就是爱的事业，所以从事教育事业，使自己感到很荣幸。”“我就是春天”，“我就是人间四月天”，春天万物葱茏，草长莺飞，职业的劳作就可以造就更美好的学生。于是我们感受到这位春天般的年轻老师的职业幸福感。在这个意义上，徐亮天生就是做老师的，也一定能做成优秀杰出的老师。她的爱学生又是有角色使命感的，这个角色就是母亲与老师的合成。徐亮说：“班上每一个学生，都像我的孩子，都需要妈妈的爱与温暖，哪怕是一个眼神、一句问候，或是一个拥抱。”作为师者，她不仅有慈爱，而且有引导，引导孩子向上向前，她发现并赞美孩子身上闪亮的光泽，用自己的人格和智慧引导他们蓬勃成长。对暂时落后的那位叫国发的孩子无比怜爱，则是牵着他的手，欣喜他的每一点进步，恪守师者的全部责任。她的爱学生又是源自童心的。徐亮整日和孩子们打成一片，特别注意从孩子的角度揣摩思考。她也时刻提醒自己：五十个孩子，五十朵小花，五十颗玻璃心，千万不能伤害任何一朵小花，碰碎任何一颗玻璃心。可贵的儿童立场使她能倾听到孩子哪怕并未发出的声音，使她成为永葆童心的“大孩子”。

她爱学生又是讲究艺术的，徐亮对孩子的教育自然亲切，大都在分寸的拿捏上恰到好处，所以她的批评，调皮鬼也能热泪盈眶，她的教育着力在唤醒，而不是限制和束缚，看徐亮的教育案例，我不由得想起并乐意与徐亮分享泰戈尔的诗句："让我的爱像阳光一样包围着你，而又给你光辉灿烂的自由。"

徐亮的师爱同时表现在爱教学。在我看来，爱教学和爱学生是密不可分的。如果一个老师不爱学科，不爱知识，不爱教学，"皮之不存毛将焉附"，对学生的爱，在大多数情况下也就无从落实。如果我们不能激活知识，激活学生，激活主体性也就只能是一句空话。所以徐亮老师主张爱在每一节温暖的语文课，是值得激赏的。徐亮对语文的爱首先在她对语文学科本质的追寻，她赞同本色，关注语用，努力让语文脱去华丽的外衣，更接地气，在青年教师中其识见恐怕很是难得。多年来，语文教学改革，"繁花渐欲迷人眼"，以至本来面目常常难以寻觅，语文学科的本质是什么？按照课标的表述："语文课程是一门学习语言文字运用的实践性课程。"这个意思可能不少老师并未认真领会。"语言文字运用"包括理解与表达，包括生活、工作、学习中的实用性运用，也包括文学审美的运用。从"语用"的角度，又超越技术层面的"语用"，去理解语文学科，徐亮似乎已经在抵达学科本质的跋涉进程中。徐亮对语文的爱，也在于她对语文课暖心的追求，恰如于漪老师所说："文章不是无情物，师生俱是有情人。"文章本来就是缘情言志的，教学本就应当是情智一体。徐亮的师傅特级教师吴红华的课堂就是暖意融融的，她归纳了课堂智慧的十种表达的方式：沟通的智慧、点火的智慧、等待的智慧、指路的智慧、解围的智慧、曲说的智慧、传球的智慧、引缪的智慧、放弃的智慧、捕捉的智慧，彰显了更多的对学生的关爱和期待，恰如苏格拉底所说："一切的事物都系于灵魂，而灵魂本身的东西，如果他们要成为善，就多系于智慧。"徐亮深受吴红华老师的影响，她在语文教学中，"擽"紧有温度的文字，组织学生与文本对话，引发情感共鸣的教学情境，于是她的课堂，她的语文是温暖的，就是在这种温暖的引导中，她的学生潜移默化地爱上语文，并学好语文。徐亮对语文的爱还表现在她对教学方法的打磨上。"老课新上"，就在于她终于找到了更好的教学路径；"换一种方法思考问题"，可见她突破自我的努力；两次以《母亲的恩情》上公开课，是因为认识在深化，情感在升华。窥斑见豹，可见徐亮老师在教学上下了水磨功夫，可以想象她的教学正渐入佳境。

徐亮的师爱还表现在师者的自爱。我曾经说过：教师作为一个审美角色，是审美主体、审美客体、审美中介三重身份的复合。在一定意义上，自爱与爱生是一体化的，如果自己都不爱自己，你还能爱学生吗？教师自己珍爱自己，向善向上，优雅美丽，也才有引导学生走向真善美的本钱。徐亮的自爱首先在她积极向上的生活态度，确如朱光潜先生在《慢慢走，欣赏啊》文中所说，人生就是一部作品，每日里的生活都是一种创作。徐亮努力做一位春天般的老师，“让孩子们欢笑，让孩子们高歌，让孩子们成长”，就是每天都在创作自己人生美好的图画。徐亮的自爱还表现在她对自己反思，她听名师的课，总能从中找到自己的差距；她的课堂教学专业品质的提升，自然是与深刻的教学反思联系在一起；一些教学细节常常带来遗憾，可见她在反思中追求完美。反思是一种勇气的象征，是一种能力的表现，更是一种人生境界。正是在认识自我中，徐亮在进步，徐亮的内在图景更加美好。徐亮的自爱也表现在她丰富的生活趣味，她的师傅吴红华老师就是一位有着精致生活趣味的知识女性，徐亮也是这样。从徐亮的教育札记中，我们大致可以知道她爱看书，爱书法，爱佛学，她也爱逛街，爱玩，爱吃巧克力。教师不是苦行僧，要感受生活的美好，享受生活的乐趣，使师者美的形象更真实更完整。如斯徐亮，也因此更见明媚。

注：本文系作者为《成长的风景》（河海大学出版社 2017 年版）一书所写的序言。

后记

积极心理学的创始人塞利格曼教授，曾用“蓬勃人生”一词表述具有持久幸福的含义；英国浪漫主义诗人济慈启迪我们发现和享受美好，吟唱“一件美好的事物永远是一种欢乐”。我在思考和描摹“幸福教育的样子”时每每接触到这些前贤睿智的思想，都有怦然心动的感觉。于是，也就有了这本书的书名“蓬勃生长欢乐颂”。

本书系《幸福教育的样子》第三部，第二部《花开的声音》继第一部《幸福教育的样子》后，同样入选“教师最喜爱的100本书”，由于老师们的偏爱，还列入“十大好书”。继《幸福教育的样子》被评为“苏版好书”后，《花开的声音》又被评为华东地区年度好书。有的教育行政部门组织读书心得评选活动，公布结果的“红头文件”显示，竟有过半的获奖文章是以“幸福教育的样子”为缘由所生发的。不少学校的领导安排专题活动，使我有机会和老师们座谈，分享他们创造幸福教育的体会。更有许多校长、老师偶然相遇时，都要向我描绘他们那里“幸福教育的样子”。再有我在学校行走的移步换形，如行山阴道上，目不暇接，美不胜收，所看到、听到的喜人场景，都使我常常感动于扎根基层的同仁们，用心血和智慧奏响宏大壮阔的“蓬勃生长欢乐颂”。借此机会，向大家致以深深的敬意！

本书分上、下两篇，上篇一部分内容，以《中国教育报》今年约我围绕“学校转型中的文化建设”撰写的连载文章为主，阐说了对学校文化的理解；另一部分主要收入十多年参与课改以后，在《教育研究》《人民教育》等报刊发表的文章，展现了集参与者、组织者、研究者几种身份于一体的亲历课改现场的心路历程。下篇是写学校和老师的，一如以往，他们卓越的教育实践非常契合我心中“幸福教育的样子”，于是心怀感动时记载下来。全书的文章都曾公开发表，这与报刊社出版社朋友们的支持是分不开的，李彤教授继续为拙作题写书名，在此，一并向朋友们表示感谢！

2017 年 5 月